KB212615

요한계시록 큐티

악한 세상을 이기게 하는 마지막 시대의 영원한 복음

손법상 지음

박문사

힘들어서 계시록을 읽었습니다.
마음이 아파 계시록을 외웠습니다.
새 힘을 얻으려고 묵상하면서 이 책을 썼습니다.

/

이 책을 환난 가운데 고난을 당하면서
믿음을 지키고 교회를 섬기는 모든 분께 드립니다.

"보라 너희가 다 각각 제 곳으로 흩어지고 나를 혼자 둘 때가 오나니 벌써 왔도다. 그러나 내가 혼자 있는 것이 아니라 아버지께서 나와 함께 계시느니라. 이것을 너희에게 이르는 것은 너희로 내 안에서 평안을 누리게 하려 함이라. 세상에서는 너희가 환난을 당하나 담대하라 내가 세상을 이기었노라." (요한복음 16:32-33)

"이기는 그에게는 내가 내 보좌에 함께 앉게 하여 주기를 내가 이기고 아버지 보좌에 함께 앉은 것과 같이 하리라. 귀 있는 자는 성령이 교회들에게 하시는 말씀을 들을지어다." (요한계시록 3:21-22)

요한계시록은 예수님께서 교회들에게 주신 말씀입니다.(계22:16)

고난 가운데 있던 초대 교회와 오늘의 교회들을 위하여 주신 말씀입니다.

하나님께서는 고난 가운데 있는 성도를 외면하지 않습니다. 환난 가운데 있는 성도를 지켜 영원한 생명과 위로와 만족이 있는 천국으로 인도하십니다. 계시록의 말씀은 교회가 악한 세상과 사탄을 이기는 믿음의 승리자가 되게 합니다.

계시록에는 많은 상징과 비유가 나옵니다. 그러나 그 대부분의 의미는 이미 신구약 성경의 여러 곳에 있는 말씀에서 알려진 것이고, 1세기 기독교인들은 거의 다 알고 있는 내용입니다. 그런데 그동안 시간이 많이 흘렀고, 오늘 우리와는 언어의 장벽과 문화적인 차이가 있어 이해가 조금 어려울 뿐입니다.

하나님은 의로우신 분이십니다. 악을 심판하십니다. 그러므로 계시록의 말씀은 악에 의해 환난과 고난을 당하는 성도에게 가장 큰 위로와 용기를 줍니다.

예수님은 완전한 구원과 심판을 이루기 위해 다시 오십니다. 주님이 다시 오시면 그때 바른 믿음의 행실을 보인 진실한 주의 종과 성도는 그들의 행위대로 상을 받을 것입니다.(계22:12) 반면에 하나님을 대적하고 우상을 숭배하며 불의와 부정을 행한 악한 자들은 영원한 지옥의 형벌을 받을 것입니다.(계20:15)

계시록의 핵심은 분명합니다. 악한 자들이 다스리는 세상은 반드시 하나님의 심판을 받아 멸망하고, 하나님의 부르심과 택하심을 받아 죽음의 순간까지 진실하게 산 성도는 끝내 승리한다는 것입니다.(계17:14)

믿음을 지키며 진실하게 사는 하나님의 자녀라도 누구에게나 고난이 있습니다. 그 고난을 넘어 믿음으로 승리할 수 있는 힘의 원천은 성경에 있습니다. 계시록의 말씀을 QT하면서 하나님의 위로와 힘을 더 크게 얻으시기 바랍니다.

거짓을 말하는 이단들도 계시록을 통해 그 조직을 키워가고 큰 힘을 얻는데 예수님을 향한 바른 믿음을 가진 성도가 계시록을 모르면 되겠습니까? 자 이제 계시록의 말씀과 함께 영적인 순례를 시작합시다.

| 목차

머리말 · 05

1부 | 이 책의 내용 이해를 돕기 위한 제언

계시록은 QT를 위해 주신 말씀   15

이 책을 활용하는 방법   18

일러두기   22

2부 | 매일의 큐티를 위한 본문 분해(60과)

📖 계시록 1장 | 예수 그리스도의 계시   31

1. 오늘의 QT(1:1-3) : 예수 그리스도의 계시   35

2. 오늘의 QT(1:4-7) : 구름을 타고 재림하시는 예수님   43

3. 오늘의 QT(1:8-12) : 하나님의 자기 계시와 요한이 받은 은혜   51

4. 오늘의 QT(1:13-20) : 영광의 주님과 요한이 받은 첫 번째 사명   57

📖 계시록 2장·3장 | 교회들과 함께 하는 7일의 QT   63

5. 오늘의 QT(2:1-7) : 에베소 교회   67

6. 오늘의 QT(2:8-11) : 서머나 교회   75

7. 오늘의 QT(2:12-17) : 버가모 교회   83

8. 오늘의 QT(2:18-29) : 두아디라 교회   91

9. 오늘의 QT(3:1-6) : 사데 교회   101

10. 오늘의 QT(3:7-13) : 빌라델비아 교회   109

11. 오늘의 QT(3:14-22) : 라오디게아 교회   117

🔼 계시록 4장 ┃ 하늘에 있는 하나님의 보좌와 예배   125

12. 오늘의 QT(4:1-4) : 하늘 보좌 환상과 이십사 장로   127

13. 오늘의 QT(4:5-11) : 네 생물과 이십사 장로의 찬양과 경배   133

🔼 계시록 5장 ┃ 심판주가 되시는 예수님   141

14. 오늘의 QT(5:1-7) : 예수님의 심판주 등극 예식   143

15. 오늘의 QT(5:8-13) : 모든 천사와 피조물의 찬양과 경배   151

🔼 계시록 6장 ┃ 복음 전파와 재앙을 통한 심판의 모습들   159

16. 오늘의 QT(6:1-8) : 복음 전파와 전쟁과 기근과 질병과 악령들의 시대   167

17. 오늘의 QT(6:9-17) : 순교자들의 기도와 마지막 구원을 향한 처절한 외침   175

🔼 계시록 7장 ┃ 십사만 사천의 주의 종들과 흰 옷 입은 무리와   183
               천국의 환상

18. 오늘의 QT(7:1-8) : 말세의 사명자인 십사만 사천의 주의 종들   185

19. 오늘의 QT(7:9-17) : 구원받은 흰옷 입은 큰 무리와 천국의 축복   193

✝ 계시록 8장 ｜ 성도들의 기도와 일곱 나팔 가운데 네 나팔의 재앙   199
(큰 환난의 시작)

20. 오늘의 QT(8:1-6) : 성도들의 기도와 일곱 나팔 재앙의 준비   203

21. 오늘의 QT(8:7-13) : 네 나팔의 재앙과 세 가지 화에 대한 천사의 경고   211

✝ 계시록 9장 ｜ 큰 환난의 시대 - 두 가지 화   223

22. 오늘의 QT(9:1-11) : 다섯째 나팔 재앙 : 첫 번째 화(황충 재앙)   225

23. 오늘의 QT(9:12-21) : 여섯 번째 나팔 재앙 : 두 번째 화(유브라데 전쟁)   235

✝ 계시록 10장 ｜ 교회의 사명(1) 말세를 사는 주의 종의 사명   247

24. 오늘의 QT(10:1-6) : 힘센 천사의 등장과 그의 맹세   249

25. 오늘의 QT(10:7-11) : 일곱 번째 나팔의 비밀과 요한의 두 번째 사명   257

✝ 계시록 11장 ｜ 교회의 사명(2) 두 증인의 사명과 일곱 번째 나팔과   265
그리스도의 나라

26. 오늘의 QT(11:1-2) : 성전과 제단과 그 안에서 경배하는 자들을 측량   267

27. 오늘의 QT(11:3-6) : 두 증인의 사역   277

28. 오늘의 QT(11:7-13) : 두 증인의 죽음과 부활과 휴거携擧   285

29. 오늘의 QT(11:14-19) : 이루어지는 하나님의 나라와 악인들에 대한 심판   293

✝ 계시록 12장 ｜ 교회와 예수님과 마귀와 여자의 후손들   301

30. 오늘의 QT(12:1-6) : 아이를 낳은 여인(교회)과 용(사탄)의 등장   303

31. 오늘의 QT(12:7-12) : 하늘에서의 전쟁과 마귀를 이기는 성도의 무기   311

32. 오늘의 QT(12:13-17) : 교회와 성도들에 대한 사탄의 핍박   317

✝ 계시록 13장 | 두 짐승(적그리스도와 거짓 선지자)과 짐승의 표 666   323

33. 오늘의 QT(13:1-10) : 바다에서 올라온 짐승 : 권력을 가진 적그리스도   329

34. 오늘의 QT(13:11-18) : 땅에서 올라온 짐승(거짓 선지자)과 짐승의 표 666   337

✝ 계시록 14장 | 십사만 사천의 주의 종들과 영원한 복음 그리고   345
              두 가지 추수(성도의 구원과 악인들에 대한 심판)

35. 오늘의 QT(14:1-5) : 시온 산의 어린 양과 십사만 사천의 주의 종들   347

36. 오늘의 QT(14:6-13) : 영원한 복음과 주안에서 죽는 자의 복   355

37. 오늘의 QT(14:14-20) : 두 가지 추수   363

✝ 계시록 15장 | 승리의 노래와 증거 장막 성전   371

38. 오늘의 QT(15:1-4) : 승리의 노래와 악한 자들에 대한   375
              마지막 심판을 위한 진노의 준비

39. 오늘의 QT(15:5-8) : 하나님의 진노가 가득 담긴 일곱 대접 심판을   383
              위해 증거 장막 성전이 열림

✝ 계시록 16장 | 일곱 대접의 재앙   389

40. 오늘의 QT(16:1-9) : 자연을 이용한 악인들을 향한 네 대접 재앙   391

41. 오늘의 QT(16:10-21) : 악인들이 다스리는 나라와 악령들에 대한 심판의 재앙 399

✝ 계시록 17장 | 음녀(타락한 거짓 종교와 문화)에 대한 심판과   407
              큰 음녀의 멸망

42. 오늘의 QT(17:1-5) : 큰 음녀와 그 이름의 의미   409

43. 오늘의 QT(17:6-13) : 큰 음녀와 일곱 머리 열 뿔 가진 짐승의 비밀   417

44. 오늘의 QT(17:14-18) : 이긴 자와 이기는 자 그리고 큰 음녀의 멸망   429

🗋 계시록 18장 | 바벨론(하나님을 대적하는 세상의 정치와 경제체제)의 멸망   437

45. 오늘의 QT(18:1-8) : 바벨론이 망하는 이유   439

46. 오늘의 QT(18:9-19) : 바벨론의 멸망을 애통해 하는 사람들   445

47. 오늘의 QT(18:20-24) : 의로우신 하나님의 심판과 바벨론의 완전한 멸망   453

🗋 계시록 19장 | 예수님의 재림과 짐승과 거짓 선지자에 대한 심판   461

48. 오늘의 QT(19:1-7a) : 주님의 재림을 사모하는 찬양 : 네 번의 할렐루야!   463

49. 오늘의 QT(19:7b-10) : 어린 양의 혼인 잔치   471

50. 오늘의 QT(19:11-16) : 지상으로 재림하시는 예수님   479

51. 오늘의 QT(19:17-21) : 불 못에 던져지는 짐승과 거짓 선지자   487

🗋 계시록 20장 | 천년왕국과 마지막 심판   493

52. 오늘의 QT(20:1-6) : 마귀의 결박과 천년왕국   501

53. 오늘의 QT(20:7-15) : 마지막 전쟁과 흰 보좌 앞에서의 최후의 심판   509

🗋 계시록 21장 | 새 하늘과 새 땅과 새 예루살렘   517

54. 오늘의 QT(21:1-8) : 새 하늘과 새 땅   519

55. 오늘의 QT(21:9-21) : 새 예루살렘 성의 모양과 특성   527

56. 오늘의 QT(21:22-27) : 새 예루살렘 성에서의 생활   535

□ 계시록 22장 │ 구원의 완성과 천국으로의 초대 그리고 축복과 소망   543

57. 오늘의 QT(22:1-7) : 저주와 어둠이 없는 생명수가 흐르는 천국   545

58. 오늘의 QT(22:7-12) : 행한 대로 갚아주시는 하나님   553

59. 오늘의 QT(22:13-21) : 아멘! 주 예수여! 오시옵소서!   559

60. 오늘의 QT(1:1, 22:16, 22:20-21) : 계시록은 교회에 주신 말씀   567

3부 │ 계시록 이해를 위한 참고 자료

[부록 1] 신구약 중간시대부터 요한 사도까지의 역사   573

1. 신구약 중간시대(B.C 450년-B.C 4년)   573

2. 예수님의 탄생과 십자가와 부활(복음서와 교회시대의 시작)   574

3. 사도 바울의 회심과 선교   574

4. 로마정부의 교회에 대한 본격적인 박해의 시작   575

[부록 2] 3대 7중 재앙의 구조(6장, 8-9장, 16장)   577

[부록 3] 관련된 성경 본문들과 함께 보는 계시록 이해   578

[부록 4] 12개의 숫자로 풀어보는 요한 계시록   589

1 부

___

이 책의 내용 이해를
돕기 위한 제언

계시록은 QT를 위해 주신 말씀

말씀 묵상Quiet Time이란 매일 시간과 장소를 정해 하나님의 말씀과 기도로 하나님의 음성을 듣고, 일상적인 생활 속에서 나에게 들려진 하나님의 말씀을 실천하면서 하나님과 지속적인 교제를 이루어 가는 것입니다.

한국 교회는 그동안 매일의 새벽기도를 통해 이 일들을 계속해 왔습니다. 그 귀한 영적인 자산들이 모여 오늘의 한국 교회가 이루어졌습니다.

그러나 오늘날에는 현대인들의 바쁜 생활과 또 신학적인 일정한 기준이 없는 자의적인 성경 해석이 늘어나고, 성경에 대한 거룩한 독서와 기도를 통한 말씀 묵상의 시간이 점차 사라지면서 성도들의 신앙생활에 많은 문제가 생겼습니다.

특히 그 가운데 하나님께서 우리 교회들을 위해 주신 영원한 복음(계 14:6)인 요한 계시록에 대한 바람직하지 못한 여러 이단의 잘못된 해석은 많은 교회뿐만 아니라 사회에도 큰 혼란을 일으키고 있습니다.

이 책은 이런 점을 고려해서 요한계시록의 말씀을 바르게 묵상하고, 바르게 이해하여 생활에 적용하기 위한 지침서의 역할을 감당하기 위해 쓴 책입니다.

이 책을 통해 때로는 계시록의 짧은 본문으로, 때로는 긴 본문과 깊은 영적인 대화를 통해 우리 모두의 신앙생활에 큰 유익이 되면 좋겠습니다.

계시록은 QT를 위해 우리에게 주어진 책입니다.(계1:3)

1) 이 예언의 말씀을 읽는 자(읽음)
QT는 주어진 하나님의 말씀인 성경을 읽는 거룩한 독서에서 출발합니다.

2) 듣는 자(들음)
QT는 성경 말씀을 읽는 중에 내게 주시는 하나님의 음성을 듣는 일입니다.

3) 그 가운데 기록한 것을 지키는 자(적용)
QT는 성경에 대한 거룩한 독서를 통해 들리는 하나님의 음성을 내게 주시는 하나님의 말씀으로 알고, 그 말씀을 기도 가운데 마음에 새기고, 생활 속에 구체적으로 적용하여 실천하는 일입니다.

4) 복이 있나니 때가 가까움이라(축복)

하나님께서 우리에게 주시는 복은 QT를 통해 옵니다. 그 복은 시편 1편에서 약속하신 복입니다.

"복 있는 사람은 악인들의 꾀를 따르지 아니하며 죄인들의 길에 서지 아니하며 오만한 자들의 자리에 앉지 아니하고 오직 여호와의 율법을 즐거워하여 그의 율법을 주야로 묵상하는 도다. 그는 시냇가에 심은 나무가 철을 따라 열매를 맺으며 그 잎사귀가 마르지 아니함 같으니 그가 하는 모든 일이 다 형통하리로다."(시편1:1-3)

하나님의 축복은 QT를 통해 옵니다. QT를 하는 사람은 그가 살아가는 시대가 언제인지를 압니다. 그때는 바로 주님의 재림이 가까운 때입니다.

"Blessed is the one who reads the words of this prophecy, and blessed are those who hear it and take to heart what is written in it, because the time is near."(계1:3)

이 책을 활용하는 방법

말씀 묵상하기 전에

1. 찬양과 시작기도
1) 먼저 하나님께 감사하며 찬양합니다.
2) 말씀을 바르게 이해하기 위해 기도합니다.
3) 깨달은 말씀을 생활 속에 적용할 능력을 구합니다.

2. 마음 열기
1) 주어진 예화를 통해 성경 본문을 읽고 묵상하기 전에 마음의 문을 엽니다.

3. 성경 본문 읽기

1) 묵상을 위해 주어진 **성경 본문**을 습관적으로 빠르게 읽지 않고 마음에 새기며 음식을 잘 씹어 삼키듯이 천천히 읽습니다.
2) 잘 아는 성경 구절도 처음 보는 것처럼 자세히 읽습니다.
3) 내용을 완전히 이해할 때까지 여러 번 반복해서 읽습니다.

4. 본문의 중심내용에 대한 바른 이해
1) 오늘 읽는 성경 본문의 큰 줄거리를 두세 문장으로 요약해 봅니다.
2) 성경 본문을 주관적인 관점에서 자의적으로 해석하지 말아야 합니다.
3) 이 책의 저자가 계시록 본문 이해에 도움을 주기 위해, 단락을 나누고 분석 하고 주석하여 실어놓은 **본문 이해를 위한 길잡이**의 내용을 천천히 읽으면서 본문의 내용을 바르게 이해해야 합니다.

5. 말씀을 마음에 새기며 하나님의 음성 듣기
1) 본문에서 말씀하시는 하나님의 음성을 듣도록 반복하며 마음에 새기십시오.
2) 본문 이해를 위한 길잡이의 내용 가운데 감동이 되는 내용은 나름대로 정리하여 여백에 기록합니다.
3) 그 말씀 속에서 내게 들려오는 하나님의 음성을 들으십시오. **(경청)**

6. 적용
내게 주시는 말씀의 내용을 이해한 후에 **적용**에 있는 물음에 답을 하십시오. 그리고 깨달은 내용을 실천하십시오.

7. 묵상 노트의 활용

묵상 노트는 그날 주어진 말씀에 대한 자신의 감동을 적는 것입니다. 가장 감동을 주신 말씀은 무엇인지 그리고 오늘 내가 그 말씀을 구체적으로 생활 속에서 어떻게 실천할 것인지 적어보십시오.

적용이 가장 중요합니다. 많이 기도하고 하나님의 말씀을 읽고 하나님의 말씀의 비밀을 많이 깨달아 아는 것은 좋은 일입니다. 그러나 그 지식과 깨달음이 생활 속에서 빛과 소금이 되지 못하거나 선한 행실로 나타나지 않고 인격적인 변화가 일어나지 않는다면 QT는 아무 의미가 없습니다.

그러므로 정한 시간의 기도와 말씀 묵상이 끝나면

반드시

1) 언제 2) 어디에서 3) 무엇을 4) 어떻게 할 것인지 결정하십시오.

그리고

생활 속에 구체적으로 적용하여 실천하십시오.

적용의 대상은

1) 나 2) 가정 3) 사회 4) 국가 5) 세계 등으로 넓혀가는 것이 좋습니다. 적용은 개인적personal이며 실제적practical이고 실천 가능possible한 일이어야 합니다. 그리고 교회와 이웃과 공동체에 유익이 되는 일이어야 합니다.

8. 성찰과 마침 기도

하루의 일과를 마무리하는 시간에 오늘 주신 말씀 속에서 들려주신 하나님의 음성을 바르게 순종하며 적용했는지 돌아봅니다. 그리고 하나님께 드리는 감사와 찬양과 기도로 하루를 마무리합니다.

QT는 단순한 성경 읽기가 아닙니다. 하나님의 말씀과 함께 사는 삶의 실천입니다. 마지막 시대에 영원한 복음으로 우리에게 주신 계시록의 말씀과 함께 성공적인 QT가 우리 안에서 이루어지기를 기도합니다.

9. 개인과 공동체를 위한 성경 공부 교재로 활용

이 책은 개인의 경건 생활을 위한 QT외에도 교회의 소그룹이나 공동체 모임에서 성경 공부 교재로 활용할 수 있습니다.

10. 이 책의 끝에 있는 참고자료 활용법

1) 계시록은 1세기 구체적인 역사에서 이루어진 계시의 산물입니다. 본문의 배경이 되는 시대의 역사 도표를 참고하십시오.
2) 계시록의 3대三大 7중七重 재앙의 의미와 목적과 대상이 어떻게 다른지 미리 알아두시면 계시록 전체 사건의 논리적 구조를 쉽게 알 수 있습니다.
3) 부록에 있는 계시록 본문의 배경과 관계된 성경 본문들을 찾아 함께 보시면 본문의 의미가 뚜렷하게 살아납니다.

일러두기

계시록 전체는 11장까지의 전반부와 12장부터의 후반부로 나눌 수 있고, 1장 19절의 말씀처럼 과거 현재 미래의 관점에서 세 부분으로 나눌 수 있습니다.

그리고 7년 대환난(전 3년 반과 후 3년 반)으로 상징되는 마지막 때의 환난의 시기를 중심으로 네 부분으로 나누어 볼 수 있습니다.

또한, 요한복음에서 보는 것처럼 "이 일 후에"라는 특정한 용어를 중심으로 사건을 전개하는 요한 사도의 성경 기술 방법에 따라, 계시록 전체를 이 용어를 중심으로 크게 아홉 부분으로 나눌 수 있습니다.

지금 우리가 가지고 있는 계시록은 22장으로 구분되어 있습니다. 그러나 원래 헬라어 성경은 오늘의 성경과 같이 장과 절로 구별되어 있지 않았습니다.

오늘날과 같이 장章이 구별된 성경은 파리 대학에서 성경을 가르치던 스테판 랭톤 교수가 성경의 내용을 좀 더 알기 쉽게 하려고 만든 것입니다. 그가 1226년에 신구약 성경을 1,189장 곧 구약은 929장 신약은 260장으로 구분하면서 오늘날과 같이 구별된 성경의 장이 생겨났습니다.

그러면 성경에서 1장 1절, 1장 2절 하는 절節 구분이 생겨난 것은 언제일까요? 성경의 각 장에서의 절의 구분은 서양의 활자 문화가 발달하여 성경의 대량 인쇄가 가능해진 15세기 이후에 생긴 것입니다.

1528년에 산테스 파그니니라는 사람이 성경의 절 구분법을 만들었습니다. 그리고 프랑스의 인쇄업자였던 로베르 스테파뉘 에티엔느라는 사람이 1551년에 그리스어 신약 성경을 7,959절로 나누어 인쇄하면서 지금처럼 장과 절이 구별된 성경이 세상에 나오게 되었습니다.

원래 계시록 헬라어 원문의 말씀은 장과 절로 나뉘어 있지 않고 단지 "kai"라는 단어로 계속 연결되어 있습니다. 이 단어는 영어로는 "and"라는 말로 번역이 되고 우리말로 하면 "그리고"나 "–과"와 같은 의미입니다.

헬라어 성경을 자세히 보면 요한 사도는 계시록 전체를 "kai"라는 이 단어를 이용하여 문장을 계속 연결시켜 가면서, 중간 중간에 35번의 "내가 보니"라는 말과 "메타 토우토, 혹은 메타 타우타"라는 용어를 사용하고 있는 것을 볼 수 있습니다. 이 용어가 지금 우리 말 성경에는 "이 후에" "이 일 후에" 혹은 "이러한 일들이 있은 후에"라는 말로 번역되어 있습니다.

계시록 전체에는 이 용어가 열 번 쓰여 있습니다. 그 가운데 두 번은 단순히 미래를 가리키는 의미로 쓰이고 있고(1:19, 4:1), 여덟 번은 하나의 큰 사건이 끝나고 또 다른 큰 사건이 시작되는 곳, 사건과 사건의 경계가 되는 곳에 쓰여 있습니다. 그것은 "이 일 후에" 라는 용어가 사용되는 바로 그 지점에서 역사의 큰 변화가 새로운 사건과 함께 일어나는 것을 뜻하는 것입니다.

그래서 계시록은 하나의 큰 사건과 또 다른 큰 사건을 이어주는 "이 일 후에"라는 용어가 쓰인 곳을 중심으로 아홉으로 나누어 볼 수 있습니다. 또, 이렇게 22장을 다시 나누어 보면 계시록 전체를 마치 8막 9장의 연극을 보는 것처럼 연결된 모습으로 아주 쉽게 이해 할 수 있습니다.

이 계시록 QT는 지금 우리가 가지고 있는 우리말 성경의 기술 방식에 따라 22장을 기본으로 하고 있습니다. 그리고 계시록 전체 본문 22장을 각 장의 주제를 따라가면서 매일 QT할 수 있도록 22장을 다시 60개로 나누어 정리해 놓았습니다.

그리고 독자들에게 참고가 되도록 "이 일 후에" 라는 용어가 사용되어 있는 곳을 굵은 글씨로 표기해 놓았습니다. 그 분류에 의한 것은 다음과 같습니다.

계시록의 말씀을 아홉 부분으로 나누어 보면 다음과 같습니다.

첫 번째 사건 (1장–3장)
예수 그리스도와 교회

1장 : 예수 그리스도의 계시

2장 : 교회(1) - 에베소, 서머나, 버가모, 두아디라

3장 : 교회(2) - 사데, 빌라델비아, 라오디게아

두 번째 사건 (4장–6장)
하늘나라의 예배와 심판주 등극 예식

4장 : 하늘의 보좌와 예배

5장 : 심판주로 등극하시는 예수님

6장 : 복음 전파와 다섯 인을 뗄 때 임하는 심판의 재앙

      (교회가 설립된 이후 종말까지 계속 일어나는 재앙)

세 번째 사건 (7:1–8)
주의 종들을 인침

7장(1) : 복음 전파의 사명자로 구별된 십사만 사천 명의 주의 종들

네 번째 사건 (7:9–9:11)
구원받은 성도들과 큰 환난의 시작

7장(2) : 복음이 전파된 곳에서 구원받은 백성의 모습(7:9-17)

8장　　: 큰 환난의 시작

성도들의 기도와 일곱 나팔 가운데 네 나팔의 재앙

9장(1) : 본격적인 큰 환난의 시대(1)

세 가지 화 가운데 첫 번째 화(9:1-11)

다섯 번째 사건 (9:12-15:4)

전쟁과 사명을 감당하는 교회와 사탄의 박해 그리고 승리의 노래

1. 고난이 더 심해진 큰 환난의 시대(2)

   세가지 화 가운데 두 번째 화(9:12-21)

2. 교회의 사명

   1) 목자의 사명(10장)

   2) 두 증인의 사명과 휴거携擧 : 들려 올림 받음(11:1-13)

   3) 일곱 번째 나팔과 그리스도의 나라(11:14-18)

3. 교회에 대한 사탄의 핍박

   1) 해를 옷처럼 입은 여자(교회)와 붉은 용(사탄)의 등장(12장)

   2) 두 짐승(적그리스도와 거짓 선지자)의 박해(13장)

4. 교회의 승리

   1) 시온 산의 어린 양과 14만 4천 명의 주의 종들(14:1-5)

   2) 세 천사의 경고(14:6-13)

   3) 두 가지 추수(14:14-20)

   4) 유리 바닷가에서의 승리의 노래(15:1-4)

여섯 번째 사건 (15:5-17:18)

증거 장막 성전과 일곱 대접의 재앙과 음녀의 멸망

1. 증거 장막 성전과 하나님의 진노의 일곱 대접을 가진 천사(15:5-8)

2. 세 번째 화 : 악인들에 대한 마지막 재앙(16장)

   1) 일곱 대접의 재앙

3. 음녀(하나님을 떠난 거짓 종교와 문화)의 멸망(17장)

일곱 번째 사건 (18장)

바벨론(하나님을 떠난 정치, 경제, 문명)의 멸망

바벨론이 멸망한 일곱 가지 이유

여덟 번째 사건 (19:1-20:3a)

재림

1. 예수 그리스도의 재림과 두 짐승에 대한 심판(19장)

2. 천년왕국 이전 사탄의 결박(20:1-3a)

아홉 번째 사건 (20:3b-22장)

마지막 심판과 새 하늘과 새 땅

1. 천년왕국(20:36-6)

2. 곡과 마곡과의 전쟁과 사탄에 대한 마지막 심판(20:7-10)

3. 흰 보좌 심판과 생명책(20:11-15)

4. 새 하늘과 새 땅(21장)

5. 아멘, 주 예수여 오시옵소서!(22장)

성경 본문은 개역 개정판을 기본으로 하고 때로 NIV 번역을 함께 실었습니다.

2 부

매일의 큐티를 위한
본문 분해(60과)

예수 그리스도의 계시

성경의 마지막 책인 계시록은 성경 전체 계시의 결론이며 완성입니다. 창세기에서부터 시작한 하나님의 계시는 시대와 역사를 넘어 계시록의 말씀을 통해 완성되었습니다. 계시라는 말은 진리를 밝힌다, 교훈한다, 나타낸다, 눈에 보이지 않던 것이 환히 보이게 된다는 뜻을 가지고 있습니다.

그러나 그보다 더 근본적인 뜻은 보여주어 보인다는 것입니다. 계시록은 역사의 완성자요 구원자이신 예수님이 보여주셔서 알게 된 계시입니다.

계시록은 묵시默示, Apocalypse의 형식을 빌어 예수 그리스도를 통해 이루어지는 심판과 구원에 관한 계시입니다. 하나님의 말씀과 세상의 말은 계시라는 측면에서 엄격하게 구별됩니다.

묵시는 그 특성상 초월성을 기초로 하는데, 시간적인 초월성은 세상 종말에 관한 것이고, 공간에 대한 초월성은 새 하늘과 새 땅으로 이루어집니다. 묵시로서의 계시록은, 모든 개인과 역사에 관한 완전한 심판과 구원의 완성을 보여 준다는 점에서, 묵시가 완성된 유일한 계시啓示, Revelation입니다.

7은 태초의 천지 창조의 일자와 관련하여 완성과 완전한 안식을 의미하는 거룩한 숫자입니다. 계시록은 완성을 의미하는 7에 해당하는 일곱 교회에 보내는 편지의 형식으로 기록되었습니다.

일곱 교회는 계시록을 기록할 당시 로마가 다스리던 소아시아 지역에 실제 존재한 교회입니다. 이 일곱 교회는 오늘날까지 또 미래에도 주님 오실 때까지 전 시대에 존재하는 모든 교회를 상징합니다.

계시록 1장은 큰 틀에서 셋으로 나누어집니다. 1절부터 3절은 계시의 주체가 예수그리스도이신 것과 그 계시의 수신자요 전달자는 요한이며 그 계시의 최종적인 수신자는 교회와 성도인 것을 밝혀줍니다.

4절부터 8절은 계시록이 일곱 교회로 대표되는 모든 교회에 보내는 편지의 형식을 띠고 있음을 보여줍니다. 9절부터 20절은 이 계시의 내용을 주신 부활하시고 재림하실 예수 그리스도의 영광스러운 모습과 요한에게 주신 첫 번째 사명인 문서선교의 사명을 보여줍니다.

종말과 심판과 완성을 계시하는 계시록의 말씀은 우리의 절대적인 삶의 기준이 왜 인본주의에 근거한 세상의 철학이나 과학이 아닌, 하나님의 말씀인 성경이어야 하는 지 확실하게 알게 합니다.

우리는 계시록을 통해 하나님에 의해 완성될 미래, 곧 하나님의 나라인 천국에 대한 확실하고 분명한 새로운 비전을 가져야 합니다. 우리의 궁극적인 소망이 언젠가 사멸되어질 이 시대 이 역사가 아니라는 확신을 가져야 합니다.

성경에서 말씀하는 구원에 근거한 역사관과 세계관과 인생관을 가져야 합니다. 예수 그리스도의 재림과 함께 이루어질 새 하늘과 새 땅을 추구하며 살아야 합니다. 끝까지 예수님 안에서 승리하는 신앙의 길을 걸어가야 합니다.

오늘의 QT(1:1-3)
예수 그리스도의 계시

찬송과 기도 : 찬송가 96장(예수님은 누구신가)

⬆ 마음 열기 | 예수님을 만나면 행복합니다

1955년 쉰 살이 넘은 나이에 흑인 최초로 뉴욕 메트로폴리탄 오페라하우스에서 관중을 열광시키며 감동적인 노래를 불렀던 여자 가수가 있습니다. 그녀가 바로 '마리아 앤더슨'입니다. 공연 후 한 기자가 그녀에게 물었습니다.

"흑인에 대한 편견과 차별 속에서 희망을 잃지 않고 세계 정상에 우뚝 설 수 있었던 비결이 무엇입니까?" 그녀는 하늘을 응시하더니 이렇게 대답했습니다. "견디기 어려운 일에 부딪칠 때마다 언제나 제 시선은 예수님께로 향했지요. 그때마다 주님은 '내가 너를 사랑한다!'고 말씀하셨어요." 이렇게 말했습니다.

사랑하는 성도 여러분! 주님을 만난 사람은 행복합니다. 주님을 모시고 사는 사람은 행복합니다. 누구든지 예수님을 믿으면 구원을 받고 하나님의 자녀가 되어 행복한 삶을 살게 됩니다.

"예수 그리스도의 계시라. 이는 하나님이 그에게 주사 반드시 속히 일어
날 일들을 그 종들에게 보이시려고 그의 천사를 그 종 요한에게 보내어
알게 하신 것이라. 요한은 하나님의 말씀과 예수 그리스도의 증거 곧 자기
가 본 것을 다 증언하였느니라. 이 예언의 말씀을 읽는 자와 듣는 자와
그 가운데에 기록한 것을 지키는 자는 복이 있나니 때가 가까움이라"

🕇 본문 이해를 위한 길잡이

1) 예수 그리스도의 계시

예수 그리스도의 계시는 예수님께 대한 계시인 동시에 예수님에 의한
계시입니다. 하나님께서는 이 모든 만물을 통해서 계시를 주셨고 또 성경
과 예수님을 통해서도 많은 계시를 주셨지만, 그 가운데 예수님을 통해
주신 종말에 대해 완성된 계시는 계시록이 유일합니다. 그런 측면에서 계
시록은 하나의 계시A revelation이며 유일한 계시The revelation입니다.

예수님은 우리가 종말에 대한 내용을 알기 원하십니다. 그래서 보여주
셨습니다. 이 계시는 예수님이 우리에게 알게 하려고 보여주신 것입니다.

역사와 성경의 중심은 예수 그리스도입니다. 내 인생의 중심도 예수
그리스도입니다. 살아도 예수, 죽어도 예수입니다.

예수 그리스도는 B. C. 4년 팔레스틴 지역에서 태어나시고 활동하신 예수라는 이름의 한 인격을 가진 분을 가리키는 고유 명사와 인생의 모든 문제를 해결하시는 구세주라는 의미의 그리스도 곧 기름 부음을 받은 자라는 직무상의 칭호가 결합한 것입니다.

그러므로 예수님을 우리의 삶에서 일어나는 모든 문제를 해결하시는 그리스도로 만날 때 우리에게는 새로운 계시의 세계가 열리게 됩니다. 그 계시는 우리를 오늘의 현실을 넘어서게 하며 영원한 미래로 이끌어 갑니다.

복음서를 통해 우리에게 보여주시는 예수님은 우리의 죄의 문제를 근본적으로 해결하시고 일상적인 모든 삶에서 우리와 함께하시는 임마누엘의 하나님입니다. 그러나 계시록을 통해 우리에게 보여주시는 예수님은 재림하셔서 세상의 모든 악을 심판하시고 우리를 천국으로 이끄시는 심판과 구원의 완성자입니다.

모든 계시의 원천이신 하나님께서는 과거에서부터 시작되고 오늘의 현실에서 그리고 가까운 미래에 언제든지 신속하게 이루어질 일들을 우리에게 계시로 알려주셨습니다.

이 계시는 모든 계시의 원천이신 하나님 아버지께서 계시의 주체이신 예수님에게 주신 것입니다. 예수님께서는 받은 그 계시를 주님을 섬기는 천사들을 통해 요한 사도에게 알려주셨습니다.

요한은 천사들을 통해 그가 받은 계시의 내용을 그림처럼 보이는 상징적인 언어를 사용하여 글로 써서 교회를 섬기는 주의 종들에게 알려 주었습니다. 그리고 그 계시를 전해 받은 주의 종들은 그 내용을 모든 성도에게 알려줍니다.

그러므로 우리는 종말에 대해 두려워할 필요가 없습니다. 왜냐하면, 종말에 대한 계시는 이미 계시록을 통해 우리에게 알려진 것이기 때문입니다.

요한은 자기가 본 것 곧 하나님의 말씀과 예수님이 그리스도라는 증거를 자기 마음대로 더하거나 빼지 않고 받은 그대로 목숨을 걸고 증언하였습니다. 요한처럼 자신의 사명을 온전하게 감당하는 것은 얼마나 아름다운 일입니까?

2) QT
오늘 본문 3절에는 계시록을 QT하면서 받는 복을 말씀하고 있습니다. 계시록의 일곱 가지 복 가운데 QT가 첫 번째 복이라는 사실이 얼마나 놀라운 일입니까?

(1) 이 예언의 말씀을 읽는 자(읽음)
QT는 하나님의 말씀인 성경을 읽는 거룩한 독서에서 출발합니다.

(2) 듣는 자(들음)
QT는 성경 말씀을 읽을 때 내게 주시는 하나님의 음성을 듣는 일입니다.

(3) 그 가운데 기록한 것을 지키는 자(적용)

QT는 성경에 대한 거룩한 독서를 통해 들리는 하나님의 음성을 내게 주시는 하나님의 말씀으로 받아들이는 것입니다. 그리고 그 말씀을 기도 가운데 마음에 새기고 생활 속에 구체적으로 적용하는 일입니다.

(4) 복이 있나니 때가 가까움이라(축복)

하나님께서 우리에게 주시는 복은 QT를 통해 옵니다. 그 복은 시편 1장 과 23장 그리고 119장에서 약속하신 복과 같습니다. 이 복은 하나님께 바 르게 예배하는 자에게 주어지는 복입니다. 계시록에는 일곱 가지 복에 대 한 말씀이 있는데(1:3, 14:13, 16:15, 19:9, 20:6, 22:7, 22:14) 그 가운데 첫 번째 복이 QT하는 사람들에게 주어지는 복입니다.

↑ 적용

• 모든 역사와 성경의 중심은 예수 그리스도입니다. 당신의 삶에서 예수 님은 어떤 위치에 계십니까?

- 계시록은 예언의 말씀입니다. 예언은 우리의 삶을 돌아보게 하고 우리의 인생을 진단하며 내일을 향해 나아가게 합니다. 예언의 말씀인 계시록을 QT하면서 이 일이 이루어지기를 원한다면 당신은 어떻게 해야 합니까?

- 당신은 생활 속에서 하나님의 말씀을 어떤 방식으로 QT 하면서 삽니까? 이 교재에서 제시하고 있는 QT의 방법에 대해 한 번 더 정리해 봅시다.

오늘의 QT(1:4-7)
구름을 타고 재림하시는 예수님
찬송과 기도 : 찬송가 180장(하나님의 나팔소리)

⬆ 마음 열기 | 재림을 기다리는 신앙

어떤 젊은이가 교회에 가서 목사님 말씀에 은혜를 받았습니다. 그날 친구 부부를 초대해서 음식대접을 한 뒤, 차를 마시면서 이야기를 했습니다.

"오늘 교회에서 설교 시간에 목사님이 이런 설교를 하더군. 곧 예수님이 오시는데 그때 예수 믿는 사람들은 모두 예수님을 따라 하늘로 올라가 천국으로 가고, 예수님을 믿지 않는 사람들은 이 땅에 남아서 환난을 겪고 지옥에 간대. 나는 이것이 사실이라고 믿지만, 자네는 무신론자이니 믿지 않을 것 아닌가? 그래서 하는 말인데 예수님이 오시면 내 재산 자네가 다 가지게. 이 집도, 내 땅도, 저 TV도, 은행에 예금되어 있는 돈도, 차도 자네가 그냥 가지게. 각서를 써달라고 하면 지금 당장 써주지."

친구 집에 초대받아 갔다가 횡재를 한 친구 부부는 집으로 돌아와 너무 좋아서 밤늦도록 잠을 이룰 수 없었습니다. 각서까지 받아 놨으니 예수님 이란 분이 빨리 왔으면 싶었습니다.

하지만, 날이 갈수록 이상하게도 그 좋던 마음은 사라지고 점점 마음이 불편해 지기 시작했습니다. '천국이란 곳이 얼마나 좋은 것이기에, 조금의 아쉬움도 없이 선뜻 재산을 포기할까? 하늘나라라는 곳이 그만큼 좋은 곳인가!' 하는 고민에 빠지기 시작한 것입니다.

몇 날을 고민하던 끝에 친구 부부는 드디어 전화했습니다. "여보게, 친구! 나에게 자네의 전 재산을 주지 말고 예수 믿고 구원받아 천국 가는 방법을 가르쳐 주게. 우리 부부도 천국에 가고 싶네."

주님의 재림이 얼마 남지 않았습니다. 이 젊은 부부처럼 우리도 전도하는 충성스러운 일에 앞장서야 할 것입니다.

⬆ 본문 읽기

"요한은 아시아에 있는 일곱 교회에 편지하노니 이제도 계시고 전에도 계셨고 장차 오실 이와 그의 보좌 앞에 있는 일곱 영과 또 충성된 증인으로 죽은 자들 가운데에서 먼저 나시고 땅의 임금들의 머리가 되신 예수 그리스도로 말미암아 은혜와 평강이 너희에게 있기를 원하노라 우리를 사랑하사 그의 피로 우리 죄에서 우리를 해방하시고 그의 아버지 하나님을 위하여 우리를 나라와 제사장으로 삼으신 그에게 영광과 능력이 세세토록 있기를 원하노라 아멘. 볼지어다 그가 구름을 타고 오시리라 각 사람의 눈이 그를 보겠고 그를 찌른 자들도 볼 것이요 땅에 있는 모든 족속이 그로 말미암아 애곡하리니 그러하리라 아멘"

🔲 본문 이해를 위한 길잡이

1) 성 삼위 하나님의 이름으로 축복

요한은 역사 속에 존재하는 모든 교회를 대표하는, 그 당시 로마가 다스리던 지역 가운데 하나인 아시아의 일곱 교회에 편지합니다. 모든 사도가 편지할 때 하는 것처럼 요한도 먼저 그들을 하나님의 이름으로 축복합니다.

그런데 이 본문은 마태복음 28장 19절에 나오는 성부 성자 성령 삼위 하나님 이름의 순서와 다르게 성부 성령 성자의 순으로 되어 있습니다. 그 이유는 교회 시대에는 성령께서 주로 역사하시지만, 마지막 심판과 구원은 성자이신 예수님이 주관하시기 때문입니다.

누군가를 하나님의 이름으로 축복하는 일은 아름다운 일입니다. 성부 하나님은 영원히 살아계신 하나님이시고 성령님은 모든 면에서 완벽하시어 일곱 영의 특성을 가지신 분입니다. 또한, 성자이신 예수님은 죽으신 후 완전하게 부활하신 첫 열매로 모든 왕의 왕이시며 모든 만물을 통치하시는 분이십니다.

2) 속죄

예수님이 십자가의 보혈로 우리를 죄에서 해방시켜 구원하여 주셨습니다.(엡1:7) 이단들은 초대 교회 이단인 영지주의자들처럼 그들이 가르치는 교리를 배우고 깨달아야 구원받는다고 주장하면서 예수님의 보혈을 통한 완전 속죄를 부인합니다. 예수님 보혈의 능력을 부인하는 자들은 하나님의 심판으로 멸망하게 됩니다.

예수님이 이 땅에 오신 이유는 양에게 생명을 얻게 하고 더 풍성히 얻게 하려는 것이며(요10:10) 마귀의 일을 멸하려 하심입니다.(요1서3:8) 죄 값은 사망이요 하나님의 은사는 그리스도 예수 우리 주안에 있는 영생입니다.(롬6:23) 마귀는 죽음의 세력을 잡은 자이므로 그 마귀를 멸하시는 것이(히2:14) 예수님이 십자가에서 피 흘려 이루신 속죄입니다.(요19:30)

초림 예수는 속죄하러 오셨습니다. 그러나, 재림 예수는 세상에 있는 모든 악에 대한 심판과 성도(이기는 자)들에 대한 완전한 구원을 위해 다시 오십니다.

예수님의 피는 창조된 세상에 속하지 않은 피입니다. 그러므로 창조에 속한 아담 이후 태어난 모든 사람의 죄 문제를 해결할 수 있습니다. 지금도 역사하고 있는 예수 그리스도의 보혈의 능력과 은혜는 하나님께서 지금도 우리를 변함없이 사랑하시는 가장 큰 증거입니다. 그 속죄는 완전하고 영원한 것입니다.

"그리스도께서는 장래 좋은 일의 대제사장으로 오사 손으로 짓지 아니한 것 곧 이 **창조에 속하지 아니한** 더 크고 온전한 장막으로 말미암아 염소와 송아지의 피로 하지 아니하고 오직 자기의 피로 **영원한 속죄**를 이루사 단번에 성소에 들어가셨느니라"(히9:11-12)

또한, 주님은 아버지 하나님을 위하여 우리를 하나님 나라의 백성이 되게 하시고 하나님을 직접 섬길 수 있는 제사장이 되게 하셨습니다. 이 일을 이루시고 십자가의 보혈로 우리를 죄에서 해방시켜 구원하신 주님께 영광과 능력이 세세토록 있기를 원합니다. 아멘!

3) 구름

예수님은 구름을 타고 능력과 큰 영광 가운데 다시 오십니다.(마24:30) 구름을 타신다는 이 표현은 시편 104편 3절에서 "주께서 구름을 자기 수레로 삼으시고 바람 날개로 다니시며"라는 표현에서 나왔습니다. 이 구름을 자연 현상으로 나타나는 구름과 구별하기 위해 하늘 구름이라고 합니다. (단7:13, 마26:64)

그런데 이단들은 이 구름이 이단 교주의 육체요, 두 번째 나타난 재림 예수라고 주장합니다. 그러나, 이것은 육체를 가지고 활동하는 이단 교주를 재림 예수라고 주장하기 위한 억지 해석입니다.

계시록 10장을 보면 하늘에서 내려오는 힘 센 천사가 구름을 입고 내려옵니다.(계10:1) 11장에서는 부활한 두 증인이 구름을 타고 승천합니다.(11:12) 14장에서는 인자와 같은 이가 흰 구름 위에 앉아 계십니다.(계14:14) 이 말씀들만 보더라도 구름이 이단 교주의 육체라고 하는 해석은 성경 전체에서 전혀 앞뒤가 맞지 않게 지어낸 엉터리 이단 교리라는 것을 금방 알 수 있습니다.

이스라엘 백성들이 출애굽 할 때 하나님께서 불 기둥과 구름 기둥으로 그들을 인도하신 것처럼 구름은 인간의 육체가 아닙니다. 성경에서 구름은 인간의 말로 다 표현할 수 없는 살아 계신 하나님의 영광이 역사의 현장에서 눈에 보이도록 나타나는 것을 보여줍니다.(출16:10, 마17:5)

↑ 적용

• 요한은 때로는 글로 때로는 입술로 복음을 증언하였습니다. 당신은 오늘 누구에게 복음을 전하시겠습니까?

_____

_____

• 성도의 삶은 축복하는 삶입니다. 하나님이 주시는 복의 통로가 되기 위해 당신은 오늘 누구를 축복하시겠습니까?

_____

_____

• 예수님의 보혈로 우리는 죄에서 해방되었습니다. 당신은 예수님의 보혈에 의한 죄 사함에 대해 확신합니까?

_____

_____

묵상노트

오늘의 QT(1:8-12)
하나님의 자기 계시와 요한이 받은 은혜
찬송과 기도 : 찬송가 9장(하늘에 가득한 영광의 하나님)

1 마음 열기 | 외투 자락을 붙잡으라

대 부흥사 무디의 일화입니다. 어느 교회에서 무디의 부흥회가 열렸는데 초만원이어서 16세 미만의 아이들은 입장 금지가 되어 있었습니다. 열두 살쯤 된 소년 하나가 거절을 당하자 문가에 울며 앉아 있었습니다.

이때 마차로 무디 선생이 도착하였는데 무디의 눈이 우연히도 이 소년을 발견하였습니다. "너 왜 울고 있니? 집을 잃었니, 아니면 배가 고파서 그러니?"

소년은 야위었고 헌 누더기를 걸치고 있었습니다. "무디 선생님의 말씀이 듣고 싶은데 아이들은 못 들어가게 해요." 무디가 미소를 지으며 말했습니다. "내가 들어갈 방법을 가르쳐 주지. 나의 외투 자락을 꼭 붙잡고 따라오너라."

소년은 무디의 외투 자락을 잡고 따라 나섰습니다. 그러자 놀랍게도 성전 입구는 물론 강단 위까지 올라가는 것이었습니다. 어리둥절한 소년에게 무디가 말했습니다. "저 큰 의자에 끝까지 앉아 있어도 좋다. 여기는 내 옷자락만 붙들고 있으면 언제나 들어온다는 것을 잊지 마라."

15년 후 이 시골 교회에 새로 부임해온 목사는 그때의 어린 소년이었습니다. 어리고 약한 우리가 험한 이 세상을 살아갈 제일 좋은 방법은 하나님만을 꼭 잡고 그분과 동행하는 것뿐입니다.

🔟 본문 읽기

"주 하나님이 이르시되 나는 알파와 오메가라 이제도 있고 전에도 있었고 장차 올 자요 전능한 자라 하시더라. 나 요한은 너희 형제요 예수의 환난과 나라와 참음에 동참하는 자라 하나님의 말씀과 예수를 증언하였음으로 말미암아 밧모라 하는 섬에 있었더니 주의 날에 내가 성령에 감동되어 내 뒤에서 나는 나팔 소리 같은 큰 음성을 들으니 이르되 네가 보는 것을 두루마리에 써서 에베소, 서머나, 버가모, 두아디라, 사데, 빌라델비아, 라오디게아 등 일곱 교회에 보내라 하시기로 몸을 돌이켜 나에게 말한 음성을 알아보려고 돌이킬 때 일곱 금 촛대를 보았는데"

🔟 본문 이해를 위한 길잡이

1) 하나님의 자기소개
하나님은 알파이신 창조주이십니다. 오메가이신 역사의 완성자이시며 영원히 살아계신 하나님이십니다. 전능하신 분입니다. 그리므로 우리의 신앙고백의 첫 출발점은 "전능하사 천지를 만드신 하나님 아버지를 내가 믿는 것"입니다.

2) 요한

요한은 예수님이 당하신 환난과 하나님의 나라를 위한 인내에 동참하는 사람입니다. 과거가 아닌 현재도 그렇습니다. 고난은 지나간 고난으로 충분한 것이 아닙니다. 지금도 고난입니다. 그런데도 요한은 믿음을 지키고 있습니다.

환난 중에 유배를 간 밧모 섬에서도 여전히 믿음을 지키던 요한은 주일 날 성령의 감동을 받고 새로운 영적인 세계가 열렸습니다. 주일은 창조와 안식이라는 점에서 구약 시대의 안식일의 정신을 이어받고 있습니다.

이 은혜는 오늘 우리에게도 있어야 합니다. 주일마다 성령 안에 있어 늘 새롭게 되는 창조의 역사와 주일마다 안식하는 이 은혜가 있기를 바랍니다.

3) 성령의 감동

계시록에는 성령의 감동이 네 번 나와 있습니다.(1:10, 4:2. 17:3, 21:10) 성령에 감동된 상태는 신 내림을 받은 무당들이나 귀신들린 자들과 같은 비몽사몽의 상태가 아닙니다. 인격적으로 자의식이 분명한 상태입니다. 요한 사도는 자기의 이성과 감성과 의지가 살아 있는 상태에서 예수 그리스도의 계시를 받았습니다.

성령의 감동 가운데 요한은 받은 계시를 글로 써서 전해야 하는 문서 선교의 사명을 받았습니다. 주일 날 주님의 음성을 들었고 일곱 금 촛대로 상징된 교회 가운데 계시는 주님을 보았습니다. 당신은 주님을 어떻게 만나고 계십니까?

⬛ 적용

• 하나님은 창조주이시고 영생하시는 하나님이시며 전능하신 하나님이십니다. 당신은 하나님의 창조와 과학자들이 말하는 진화의 가장 큰 차이가 무엇이라고 생각합니까? 창조적인 세계관을 가지고 사는 것이 왜 중요합니까?

_____

_____

_____

• 안식일과 주일은 창조와 안식이라는 의미에서 연속성을 가지고 있습니다. 그러므로 당신은 주일마다 새로운 창조의 경험과 주님 안에서 누리는 참된 안식이 있어야 합니다. 당신에게는 이것이 있습니까?

_____

_____

_____

• 요한은 과거와 현재의 그 어떤 고난 가운데에서도 항상 예수님을 주님이라고 증언합니다. 고난 가운데 예수님을 주님이라고 증언하는 요한에게 그 믿음 안에서 새로운 영적인 세계가 활짝 열렸습니다. 당신은 어떻습니까?

_____

_____

• 믿음을 지킨 요한은 지금 외롭고 서럽고 고단한 밧모 섬에 있습니다. 지금 당신이 믿음을 지키기 위해 당하는 고난의 밧모 섬은 어디입니까?

_____

_____

묵상노트

_____

_____

_____

_____

_____

_____

_____

오늘의 QT(1:13-20)

영광의 주님과 요한이 받은 첫 번째 사명

찬송과 기도 : 찬송가 165장(주님께 영광)

⬆ 마음 열기 | 춘향전과 재림

춘향전 이야기를 잘 아실 것입니다. 수년 전에 신문을 보니까 어떤 분이 춘향전을 기독교적으로 해석해서 종말에 대한 상당한 메시지가 담겨 있다고 분석했는데 정말로 그렇습니다.

춘향은 교회를 상징하고 멀리 떠난 이 도령은 예수 그리스도, 그리고 변 사또는 세상의 임금입니다. 세상의 임금이 믿는 자를 핍박하고 변절을 요구하는데 춘향은 이 도령에 대한 그 사랑을 변치 않고 온갖 핍박을 견딥니다.

그래서 마침내 이 도령이 과거에 급제해서 암행어사가 되어서 올 때 변 사또에게는 두려운 일이지만 춘향에게는 그보다 더 기쁜 일이 없는 것입니다.

예수님이 재림하시는 것과 심판과 종말도 이와 같습니다. 변 사또와 같은 악한 자에게는 두려움입니다. 그야말로 끝입니다. 그러나 예수님의 신부인 교회에는 그보다 더 기쁜 일이 없는 것입니다.

◨ 본문 읽기

"촛대 사이에 인자 같은 이가 발에 끌리는 옷을 입고 가슴에 금띠를 띠고 그의 머리와 털의 희기가 흰 양털 같고 눈 같으며 그의 눈은 불꽃같고 그의 발은 풀무 불에 단련한 빛난 주석 같고 그의 음성은 많은 물소리와 같으며 그의 오른손에 일곱별이 있고 그의 입에서 좌우에 날이 선 검이 나오고 그 얼굴은 해가 힘 있게 비치는 것 같더라 내가 볼 때에 그의 발 앞에 엎드러져 죽은 자 같이 되매 그가 오른손을 내게 얹고 이르시되 두려워하지 말라 나는 처음이요 마지막이니 곧 살아 있는 자라 내가 전에 죽었었노라 볼지어다 이제 세세토록 살아 있어 사망과 음부의 열쇠를 가졌노니 그러므로 네가 본 것과 지금 있는 일과 장차 될 일을 기록하라 네가 본 것은 내 오른손의 일곱별의 비밀과 또 일곱 금 촛대라 일곱별은 일곱 교회의 사자요 일곱 촛대는 일곱 교회니라"

◨ 본문 이해를 위한 길잡이

1) 재림하실 주님의 영광스러운 모습

주님은 구약시대로부터 약속된 메시아(구세주)의 모습인 인자와 같은 모습으로 우리를 찾아오십니다. 일곱 금 촛대로 상징되는 교회 가운데 계신 주님의 모습은 우리 모두에게 희망과 용기를 줍니다.

분명 크고 작은 교회가 있을 것인데 그 모든 촛대는 같은 모습의 금 촛대입니다. 주님의 눈에 보이는 교회는 크고 작은 모습이 아니라는 것입니다.

한없이 성결하시고 깊은 통찰력과 심판하시는 능력으로 권세 있는 말씀을 선포하시는 주님이십니다. 능력의 손으로 모든 교회의 주의 종을 붙잡고 계시고 옳고 그른 것을 바르게 분별하시고 한없는 영광 가운데 계신 주님이십니다.

2) 요한이 받은 첫 번째 사명

영광 가운데 계신 주님을 보면서 연약한 인간인 요한은 그 힘을 잃어버렸습니다. 그때 주님이 능력의 오른 손을 얹어 그를 위로하시고 용기를 주십니다. 새 힘을 북돋아 주십니다. 주님은 오늘 우리에게도 같은 은혜를 주십니다. 부족하고 연약한 우리에게 권능의 손을 얹고 말씀하십니다. "두려워 말라"

세상의 권력자들과 거짓 선지자들에 의해 고난을 겪던 모든 성도에게 주신 "두려워 말라"는 말씀은, 생활 속에서 지치고 힘들어하는 우리에게 큰 위로가 됩니다. 분명 우리 주님이 만물을 통치하십니다. 생사화복을 주장하십니다.

요한은 과거 현재 미래의 모든 일을 알게 하시는 주님을 만났습니다. 그리고 문서 선교의 사명을 받았습니다. 그리고 교회에 비밀이 있음을 알았습니다. 교회의 가장 큰 비밀은 예수 그리스도입니다.(골2:2-3) 부활의 주님, 영광 가운데 재림하실 주님을 찬양합시다.

✝ 적용

• 십자가에서 돌아가신 예수님은 속죄를 이루기 위해 오셨기에 초라한 인간의 모습이었습니다. 그러나 부활하시고 재림하실 주님은 영광 가운데 심판과 구원을 완성하러 오시는 모습입니다. 오늘 당신은 주로 어떤 예수님을 바라봅니까? 십자가의 주님입니까? 영광 가운데 재림하실 주님입니까?

_____

_____

_____

• 주님은 언제나 능력의 오른 손으로 모든 주의 종을 붙잡고 계십니다. 당신은 지금 누구의 손에 붙잡혀 있습니까? 세상입니까? 주님입니까?

_____

_____

_____

_____

• 당신은 하나님의 임재와 권능에 대한 거룩한 체험이 있습니까? 만일 체험이 있다면 그 거룩함의 체험이 당신의 인생을 어떻게 바꾸어 놓았습니까?

• 오늘도 당신을 붙들고 계시는 주님과 함께 동행 하면서, 주님께서 믿고 맡겨 주신 사명을 잘 감당합시다.

묵상노트

교회들과 함께 하는 7일의 QT

2장과 3장은 예수님께서 편지의 형식으로 성령님을 통하여 모든 교회의 목회자와 성도에게 주시는 말씀들입니다.

2장에는 에베소, 서머나, 버가모, 두 아디라에 있는 네 교회가 나오고 3장에는 사데, 빌라델비아, 라오디게아에 있는 세 교회가 나옵니다.

이 교회들은 로마의 지역을 나눈 행정구역 가운데 하나인 아시아 도道에 속한 각 도시에 세워진 교회들입니

다. 완전수인 일곱이라는 숫자를 통하여 보여주는 것처럼 역사적으로 존재한 모든 교회를 상징하고 있습니다.

인류 역사 이래 교회는 다양한 모습으로 존재합니다. 그 모든 교회의 설립자는 예수 그리스도입니다. 교회는 하나님의 뜻을 이루는 그리스도의

몸이며 살아 계신 하나님의 집입니다. 성령께서는 하나님의 말씀을 전하는 선지자로 세운 주의 종들을 통하여 교회에 말씀하십니다. 오늘의 교회는 인종과 지역과 문화를 초월하여 다양한 모습으로 존재합니다.

그러나 목회 현장에서 교회를 생각해보면 교회는 목회자와 성도와 예배당으로 되어있습니다. 이 세 가지가 조화를 잘 이룰 때 하나님의 교회는 예배와 교육과 친교 그리고 구제와 전도와 선교의 여섯 가지 기본 기능을 다하는 교회로 제 역할을 할 수 있습니다. 그러기에 주님의 몸인 교회의 성도들과 하나님께 예배를 드리는 성전과 성도들을 돌보고 양육하는 목회자는 소중합니다.

부활하신 주님은 오늘도 하나님의 말씀을 전하는 목회자들을 천사와 같은 일곱 별의 사자라고 말씀하십니다. 주님은 주의 종인 목회자를 붙잡고 계시며 교회 사이를 거닐고 계시고 주님의 뜻대로 사명을 감당하는 교회를 보존하십니다. 그러므로 말씀을 전하며 교회를 섬기는 주의 종들은 날마다 자신의 사명을 이루는 일에 최선을 다해야 합니다.

그런데 또 한 가지 반드시 기억할 것은 주님께서 이 일곱 교회 목회자들의 이름을 드러내지 않는다는 것입니다. 너를 안다고 말씀하시지만 이름은 말하지 않습니다. 목회자의 이름은 어디에 있을까요? 생명책에 있습니다. 그래서 목회자는 자신을 드러내고 싶은 유혹을 이겨야 합니다. 겸손해야 합니다.

아시아에 있는 일곱 교회에 보내진 모든 편지는 그 교회의 사자 즉 감독자, 오늘날로 말하면 목회자에게 보내졌습니다. 목회자는 교회를 인도하는 주의 종입니다. 마치 목자가 양 무리를 인도하듯이 목회자는 하나님의 양 무리인 성도를 인도합니다. 그러므로 목회자가 바로 서면 교회는 바로 설 것이고, 목회자가 잘못되면 교회에는 문제가 생기게 됩니다.

세상에서 교회는 다양한 모습으로 존재하지만 크고 작음을 떠나서 모두가 예수 그리스도를 머리로 하는 하나님 나라 백성의 모임입니다. 따라서 목회자뿐만 아니라 성도들도 교회의 크고 작음을 떠나, 내가 있는 자리에서 항상 주님의 몸인 교회를 바로 세우고 주님을 섬기며 영혼을 구원하는 일과 하나님의 영광을 드러내는 일에 최선을 다해야 합니다.

어떤 이들은 계시록 2장과 3장에 나오는 교회의 모습이 교회가 예루살렘에 초대 교회가 설립된 때로부터 역사 속에서 각각의 일정한 시기를 대표한다고 주장하지만 그렇게 해석하기에는 무리가 있습니다. 오히려 시대마다 각 지역에 다양하게 존재하는 교회의 모습을 보여준다고 보아야 합니다. 그래서 계시록의 말씀에 오늘 우리 교회의 모습을 비추어 보면서 주님의 뜻에 맞도록 바르게 교회를 세워가는 것이 바른 믿음을 가진 신앙입니다.

이단에 속한 자들은 이 일곱 교회 모두가 배도背道한 교회라고 합니다. 또 그 배도한 교회는 오늘의 각 교단에 속해 있는 교회요 기성교회라고 매도합니다. 그들은 배도해서 멸망할 바벨론과 같은 기존 교회에 머물러 있지 말고 그 교회에서 나와 자기들 이단 집단에 와야 구원받는다고 억지를 부립니다.

그들은 "배도-멸망-구원"의 도식을 통해 계시록 2장과 3장은 배도한 교회에 대한 말씀이고 6장은 멸망의 사건이며 7장이 그들 이단에 의한 구원의 사건이라고 성경을 왜곡하고 있습니다. 또 자기들에게 와서 14만 4천 명에 속하면 어린 양이 혼인잔치 하는 날 영계와 육계가 하나 될 때, 하늘에 있는 순교자들의 영을 자기들이 그 몸에 받아 지금 이 땅에 사는 그들의 육체가 이 세상에서 죽음을 경험하지 않고 영생불사永生不死한다고 거짓말하고 있습니다.

이단의 배후에서 역사하는 사탄은 거짓의 아비입니다. 미혹되지 마십시오. 이 일곱 교회 가운데 서머나 교회나 빌라델비아 교회에는 주님의 책망이 없습니다. 어떻게 책망이 없는 교회가 배도한 교회이겠습니까? 연약해 보이는 교회도 주님께서 친히 그 교회를 세우셨습니다.

주님은 교회의 머리이시며 온 세상의 교회를 위하여 이 계시록의 말씀을 주셨습니다. 그러므로 성도는 성경의 가르침을 바로 알아야 하고 이단의 잘못된 가르침에 넘어가서는 안 되는 것입니다.

"나 예수는 교회들을 위하여 내 사자를 보내어 이것들을 너희에게 증언하게 하였노라 나는 다윗의 뿌리요 자손이니 곧 광명한 새벽 별이라 하시더라"(계22:16)

오늘의 QT(2:1-7)

에베소 교회

찬송과 기도 : 찬송가 208장(내 주의 나라와)

⬆ **마음 열기** | "절인" 교회 교인

명산마다 절이 있습니다. 절은 순수한 우리말인데, 절을 찾는 이마다 불상 앞에서 절을 해야 한다는 뜻이랍니다. 그런데 일부 언어학자들에 따르면 절이 '절인다'는 뜻도 있다고 합니다. 뻣뻣하고, 교만한 아집을 버리고 절을 할 때는 소금으로 절이듯 온순한 자세로 임해야 한다는 의미로 다가옵니다.

교회는 하나님의 집입니다. 하나님께 절만 하는 정도가 아니라 마음과 뜻과 정성을 다해 그분을 섬기며 예배하는 곳입니다. 예배하는 자는 먼저 마음을 비워야 합니다. 자기를 부인해야 합니다. 그 빈 곳을 하나님의 은혜로 채우기 위해 교회에 와야 합니다. 그러기 위해서 자신을 은혜의 소금에 절여야 합니다.

자신을 소금에 절이는 정도가 아니라 세상을 절일 소금으로 변해야 합니다. 십자가의 복음은 교만하고 죄악으로 가득 찬 인간의 회개와 구원을 위한 하나님 자신의 절임입니다. '절인' 교회와 '절인' 교인이 되지 않으시겠습니까?

① 본문 읽기

"에베소 교회의 사자에게 편지하라 오른손에 있는 일곱별을 붙잡고 일곱 금 촛대 사이를 거니시는 이가 이르시되 내가 네 행위와 수고와 네 인내를 알고 또 악한 자들을 용납하지 아니한 것과 자칭 사도라 하되 아닌 자들을 시험하여 그의 거짓된 것을 네가 드러낸 것과 또 네가 참고 내 이름을 위하여 견디고 게으르지 아니한 것을 아노라 그러나 너를 책망할 것이 있나니 너의 처음 사랑을 버렸느니라. 그러므로 어디서 떨어졌는지를 생각하고 회개하여 처음 행위를 가지라 만일 그리하지 아니하고 회개하지 아니하면 내가 네게 가서 네 촛대를 그 자리에서 옮기리라 오직 네게 이것이 있으니 네가 니골라 당의 행위를 미워하는 도다 나도 이것을 미워하노라 귀 있는 자는 성령이 교회들에게 하시는 말씀을 들을지어다. 이기는 그에게는 내가 하나님의 낙원에 있는 생명나무의 열매를 주어 먹게 하리라"

① 본문 이해를 위한 길잡이

1) 교회의 주변 상황
에베소는 로마의 직접 관할 지역인 아시아 주의 수도로 아시아 지역을 이끌어가는 위치에 있었습니다. 에베소는 상업과 교통 그리고 문화의 중심지입니다. 에게 해로 흘러 들어가는 카이스터 강 입구의 고지대에 자리 잡은 항구 도시였으며 아데미 신전(파르테논 신전의 4배)으로 상징되는 우상 숭배와 성적 타락과 신비주의가 극심한 도시였습니다.

바로 이곳에 세워진 교회의 이름이 에베소 교회입니다. 이 교회는 사도 바울의 3차 선교 여행(52년-57년) 때 세워진 교회이며 바울이 3년간 목회 했습니다. 옥에 갇혀 있을 때(62년경) 에베소서를 써서 교인들을 격려하고 지도했으며 바울은 이곳에서 목회할 때 골로새 교회를 개척했습니다.

바울의 후임자는 믿음의 아들인 디모데이고 요한이 65년부터 100년까지 목회했습니다. 요한은 이곳에서 목회하던 90년대 중반 도미티안 황제 때 체포되어 밧모 섬에 유배를 왔고 계시록의 말씀을 받았습니다. 그리고 유배에서 풀려난 이후 에베소 교회에서 목회하다가 하나님 품에 안기게 되었습니다.

2) 칭찬 책망 권면

오른손은 그리스도의 절대적 권능을 의미합니다. 일곱별은 일곱 교회의 사자들을 의미하고 일곱 금 촛대는 일곱 교회를 의미합니다. 그러므로 에베소 교회에 나타나신 주님의 모습은 권능의 손으로 교회를 지키시며 교회 가운데에서 역사하시는 분이심을 보여줍니다. 모든 교회의 주인은 예수님입니다.

에베소 교회는 사도의 가르침을 잘 지킨 교회입니다. 데살로니가 교회

처럼 믿음의 행위가 있고 사랑의 수고와 예수님의 재림에 대한 소망과 인내가 있는 교회입니다.(살전1:3)

에베소 교회는 힘든 일들을 말없이 인내하며 실천한 교회입니다. 주님이 그리스도인 것을 부인하는 악한 자들을 용납하지 않았고, 스스로 사도라고 주장하는 거짓 사도들을 영적인 통찰력을 가지고 분별해 냈습니다. 에베소 교회 교인들은 부지런했습니다.

주님은 이 교회 교인들이 얼마나 성실하며 영적인 분별력이 뛰어난 지다 알고 계십니다. 주님은 전지전능하신 하나님이십니다. 그들은 그 당시 최대의 이단인 니골라 당을 이길 정도로 영적인 은혜가 있는 교회였습니다.

일곱 집사 가운데 하나인 니골라를 따라 형성된 니골라 당은 자기들이 보통 사람들보다 영적으로 우월하다고 생각하면서, 1세기 중반 이후 기승을 부렸던 영지주의에 빠져 교회를 혼란에 빠뜨린 이단 사상을 만들어냈습니다.

영지주의는 영과 육의 이원론을 주장하면서 영계만 선하고 가치 있고 물질계는 악하고 무가치하다고 보는 당시 유행하던 헬라 사상 가운데 하나입니다.

니골라는 기독교 복음을 영지주의와 혼합해서 두 가지 잘못된 주장을 했습니다. 하나는 율법의 때가 지났기 때문에 이제는 율법은 지킬 필요가 없으니 율법을 폐기하자는 것이고, 다른 하나는 영만이 선하고 가치가 있으므로 악하고 무가치한 육신으로는 무슨 짓을 해도 괜찮다는 무도덕주의와 쾌락주의입니다.

에베소 교회는 그 니골라 당의 잘못된 것을 분별해 내고 말씀의 순수성과 영적인 순결성을 지킨 교회입니다. 모든 이단이 그런 것처럼 니골라 당들도 사도들의 전통에서 벗어나 있으면서 오히려 자신들을 스스로 사도라고 불렀습니다. 이것은 오늘날에도 모든 이단과 거짓 선지자들의 공통된 특성입니다. 오늘의 이단들은 스스로를 재림예수라고 주장합니다.

그런데 이 훌륭한 교회에도 책망 받을 일이 있었습니다. 그것은 첫사랑을 잃어버린 일입니다. 처음 사랑이란 무엇입니까? 사랑 때문에 모든 계산을 초월하여 무한히 자기를 희생하는 아가페 사랑입니다. 십자가에서 보여주신 주님의 사랑이요, 부활하신 주님이 요한에게 물었던 바로 그 사랑입니다. 좋을 때만 사랑하는 것이 아니라 어려울 때 더 많이 희생하며 사랑하는 사랑입니다.

그런데 에베소 교회는 그 처음 사랑을 잃어버렸습니다. 잃어버렸다는 것은 관계가 끊어졌다는 것입니다. 그래서 주님은 너희가 어디에서 무엇 때문에 상처받아 그 처음 사랑을 잃어버리게 되었는지, 어디에서 무엇이 잘못되어 그 아름다운 사랑을 잃어버리게 되었는지를 생각하고 회개하라고 권면하십니다. 회개하여 처음 행위를 다시 하라고 말씀하십니다.

에베소 교회는 성령 세례와 말씀의 가르침을 통해 시작한 교회입니다. (행19:6-7) 그 교회가 니골라 당과의 싸움에서 올바른 성령의 은사를 구별하기 시작하면서 성령의 역사가 약화되기 시작했습니다. 성령 안에서 행하던 은사와 처음 사랑을 잃어버리고, 세상에 빛을 비추는 촛대의 역할을 잃어버렸습니다. 아무리 많은 일을 해도 성령의 은사와 사랑의 역사가 없어지면 주님은 그 교회를 버리십니다.

주님은 성령 안에서 행하던 은사와 사랑으로 돌이키지 않고 회개하지 않으면 그 교회를 없애겠다고 말씀하십니다. 에베소 교회는 그 지역에서 가장 큰 교회였습니다. 그러나 끝내 상처 때문에 첫사랑을 회복하지 못한 에베소 교회는 역사에서 사라졌습니다. 우리는 늘 자신을 돌아보아야 합니다. 자기희생이 없고 성령의 이끌림을 받는 참 사랑이 없는 교회는 그 수명이 오래가지 못합니다.

우리는 성령께서 교회들에게 주시는 말씀을 들어야 합니다. 주님은 이기는 자에게 하나님의 낙원에 있는 생명나무의 열매를 주십니다. 이 열매는 영생입니다. 이기는(Τω νικωντι = To overcoming) 자는 오늘만 이기는 자가 아닙니다. 오늘도 내일도 계속해서 끝까지 이기는 자입니다. 우리는 천국 가는 그날까지 이겨야 합니다.

⬆ 적용

• 당신이 섬기는 교회의 주인은 누구인가요?

_____

_____

• 교회마다 다양하게 많은 사업을 합니다. 당신이 섬기는 교회에서 하는
  그 많은 일 가운데 주님이 기억하시고 칭찬하실 일은 어떤 것이 있을
  까요? 또한, 책망 받을 일은 어떤 일이 있을까요?

_____

_____

_____

• 첫 사랑은 성령 안에서 행하는 사랑입니다. 에베소 교회는 많은 일을
  하다가 중간에 상처를 받아 주님을 향한 뜨거운 마음으로 아낌없이
  베풀고 나누던 처음 사랑을 잃어버렸습니다. 교회 안에 문제를 해결
  하는 것에 머무는 교회가 되었습니다. 당신은 어떻습니까?

_____

_____

_____

오늘의 QT(2:8-11)
서머나 교회
찬송과 기도 : 찬송 210장(시온 성과 같은 교회)

✝ 마음 열기 | 암탉 같은 교인, 암소 같은 교인

암탉은 100원짜리 알을 한개 낳아놓고 동네방네 떠들고 외쳤습니다. 꼬꼬댁 꼬꼬! 동쪽을 향하여서 꼬꼬댁 꼬꼬! 서쪽을 향하여서 꼬꼬댁 꼬꼬! 남쪽을 향하여서 꼬꼬댁 꼬꼬! 북쪽을 향하여서 꼬꼬댁 꼬꼬! 세어보니 26번이나 되었습니다.

그런데 암소는 하루 종일 주인을 위하여 밭에 나가 열심히 일하고 와서 200만 원짜리 송아지 한 마리를 낳아놓고도 말이 없습니다. 날이 밝으니 음메! "주인님 또 밭에 일하러가요."하고 아무 말 없이 또 밭으로 일하러 갑니다.

교회에서도 이와 똑같은 일이 벌어지고 있습니다. 암탉 같은 교인은 조그만 일 해놓고 온 교회를 떠들썩하게 합니다. 자기가 이 일을 했다고 자랑하며 동네방네 떠들고 다닙니다.

그러나 정작 암소 같은 교인은 묵묵히 말없이 합니다. 죽어라고 열심히 큰일을 해놓고도 아무 말이 없습니다. 오히려 부족하게 생각하고 또 내가 할 일이 없나하고 찾아서 일을 합니다. 그래도 부족하여 주님께 미안하게 생각합니다.

당신은 어떤 교인입니까? 암탉 같은 교인입니까? 암소 같은 교인입니까?

🔼 본문 읽기

"서머나 교회의 사자에게 편지하라 처음이며 마지막이요 죽었다가 살아나신 이가 이르시되 내가 네 환난과 궁핍을 알거니와 실상은 네가 부요한 자니라. 자칭 유대인이라 하는 자들의 비방도 알거니와 실상은 유대인이 아니요, 사탄의 회당이라. 너는 장차 받을 고난을 두려워하지 말라 볼지어다. 마귀가 장차 너희 가운데에서 몇 사람을 옥에 던져 시험을 받게 하리니 너희가 십 일 동안 환난을 받으리라 네가 죽도록 충성하라 그리하면 내가 생명의 관을 네게 주리라 귀 있는 자는 성령이 교회들에게 하시는 말씀을 들을지어다. 이기는 자는 둘째 사망의 해를 받지 아니하리라"

🔼 본문 이해를 위한 길잡이

1) 교회 주변 상황

서머나는 에베소에서 북쪽으로 약 56km쯤 떨어진 곳에 있는 터키의 3대 도시 가운데 하나입니다. 크고 아름다운 항구도시입니다. 주전 6세기까지

리디아 주의 수도였던 사데의 뒤를 이어 리디아 지방의 중심 역할을 했던 도시입니다. 그 당시 인구는 10만 명 정도였고 과학의 중심지였으며 포도주와 아름다운 건물들로 유명했습니다.

특히 의술이 발달한 도시였고 의술의 신 아스클레피우스의 신전이 세워져 있던 도시였습니다. 경제적인 부요함과 막강한 정치적인 영향력으로 친로마적이며 황제 숭배가 극심했던 도시였습니다. 또한, 서머나는 예루살렘 멸망(A.D 70년)이후 많은 유대인들이 이주하여 정착한 도시였습니다.

서머나 교회는 경제적으로 부요한 도시 가운데 세워진 작은 교회였습니다. 한편으로는 황제 숭배를 강요하는 로마의 세력과 또 한편으로는 유대주의와 율법주의를 표방하는 유대인들에게 정치 종교 경제 사회적으로 핍박을 받고 있었습니다.

서머나 교회는 그들이야 말로 정통 유대인이요 하나님을 제일 잘 믿는 사람들이라고 주장하는 자칭 유대인의 회당(사탄의 회당)에 모인 사탄의 무리들에게 핍박받는 교회였습니다.

그러나 서머나 교회는 일곱 교회 가운데 빌라델비아 교회와 함께 주님의 책망이 없는 교회였습니다. 작지만 주님을 향한 확실한 믿음과 성도들 사이에 사랑의 교제가 있어 영적으로 부유한 교회였습니다.

하나님이 보실 때 영적으로 부유한 성도는 누구일까요? 그들은 불같은

시련 속에서 연단을 받으면서도 믿음을 지키고, 지식과 지혜의 말씀으로
자신들을 잘 지키는 성도들입니다.

2) 칭찬과 권면

이 교회에 나타나신 주님은 모든 일을 시작하시고 끝내시는 분입니다.
부활의 첫 열매로 영생하시는 분입니다. 그것은 환난과 궁핍가운데 고난
을 당하고 유대인들의 거센 핍박 속에서 고난을 당하는 성도에게 큰 위로
가 됩니다.

왜냐하면 고난과 핍박 중에 이대로 모든 것들이 끝나는 것이 아니라,
이 고난의 시간이 지나면 주님에 의해 새로운 역사가 시작될 것이기 때문
입니다.

주님은 서머나 교회의 환난과 궁핍을 아신다고 말씀하십니다. 네 형편
을 아신다고 말씀 하십니다. 이처럼 오늘도 주님은 내가 힘들고 어려운
형편에 있는 것을 아십니다. 그리고 내가 억울하게 욕을 먹고 모욕을 당하
는 것도 아십니다. 아시는 주님께서 모든 문제를 해결해 주실 줄 믿습니다.

서머나 교회에는 지금의 고난보다 더 큰 고난이 그들 앞에 있습니다.
그것은 마귀의 시험입니다. 교회 안에 마귀가 역사한다는 이 사실을 우리
는 알아야 합니다. 교회 안에는 이단들의 역사도 있고 마귀의 역사도 있습
니다.

그러나 마귀가 주는 그 고난도 영원한 고난이 아닙니다. 10일의 고난입니다. 우리들이 당하는 고난도 영원한 고난이 아닙니다. 정해진 기간의 고난입니다.

그래서 고난을 겪는다고 중간에 넘어지면 안 됩니다. 죽도록 충성하라는 말씀은 순교할 상황이 되어도 끝까지 이기라는 것입니다.

그러므로 우리는 오히려 고난 중에 성령님을 통해 말씀하시는 주님의 약속을 믿고 믿음의 용기를 내야 합니다. 끝내 이기는 사람들에게는 생명의 면류관이 있습니다. 지옥의 형벌인 불 못에 던져지는 두 번째 사망을 겪지 않게 됩니다.

오늘을 어떻게 사시겠습니까? 어렵고 힘들다고 중간에 포기하시겠습니까? 아니면 죽음을 이기시고 부활하신 영원하신 주님을 바라보고 의지하며 함께 승리하시겠습니까?

⬆ 적용

• 주님은 당신이 겪는 모든 환난과 고난을 아십니다. 그 고난을 혼자 겪는다고 생각하지 마십시오. 고난의 기간은 정해져 있고 그 고난을 믿음으로 이길 때 찬란한 승리의 역사가 있습니다. 고난의 터널의 시작이 1일이라면 터널의 끝은 10일입니다. 10일의 고난 가운데 지금 당신은 어디쯤 와 있습니까?

- 이 세상에는 교회 안에까지 마귀의 역사가 있습니다. 마귀의 정체를 바로 알고 예수님의 보혈과 하나님의 말씀으로 이기시기 바랍니다. 오늘 예수님의 보혈 능력을 마음으로 믿고 입으로 시인하시기 바랍니다.

- 주님은 이기는 자에게 둘째 사망(지옥, 불 못)의 해를 받지 않게 하시 겠다고 약속하셨습니다. 천국과 지옥은 분명히 있습니다. 오늘도 천국으로 가는 길에서 이탈하지 않으려면 어떻게 해야 할까요?

오늘의 QT(2:12-17)
버가모 교회
찬송과 기도 : 찬송가 213장(나의 생명 드리니)

1 마음 열기 | 살아 있는 교회

교회에 돈이 필요했습니다. 그래서 집사님이 한 성도에게 교회가 이런 일을 하여야 하는 데 돈이 필요하니 헌금하자고 권면하였습니다. 그때 그 성도가 집사님에게 말했습니다. "교회는 항상 무엇인가 부족하군요?"

그때 집사님이 이런 이야기를 들려주었습니다. "제게는 너무도 귀한 아들이 있었습니다. 그 아들은 항상 무엇인가 요구하였습니다. 옷을 사달라고 하였습니다. 신발을, 책을, 스키를 사달라고 졸랐습니다. 항상 요구하는 것뿐이었습니다. 그러던 어느 날 불행하게도 그 아들이 죽었습니다. 이제 내게 아무것도 요구하지 않고 있습니다.

교회가 살아 있는 한 움직이게 되어있습니다. 죽은 교회는 아무것도 요구하지 않습니다." 죽은 사람에게는 문제가 없습니다. 죽은 교회는 요구도 없습니다. 서 있는 자동차는 휘발유가 필요하지 않습니다. 무엇인가를 교회가 요구하고 있다는 것은 살아 있는 교회라는 확실한 증거입니다.

"버가모 교회의 사자에게 편지하라 좌우에 날 선 검을 가지신 이가 이르시되 네가 어디에 사는지를 내가 아노니 거기는 사탄의 권좌가 있는 데라 네가 내 이름을 굳게 잡아서 내 충성된 증인 안디바가 너희 가운데 곧 사탄이 사는 곳에서 죽임을 당할 때에도 나를 믿는 믿음을 저버리지 아니하였도다. 그러나 네게 두어 가지 책망할 것이 있나니 거기 네게 발람의 교훈을 지키는 자들이 있도다. 발람이 발락을 가르쳐 이스라엘 자손 앞에 걸림돌을 놓아 우상의 제물을 먹게 하였고 또 행음하게 하였느니라. 이와 같이 네게도 니골라 당의 교훈을 지키는 자들이 있도다. 그러므로 회개하라 그리하지 아니하면 내가 네게 속히 가서 내 입의 검으로 그들과 싸우리라 귀 있는 자는 성령이 교회들에게 하시는 말씀을 들을지어다. 이기는 그에게는 내가 감추었던 만나를 주고 또 흰 돌을 줄 터인데 그 돌 위에 새 이름을 기록한 것이 있나니 받는 자 밖에는 그 이름을 알 사람이 없느니라"

■ 본문 이해를 위한 길잡이

1) 교회 주변 상황

버가모는 300년간 소아시아 서쪽의 무시아 지방의 수도였으며 다른 곳보다 높은 지형의 군사적 요새였습니다. 서머나에서 해안선을 따라 북으로 약 64km를 올라가서 다시 동북쪽으로 약 24km 들어간 곳에 있었습니다. 버가모는 행정 중심지였고 황제 숭배의 신전(사탄의 위)이 최초로 세워진 도시였습니다.

버가모는 한 지역의 행정 중심지답게 우상 숭배가 극심하여 제우스, 아테네, 디오니수스, 아스클레피오스(치유의 신) 신전이 세워진 곳이며 그리스 문화와 교육의 중심지였습니다. 이들은 높은 산 위에 신전을 세워 놓고 "하나님의 아들 세베스토스 신"이라 조각하였습니다. 그 당시 인구는 약 20만 명 정도로 추산되며 소장도서가 약 20만 권쯤 되는 큰 도서관이 있었습니다.

버가모 교회는 이처럼 다양한 우상숭배와 그리스 문화의 중심지 한복판에 세워진 교회였으며 돈과 권력과 지식을 자랑하는 지역에 세워진 교회였습니다. 버가모는 연합을 의미하는 결혼이라는 뜻과 견고한 탑이라는 의미가 함께 있습니다.

2) 칭찬 책망 권면

그 뜻대로 버가모 교회는 세상과 연합하여 세속화된 교회의 상징입니다. 교회는 정결한 신부로서 그리스도와 결혼을 해야 하는데 버가모 교회는 그 가운데 많은 성도가 세상과 결혼하는 영적인 음행에 빠져 있었습니다.

그러나 동시에 그 교회는 충성된 증인이며, 거짓으로 유혹하는 자들에게 아니요 라고 말하고 순교한 안디바가 있던 교회입니다. 버가모 교회는 우상에 물든 사람들과 신앙의 순수성을 지키는 사람들이 공존하는 교회였습니다.

오늘날에도 어느 교회든지 참된 신앙을 지키려는 성도들이 있고, 반면에 거짓 신앙을 퍼트리는 양의 가죽을 쓴 이리들이 있습니다. 그래서 그런 사람을 보고 교회에 다니면 큰 시험을 당하게 됩니다. 어떤 상황에서도 주님을 완전히 의지하는 아름다운 신앙인이 되시기 바랍니다.

그 당시 지역을 다스리던 총독들은 살릴 수도 있고 죽일 수도 있는 권세를 가지고 있다는 표징으로 양쪽에 날을 세운 검을 가지고 있었습니다.

그런데 버가모 교회에 나타나셔서 말씀하시는 주님은 양쪽에 날이 선 검과 같은 말씀으로 모든 사람들의 영원한 생명과 사망을 판가름하는 권세를 가지신 분입니다.

주님은 그 교회가 처한 상황 곧 황제 숭배를 강요당하고 우상을 섬길 것을 강요당하는 상황을 잘 알고 계십니다. 진리를 지키기 위해 아니요라고 하다가 순교한 안디바라는 순교자가 있는 것도 알고 계십니다.

그들 중의 일부는 이렇게 순결한 믿음을 지켰지만, 그들 가운데 많은 사람이 구약시대 이스라엘 백성들을 함정에 빠트렸던(민25:1-3, 31:16) 거짓 선지자 발람의 계보에 속한, 니골라 당의 거짓된 가르침에 속아 음행과 우상 숭배에 빠져 있었습니다.

그런데도 사랑의 주님은 그들을 포기하지 않습니다. 그들을 책망하며 회개를 촉구하십니다. 죄를 책망하시는 바로 여기에 하나님의 은혜가 있습니다. 죄를 지은 자들을 포기하지 않고 찾아오십니다. 죄를 책망하시고 회개하고 돌아서게 하시고 구원하시는 주님이 바로 우리가 믿는 예수님입니다.

주님은 이기는 사람에게 영원한 생명을 주는 하늘의 양식을 주십니다. 감추어진 만나를 주십니다. 진리 안에서 자유를 얻어 새로운 사람이 되었음을 증명하는 새 이름이 새겨진 흰 돌을 주십니다. 그러므로 우리도 지금 죄에서 벗어나야 합니다. 지금 돌아서야 합니다. 그리고 믿음을 새롭게 해서 새로운 시대를 열어가야 합니다. 회개가 은혜입니다. 회개가 축복입니다. 회개가 성령을 받는 길입니다.

베드로는 예수님이 승천하신 후에 제자들과 10일 동안 회개하며 기도에 힘써 성령을 받았습니다.(행3:19)

↑ 적용

• 우리는 늘 하나님이 아닌 다른 것들을 섬기라는 강요를 받을 때가 많이 있습니다. 또 거짓 선지자들은 달콤한 세상의 쾌락으로 우리를 유혹합니다. 당신이 당하는 유혹은 무엇인지를 생각해 보십시오. 그리고 그 유혹과 핍박을 이기기 위해 무엇이 필요한지 말씀해 보십시오.

- 회개가 은혜입니다. 당신은 생활 속에서 죄가 깨달아질 때 어떻게 하십니까? 죄는 반복적으로 회개해야 합니까? 아니면 평생 한 번만 회개해야 합니까? 예수님께서는 목욕한 후에도 다시 손발을 씻는 것으로 일상적으로 반복하는 생활의 회개에 대해 말씀하셨습니다. (요13:10)

- 감추었던 만나와 새 이름이 새겨진 흰 돌은 회개하고 믿음으로 승리한 성도에게 주어지는 것입니다. 영이 맑아야 하늘의 양식을 먹을 수 있습니다. 진리 안에서 자유를 누릴 수 있습니다. 영혼을 맑게 하기 위해 당신은 무엇을 어떻게 하십니까?

오늘의 QT(2:18–29)

두아디라 교회

찬송과 기도 : 찬송가 88장(내 진정 사모하는)

⬆ 마음 열기 | 교회에 가지 않는 다섯 가지 이유

카피라이터 이만재 씨가 쓴 '교회에 가지 않는 77가지의 이유'라는 책이 있습니다. 그 내용을 보면 현대인들이 왜 교회에 가지 않는가를 다섯 가지로 얘기하고 있습니다.

첫째, 기독교인들의 첫 인상이 너무 시끄럽고 유난스럽다는 것입니다.

둘째, 교회에 다니는 사람들이 집안일을 소홀히 한다는 것입니다.

셋째, 교회가 각종 모임에 참석하기를 지나치게 강요하여 교인들이 지나치게 많은 모임에 참석하기 때문이라는 것입니다.

넷째, 기독교인들이 너무 배타적이며 고리타분하다는 것입니다.

다섯째, 교회와 세상이 다를 것이 없다는 것입니다. 앞에 네 가지는 그럴 수 있습니다. 행사가 있다면 교회에 많이 나올 수도 있고 또 보수적인 신앙 때문에 그렇게 보일 수도 있습니다.

그러나 이 다섯 번째 교회와 세상이 차이가 없다는 것은 심각한 문제입

니다. 교회에 가서 보니까 교회 밖의 사람들보다 더 시기하고 질투하고 세상의 평가의 기준과 별로 다를 것이 없다는 것입니다.

그래서 교회에 다녀봐야 별로 좋은 것이 없다는 것입니다. 세상 사람들은 하나님의 말씀인 성경 자체가 문제가 있다고 하지 않습니다. 성경 말씀도 좋고 교회도 좋고 예수 그리스도도 좋지만 그러나 교인들은 싫다는 것입니다.

⬛ 본문 읽기

"두아디라 교회의 사자에게 편지하라 그 눈이 불꽃같고 그 발이 빛난 주석과 같은 하나님의 아들이 이르시되 내가 네 사업과 사랑과 믿음과 섬김과 인내를 아노니 네 나중 행위가 처음 것보다 많도다. 그러나 네게 책망할 일이 있노라 자칭 선지자라 하는 여자 이세벨을 네가 용납함이니 그가 내 종들을 가르쳐 꾀어 행음하게 하고 우상의 제물을 먹게 하는도다. 또 내가 그에게 회개할 기회를 주었으되 자기의 음행을 회개하고자 하지 아니하는 도다 볼지어다. 내가 그를 침상에 던질 터이요 또 그와 더불어 간음하는 자들도 만일 그의 행위를 회개하지 아니하면 큰 환난 가운데에 던지고 또 내가 사망으로 그의 자녀를 죽이리니 모든 교회가 나는 사람의 뜻과 마음을 살피는 자인 줄 알지라. 내가 너희 각 사람의 행위대로 갚아 주리라 두아디라에 남아 있어 이 교훈을 받지 아니하고 소위 사탄의 깊은 것을 알지 못하는 너희에게 말하노니 다른 짐으로 너희에게 지울 것은 없노라 다만 너희에게 있는 것을 내가 올 때까지 굳게 잡으라. 이기는 자와 끝까지 내 일을 지키는 그에게 만국을 다스리는 권세를 주리니 그가 철장을 가지고 그들을 다스려 질그릇 깨뜨리는 것과 같이 하리라 나도 내 아버지께 받은 것이 그러하니라. 내가 또 그에게 새벽 별을 주리라 귀 있는 자는 성령이 교회들에게 하시는 말씀을 들을지어다"

🔼 본문 이해를 위한 길잡이

1) 교회 주변 상황

두아디라는 서머나의 북동쪽에 있는 버가모에서 남동쪽으로 64km 떨어진 곳에 있습니다. 그곳은 태양신 두림누스(후에 아폴로)의 성지로 건축되었습니다.

이곳은 버가모를 향하여 내륙에서 쳐들어오는 적군을 막기 위해 군인들이 항상 주둔하고 있던 군사 도시였습니다. 주전 190년 이후 버가모의 지배를 받다가 주전 133년 이후 로마의 지배를 받았습니다.

두아디라는 소아시아의 수도였던 버가모로 들어가는 관문에 서 있는 교통의 요지입니다. 공업과 상업이 발달한 도시였고 무역과 수공업이 중요시되는 도시였습니다.

양모와 염색공업의 중심지였으며 옷감, 제혁공, 제화공, 제빵공, 구리세공인과 양털 상인 등의 조합이 있었습니다. 두아디라는 향기로운 희생제물, 끊임없는 희생제물이라는 이름처럼 우상들에게 바치는 풍성한 제물이

있는 제사가 성행하였습니다. 특히 이들은 한 달에 한 번씩 자기들의 수호
신인 아폴로에게 제물을 바쳤습니다.

따라서 우상숭배와 황제 숭배를 거부하던 소수의 기독교인들은 사회
경제적으로 격리되었습니다. 이곳에서는 주로 아폴로와 황제숭배가 행해
졌습니다. 두아디라는 빌립교 교회의 설립자인 루디아의 출신지입니다.

두아디라 지역의 사람들은 생사를 좌우하는 황제에 대해 큰 두려움을
가지고 있었습니다. 그런데 두아디라 교회에 나타나신 주님은 그 모든 심
판의 권세를 가지신 분은 황제가 아니라 하나님의 아들이신 주님이시라고
말씀합니다. 하나님의 아들은 아폴로가 아니라 예수님입니다.

2) 칭찬 책망 권면
악한 권력을 가진 자를 두려워하지 마십시오. 심판의 권세는 주님이
가지고 계십니다. 주님은 그 교회가 처음보다 나중에 더 잘했다고 말씀하
셨습니다. 처음보다 나중에 더 잘하는 것은 쉬운 일이 아닙니다. 그런데도
그 교회는 나중 행위가 처음보다 많은 교회였습니다.

그런데 문제는 그들 가운데 사업하는 사람들이 많아서 그 사업이 사랑
과 믿음과 섬김과 인내와 같은 신앙의 덕목보다 앞섰다는 것입니다.

오늘날로 말하면 이 교회에는 무슨 일을 해서라도 돈을 벌어서 교회에
헌금을 많이 하면 된다는 사람들이 있었습니다. 그래서 이득을 위해서라

면 거짓 선지자의 가르침을 받아들이는 것도 괜찮다고 생각하는 사람들이 많았습니다.

그 틈을 타고 거짓 선지자인 여자 이세벨이 버젓이 교회에 들어와 그 미모와 화려한 말솜씨로 성도들을 넘어지게 했습니다. 그 여자는 먼저 주의 종들에게 이단 사상을 가르쳤습니다. 그리고 꾀어 넘어지게 했습니다.

주의 종들의 가장 큰 약점이 여자와 돈 문제입니다. 아름다운 여인을 보면 흔들리고 돈을 가져다주며 유혹하면 넘어집니다. 그 약점을 잡고 꾀어 주의 종들을 흔든 여자가 바로 이 거짓 선지자 이세벨입니다.

역사 속에 나타나는 이세벨은 이스라엘이 솔로몬의 아들 르호보암 때 남북 왕조로 나누어진 이후에 생겨난 북 이스라엘의 4대 왕 아합의 부인입니다.

그녀는 바알 신앙을 끌고 들어와 왕비라는 그 지위를 이용하여 온 이스라엘을 우상 숭배와 음행으로 가득하게 했습니다. 그때의 선지자가 엘리야입니다. 그런데 그 위대한 선지자 엘리야까지도 그녀의 말 한마디에 두려워서 광야로 피신할 정도로 그 위세가 대단했던 여인입니다.(왕상 19:1-4)

거짓 선지자인 이 여자는 회개할 기회가 있어도 회개하지 않았습니다. 결국 그녀는 회개하지 않다가 병이 들어 침상(죽음)에 던져지고 그녀와 더불어 간음하던 자들도 회개하지 않아 큰 환난을 당하게 됩니다.

그리고 그녀의 가르침에 넘어간 자들(그 여자의 자녀들)은 죽게 되었습니다. 달콤한 유혹과 거짓에 속아 이단에 넘어가면 어떻게 되는 지를 우리에게 보여주는 경고의 말씀입니다.

그러나 그 영적인 혼란 중에도 믿음을 지킨 순결한 사람들이 있었습니다. 그들은 그녀의 꾐에 넘어가지 않고 사탄의 깊은 것에 대한 관심이 없었습니다.

사탄의 깊은 것이라는 이 말씀 속에서 우리는 사탄이 사람들을 미혹할 만한 영적인 깊은 내용을 가지고 있다는 것을 알게 됩니다. 거짓 선지자도 가짜이지만 선지자입니다. 그들도 발람처럼 하나님의 음성을 듣기도 하고 하나님과 대화도 합니다.(민22:9-10)

그러나 그들은 결국 자신들의 탐욕 때문에 하나님의 뜻을 거스르고 하나님을 대적하는 자들의 편에 서게 되어 멸망하게 됩니다. 거짓 선지자도 큰 이적을 행합니다.(계13:13) 그 이적으로 사람들을 미혹합니다.

그러므로 참과 거짓에 관한 영적인 분별력이 있어야 하고 진실을 알아야 합니다. 거짓 선지자들이 말하는 사탄의 깊은 것이나 이적에 속아 따라가면 그 끝은 멸망이요 지옥입니다.

주님은 사탄의 깊은 것에 관심을 갖지 않고 믿음을 지킨 그들을 칭찬하십니다.그리고 이기는 자와 끝까지 주님의 일을 지키는 자들에게 만국을 다스리는 권세를 주시겠다고 약속하십니다. 그것은 철장으로 질그릇을 깨뜨리는 것과 같은 힘이 있는 권세입니다.

또한 어두울 때 가장 밝게 빛나는 새벽별을 지시겠다고 하십니다. 새벽별은 무엇입니까? 주님 자신입니다.

성도는 주님의 일을 끝까지 지켜야 합니다. 끝까지 지켜야 할 주님의 일이 무엇입니까? 그것은 교회를 순결한 믿음으로 지키고 세우는 일입니다. 끝까지 주님의 일을 지키는 그 사람에게 상을 주십니다.

항상 우리에게는 재물의 유혹과 하나님을 섬기는 일이 양립할 때가 있습니다. 그때 하나님의 나라와 그 의를 먼저 구하는 우선순위를 바로 정해야 합니다. 우선순위가 뒤집어 지면 인생도 뒤집히는 것을 알아야 합니다.

📵 적용

- 사회생활을 하다보면 신앙과 상관없이 항상 힘 있는 자나 돈 있는 자를 따라가기 쉽습니다. 그러나 그것이 거짓된 가르침에 기초한 것이라면 처음보다 나중에 더 많은 것들을 해도 결국 망하게 됩니다. 그래서 성도는 자신에게 주어진 것에 만족할 줄 알아야 하고 탐욕은 버려야 합니다. 당신은 어떻습니까?

・사탄의 가르침에도 깊은 내용이 있습니다. 신기할 정도로 달콤한 내용이 있습니다. 그러나 그것이 결국 예수님이 주님이신 것을 부인하게 한다면 인생은 망하는 것입니다. 사탄의 깊은 것이 아닌 진리의 깊은 것에 관심을 가지시기 바랍니다. 예수님을 부인하는 이단을 가까이 하지 마십시오.

・끝까지 믿음을 지키고 승리하면 천년왕국의 축복이 주어집니다. 천년왕국에 들어가기 위해 오늘도 진리 안에서 바른 믿음으로 살아야 합니다.

오늘의 QT(3:1-6)

사데 교회

찬송과 기도 : 찬송가 191장(내가 매일 기쁘게)

⬆ 마음 열기 | 좋은 교회

어떤 분이 낯선 도시로 출장을 갔습니다. 때마침 주일인지라 가까운 교회로 예배드리기 위해 호텔 문을 나섰습니다. 그러나 아무리 둘러보아도 교회가 보이질 않았습니다. 때마침 길거리에서 교통 정리하는 경찰이 눈에 보여 다가가 근처에 있는 좋은 교회 하나를 소개해 달라고 했습니다. 그 경찰은 잠시 생각에 잠기더니 어느 한 교회를 소개했습니다.

이 사람은 경찰이 소개해 주는 교회를 찾아가 예배를 드렸습니다. 많은 은혜를 받고 돌아오는 길에 여전히 교통정리를 하고 있는 그 경찰을 만나 그에게 다가가 감사하다는 인사를 한 뒤 물었습니다. "소개해 주신 교회를 찾아가는 동안 여러 교회를 지나쳤습니다. 왜 가까운 곳을 소개하지 않고 떨어져 있는 교회를 소개하셨습니까?"

그러자 경찰이 웃으며 말했습니다. "나는 교회를 다니지 않아 어떤 교회가 좋은 교회인지 잘 모릅니다. 그런데 제가 늘 일요일마다 이곳에서 교통

정리를 하다보면 예배를 마치고 나오는 사람들의 얼굴 표정이 밝고 기쁘고 행복해 보여서 제 생각에 그 교회가 가장 좋은 교회 같아 선생님께 소개해 드렸습니다."

좋은 교회는 그 교회성도들의 삶을 통해 드러나게 됩니다. 당신도 믿는 사람답게 항상 기쁘게 사십시오. 주님, 내 표정을 통해 주님을 간증하게 하옵소서.

나의 얼굴은 전도지임을 기억합시다.

❚↑ 본문 읽기

"사데 교회의 사자에게 편지하라 하나님의 일곱 영과 일곱별을 가지신 이가 이르시되 내가 네 행위를 아노니 네가 살았다 하는 이름은 가졌으나 죽은 자로다 너는 일깨어 그 남은 바 죽게 된 것을 굳건하게 하라 내 하나님 앞에 네 행위의 온전한 것을 찾지 못하였느니 그러므로 네가 어떻게 받았으며 어떻게 들었는지 생각하고 지켜 회개하라 만일 일깨지 아니하면 내가 도둑 같이 이르리니 어느 때에 네게 이를는지 네가 알지 못하리라 그러나 사데에 그 옷을 더럽히지 아니한 자 몇 명이 네게 있어 흰 옷을 입고 나와 함께 다니리니 그들은 합당한 자인 연고라 이기는 자는 이와 같이 흰 옷을 입을 것이요 내가 그 이름을 생명책에서 결코 지우지 아니하고 그 이름을 내 아버지 앞과 그의 천사들 앞에서 시인하리라 귀 있는 자는 성령이 교회들에게 하시는 말씀을 들을지어다.

1) 교회 주변 상황

사데는 두아디라 남동쪽 65km쯤 떨어진 지역에 있는 도시입니다. B.C. 700년부터 546년까지 리디아 왕국의 수도였습니다. 에게 해 주변 무역의 요충지로 인류 역사 최초로 금화와 은화를 만들어 사용한 부유한 도시였습니다.

이 도시는 언덕의 끝이 절벽으로 되어 있는 고원지대에 서 있어 난공불락의 요새처럼 생각되었습니다. 주전 133년부터 로마의 지배를 받았고 주후 13년에는 지진으로 무너지기도 했습니다.

사데에는 사도 바울이 사데 남쪽 80km쯤 떨어진 에베소에서 3년간 복음을 전할 때 그 복음이 전해진 도시입니다.

사데에는 오랫동안 시민들에게 존경을 받았던 강력한 유대인 공동체가 있었고, 78개의 기둥으로 이루어진 아르테미스 신전이 있었습니다. 그 신전의 규모는 에베소의 아테미 신전과 거의 같았으며 많은 우상을 섬기는 제사 문화가 성행하던 곳입니다.

2) 책망과 칭찬과 권면

사데 교회는 세속화의 물결에 빠져 세상 문화에 깊이 영향을 받은 교회입니다. 사데 교회는 우상숭배에 대한 강요나 이단의 유혹이 없고 핍박이

나 환난이나 시련이나 고난이 없는 교회였습니다.

따라서 사데 교회는 자연스럽게 영적인 깊은 잠에 빠져 복음이 아닌 세상에서의 성공과 쾌락이 소망이 된 교회였고 바리새적인 특성을 가진 대표적인 교회입니다.

그래서 주님은 그 교회를 살았다는 이름은 가졌으나 실상은 죽은 교회라고 말씀하십니다. 겉은 멀쩡한데 속은 썩어 있다는 것입니다.

그들은 그 도시가 견고한 터 위에 서 있는 것처럼 그들의 교회와 신앙도 무너지지 않는 터전 위에 서 있다고 생각했습니다. 그러나 주님이 보시기에 그 교회는 거의 다 무너지고 남은 것이 별로 없는 교회였습니다. 주님 눈으로 보기에는 온전한 신앙의 행위가 없는 교회였습니다.

그래서 주님은 처음으로 돌아가라고 하십니다. 네가 어떻게 구원을 받았고 어떻게 복음을 들었는지를 생각하라는 것입니다. 깨어나 기도하라는 것입니다. 그리고 받은 말씀을 지키라는 것입니다.

회개는 아는 것이 아닙니다. 그 말씀대로 사는 것입니다. 그래서 주님은 안일하게 앉아 있거나 누워있지 말고 일어나 깨어나 지켜 회개하라는 것입니다.

주님은 일곱 영인 성령의 역사를 이루시는 분이기에 모든 것을 아시는 분입니다. 일곱 교회의 모든 목회자를 붙잡고 계십니다. 사데 교회는 겉은 멀쩡한데 속으로는 죽어가는 암환자와 같은 교회였습니다. 그런데도 주님은 그 교회의 목회자를 책망하시면서도 끝까지 붙들고 계십니다. 은혜입니다. 축복입니다.

사데 교회는 모양과 형체는 있으나 내용이 없는 죽어가는 교회입니다. 그 죽어가는 모습을 보신 주님께서 그 교회가 깨어나야 한다고 말씀하십니다.

죽어가는 교회가 다시 살아나는 길이 어디에 있습니까? 깨어나 기도하는 것이요, 이미 주어진 말씀을 붙들고 구원의 감격과 성령의 은혜를 회복하는 것입니다. 바로 여기에 서서히 쇠퇴하면서 죽어가는 교회의 살 길이 있습니다.

고난이 없고 핍박이 없다고 다 좋은 것은 아닙니다. 고난이 없고 핍박이 없다보니 신앙이 나태해지고 영이 잠들고 죽어가고 있습니다. 그래서 때로는 고난이 유익이 될 때도 있습니다.

주님은 깨어나지 않으면 그 벌거벗고 잠든 시간에 도적같이 찾아와 심판하시겠다고 분명히 말씀하셨습니다. 우리도 영적인 잠에서 깨어나야 합니다. 깨어나지 않으면 주님이 오실 때 등은 있으나 기름이 없어 신랑을 맞이하지 못한 어리석은 다섯 처녀처럼 수치스런 모습으로 주님을 보게 될 것입니다.

말씀을 아는 것에서 머물지 말고 그 말씀을 지켜야 합니다. 회개해야 합니다. 그렇게 하지 않으면 우리도 준비하지 못한 채 주님을 맞이하게 됩니다.

사데라는 이름은 남은 것, 남은 이 또는 회복이라는 뜻을 가지고 있습니다. 그 교회에는 이름의 뜻처럼 교회 구성원들이 거의 다 타락해갈 때 순결한 믿음을 지킨 소수의 사람들이 남아 있었습니다. 주님은 그들에게 흰 옷을 주십니다.

왜 주님이 그 교회에 순결한 모습으로 남아있는 적은 무리가 흰 옷을 입고 주님과 함께 다닌다고 말씀하셨을까요? 그들은 깨어 있었고 준비된 다섯 처녀와 같았기 때문입니다. 그러므로 우리들도 깨어나야 합니다. 깨어 있어야 합니다.

이기는 자에게 주님은 흰 옷을 주시고 생명책에서 결코 그 이름을 지우지 아니하십니다. 하나님 아버지와 천사들 앞에서 그 이름을 시인 하십니다.

그런데 우리는 이 말씀에서 경고의 음성을 들어야 합니다.

회개하지 않고 말씀을 지키지 않고 깨어나지 않아 이기지 못하면 흰 옷은 주어지지 않습니다. 가룟 유다처럼 생명책에서 이름이 지워질 수 있습니다. 주님이 우리를 모른다고 하실 수 있습니다. 그러므로 깨어 있어야 하고 일어나야 합니다. 회개하고 은혜를 회복해야 합니다. 당신은 지금 어떤 상태입니까?

T 적용

- 주님은 사데 교회에 말씀하시기를 하나님 앞에서 네 행위의 온전한 것을 찾지 못했다고 하셨습니다. 무언가 하기는 하는데 전혀 하나님의 기준에 맞지 않는다는 것입니다. 당신의 행위는 어느 수준입니까?

_____

_____

- 주님은 거듭 거듭 깨어나야 한다고 말씀하십니다. 네가 어떻게 구원을 받았고 네가 어떻게 복음을 들었는지를 생각하라고 말씀하십니다. 당신은 지금 구원의 감격이 있습니까? 복음에 대한 열망이 있습니까?

_____

_____

- 생명책에서 이름이 지워질 수 있다는 사실에 대해 어떻게 생각하십니까? 지워지지 않으려면 어떻게 해야 합니까?

_____

_____

오늘의 QT(3:7-13)

빌라델비아 교회

찬송과 기도 : 찬송가 336장(환난과 핍박 중에도)

⬆ 마음 열기 | 시베리아 수용소에 생긴 교회

소련의 기독교인 하나가 시베리아 강제 노동 수용소에 수용되었습니다. 외롭게 수용소 생활을 하던 중 하루는 식사 시간에 음식을 앞에 놓고 눈을 감고 머리를 숙인 사람을 보게 됩니다. 조심스럽게 접근해서 인사를 나눴습니다.

"나는 예수님을 주님으로 고백하는 사람입니다."
"나도 그렇습니다."

그 다음부터 두 사람은 형편이 허락되는 대로 만나서 같이 기도하고 성경 이야기를 나누었습니다. 둘은 말했습니다. "주님의 능력은 참으로 놀라우셔서 이 시베리아 수용소 안에도 교회가 생겼습니다!"

교회는 건물이 아닙니다. 교회는 "주는 그리스도시요 살아 계신 하나님의 아들입니다"라고 고백하는 성도들의 모임입니다.

예수님께서 "이 반석 위에 내 교회를 세우겠다고 하신 말씀을 보면, 반석은 원어로 '패트라'이고 베드로는 '패트로스'입니다.

'패트라'가 큰 바위라면 '패트로스'는 반석이 아니라 반석의 일부분인 돌이라는 뜻입니다. 베드로는 결코 교회의 반석이 될 수 없습니다.

교회의 반석은 하나님이 베드로에게 주신 신앙의 고백입니다. 페트로스인 베드로는 때로 흔들릴지라도 하나님은 페트라인 이 고백을 견고하게 하십니다.

그리고 베드로가 실패한 그 자리에 어김없이 찾아 가셨습니다. 그리고 그의 신앙을 다시 회복시키셨습니다. 그리고 마침내 초대교회의 초석이 되게 하셨습니다. 교회는 이 신앙을 고백하는 사람들이 모여서 세우는 것입니다.

🔲 본문 읽기

"빌라델비아 교회의 사자에게 편지하라 거룩하고 진실하사 다윗의 열쇠를 가지신 이 곧 열면 닫을 사람이 없고 닫으면 열 사람이 없는 그가 이르시되 볼지어다. 내가 네 앞에 열린 문을 두었으되 능히 닫을 사람이 없으리라 내가 네 행위를 아노니 네가 작은 능력을 가지고서도 내 말을 지키며 내 이름을 배반하지 아니하였도다. 보라 사탄의 회당 곧 자칭 유대인이라 하나 그렇지 아니하고 거짓말 하는 자들 중에서 몇을 네게 주어 그들로

와서 네 발 앞에 절하게 하고 내가 너를 사랑하는 줄을 알게 하리라 네가 나의 인내의 말씀을 지켰은즉 내가 또한 너를 지켜 시험의 때를 면하게 하리니 이는 장차 온 세상에 임하여 땅에 거하는 자들을 시험할 때라 내가 속히 오리니 네가 가진 것을 굳게 잡아 아무도 네 면류관을 빼앗지 못하게 하라 이기는 자는 내 하나님 성전에 기둥이 되게 하리니 그가 결코 다시 나가지 아니하리라 내가 하나님의 이름과 하나님의 성 곧 하늘에서 내 하나님께로부터 내려오는 새 예루살렘의 이름과 나의 새 이름을 그이 위에 기록하리라 귀 있는 자는 성령이 교회들에게 하시는 말씀을 들을지어다.

⬆ 본문 이해를 위한 길잡이

1) 교회 주변 상황

빌라델비아 교회는 사데에서 남동쪽으로 약 40km 떨어진 지점에 위치한 작은 도시에 위치하고 있었습니다. 빌라델비아는 주후 17년의 지진으로 사데와 함께 파괴된 도시였는데 티베리우스 황제는 그 도시의 재건을 위해 조세를 감면해 주었습니다.

빌라델비아는 포도주가 주산물이어서 술의 신 또는 식물의 신으로 일컬어지는 디오니소스를 주신主神으로 섬겼으며 방탕과 향락의 풍조가 그 도시 전체에 만연해 있었습니다. 또한, 그곳에는 서머나의 경우처럼 이스라엘이 망한 후에 예루살렘에서 피난 온 유대인들이 많이 모여 있었습니다.

빌라델비아 교회는 유대인의 핍박을 받고 회당에서 쫓겨난 작은 교회입니다. 유대인들은 스스로를 하나님의 백성들이라고 자처하면서 예수님을 믿는 기독교인들을 핍박하였기 때문에 그들은 사탄의 회당이라고 불립니다.

2) 칭찬과 권면

이 교회는 서머나 교회처럼 책망이 없고 칭찬만 있는 교회입니다. 서머나 교회는 어떤 환난 속에서도 믿음을 지키는 순교자가 나온 교회였는데 2세기 중엽 서머나의 감독이었던 폴리캅이 순교할 때 이 빌라델비아 교회에서 온 성도들 12명이 함께 순교를 했습니다.

빌라델비아는 형제 사랑을 의미합니다. 빌라델비아 교회는 형제(필로스) 사랑(아델포스)으로 유명한 교회였고 열린 문의 축복이 있는 교회였습니다. 빌라델비아 교회는 작은 교회였지만 형제 사랑으로 하나 되어 선교하는 교회이며 이 교회는 선교와 전도를 통해 열린 문의 축복을 받은 교회입니다.

주님은 거룩하고 진실하시기에 생사화복의 문을 열고 닫을 수 있는 권세를 가지신 분입니다. 주님이 열면 닫을 사람이 없고 주님이 닫으시면 열 사람이 없습니다. 이것을 메시야의 권세를 가진 다윗의 열쇠라고 합니다.

그래서 늘 우리의 기도의 제목은 "주님, 열린 문의 축복을 주시옵소서!" 입니다. 예수님은 세상의 모든 문을 여는 열쇠와 천국의 열쇠를 가지고 계십니다.

유대인들의 핍박 속에서 제대로 된 교회당도 없는 교회였지만 그들은 적은 능력을 가지고도 주님의 말과 그 이름을 지켰습니다. 크고 화려하다고 다 좋은 것은 아닙니다. 작고 초라해도 믿음을 지켜 하나님이 문을 열어 주시는 교회가 좋은 교회입니다. 적은 능력으로 믿음을 지키는 성도가 진짜 성도입니다.

계시록의 일곱 교회 가운데 서머나 교회와 빌라델비아 교회 두 교회는 유난히 작고 초라한 교회였습니다. 그런데 이 두 교회를 주님은 칭찬하십니다.

결국 그들을 비방하던 유대인들이 굴복하게 됩니다. 믿음을 지키고 이긴 자는 하나님의 성전의 기둥이 됩니다. 그들 위에는 하나님의 이름과 하늘에서 내려오는 새 예루살렘 성의 이름과 주님의 이름이 새겨집니다. 승리하는 성도가 들어가게 될 천국의 모습이 보이지 않습니까?

교회의 크고 작음이나 능력의 크고 작음을 탓하지 마십시오. 있는 자리에서 최선을 다하면 됩니다. 주님이 원하시는 것은 맡은 자리에서 충성하는 것입니다. 사랑으로 하나 되고 적은 능력으로도 주님을 배반하지 않고 믿음을 지킨 빌라델비아 교회는 참 좋은 교회입니다.

⬆ 적용

• 당신이 섬기는 교회는 믿음의 형제에 대한 진실한 사랑이 있습니까?

작은 교회, 적은 무리라고 해도 형제에 대한 진실한 사랑으로 하나
되면 하나님께서 축복과 은혜와 능력의 문을 열어주시기 때문에 어떤
고난 중에도 주님을 배반하지 않을 수 있습니다. 당신에게는 그 사랑
이 있습니까?

_____

_____

- 믿음을 가진 당신을 핍박하는 자들을 두려워하지 마십시오. 그들이
  당신 앞에 굴복할 날이 다가옵니다. 다윗은 내 원수의 목전에서 주님
  이 내게 상을 차려주셨다고 했습니다. 환난이 있고 핍박이 있을 때
  당신은 믿음을 지키기 위해 어떻게 하십니까?

_____

_____

- 주님은 이미 빌라델비아 교회에 면류관을 주셨습니다. 당신이 이미
  주님께 받은 것은 무엇입니까?

_____

_____

• 성전의 기둥이 되고 하나님의 이름과 하늘에서 내려오는 거룩한 성 새 예루살렘의 이름과 주님의 새 이름이 새겨지는 것은 영원한 하늘 나라에 대한 약속입니다. 능력의 많고 적음을 탓하지 말고 끝까지 믿음으로 승리합시다.

묵상노트

오늘의 QT(3:14–22)
라오디게아 교회

찬송과 기도 : 찬송가 359장(천성을 향해 가는 성도들아)

↑ 마음 열기 | 성도를 보면 교회를 압니다

狗개 구 猛사나울 맹 酒술 주 酸실 산, 한비자에 나오는 고사 성어입니다. "집을 지키는 개가 사나우면 술이 시어진다"는 뜻입니다.

송나라 어느 주막에 술을 만들어 파는 장 씨라는 사람이 있었습니다. 그는 되를 속이지 않았고 친절했으며 술 빚는 실력 또한 훌륭했습니다. 또한, 멀리서도 술집이라는 것을 확연히 알 수 있게 깃발까지 높이 세워 놓았습니다. 그러나 주막의 술은 도무지 팔리지 않았습니다. 그래서 담가 놓은 술이 독채로 시어 버리기 일쑤였습니다. 고민하던 그는 지혜자인 양천을 찾아가 그 까닭을 물어보았습니다.

"왜 우리 주막은 장사가 안 됩니까?" 답은 의외로 간단했습니다. 양천 왈 "혹시 당신네 주막의 개가 무서운 게 아니요?" "개가 무서운 것은 사실입니다만, 개가 무서운 것이 술이 팔리지 않는 것과 무슨 상관이 있습니까?"

"주막을 지키는 개가 너무 사납게 짖어대는 바람에 손님들이 들어갈 수 없고, 아이들이 부모의 심부름을 받아도 개가 무서워 들어갈 수 없으니, 최고의 술을 준비해 놓고도 맹구 때문에 장사가 안 되는 것이지요!"

아무리 훌륭한 지도자라도 참모를 잘못 쓰면, 아무리 사장이 친절하고 음식이 맛있어도 종업원이 불친절하면 망할 수 있다는 것입니다.

아무리 시설이 좋고 말씀이 좋은 교회라도, 성도들의 불친절한 행동, 상처를 주는 말, 무서운 표정의 성도들이 있다면, 그곳은 텅텅 비게 될 수 있다는 것이지요. 우리는 자신도 잘 모르게 이렇게 저렇게 교회 공동체에서 구맹狗猛의 역할을 할 수 있습니다. 성도를 보면 그 교회를 알 수가 있습니다.

■ 본문 읽기

"라오디게아 교회의 사자에게 편지하라 아멘이시요 충성되고 참된 증인이시요 하나님의 창조의 근본이신 이가 이르시되 내가 네 행위를 아노니 네가 차지도 아니하고 뜨겁지도 아니하도다. 네가 차든지 뜨겁든지 하기를 원하노라 네가 이같이 미지근하여 뜨겁지도 아니하고 차지도 아니하니 내 입에서 너를 토하여 버리리라 네가 말하기를 나는 부자라 부요하여 부족한 것이 없다 하나 네 곤고한 것과 가련한 것과 가난한 것과 눈 먼 것과 벌거벗은 것을 알지 못하는 도다 내가 너를 권하노니 내게서 불로 연단한 금을 사서 부요하게 하고 흰 옷을 사서 입어 벌거벗은 수치를 보이지 않게 하고 안약을 사서 눈에 발라 보게 하라 무릇 내가 사랑하는 자를 책망하여 징계하노니 그러므로 네가 열심을 내라 회개하라 볼지어다. 내가 문 밖에 서서 두드리노니 누구든지 내 음성을 듣고 문을 열면 내가 그에게로 들어가 그와 더불어 먹고 그는 나와 더불어 먹으리라 이기는 그에게는 내가 내 보좌에 함께 앉게 하여 주기를 내가 이기고 아버지 보좌에 함께 앉은 것과 같이 하리라 귀 있는 자는 성령이 교회들에게 하시는 말씀을 들을지어다"

🔓 본문 이해를 위한 길잡이

1) 교회 주변 상황

라오디게아는 원래 브리기아라고 불리는 시리아 제국의 한 부분이었습니다. 안티오커스 2세의 아내의 이름인 라오디게아를 따서 이름을 지은 도시입니다. 리쿠스 강 계곡을 따라 반경 15km내에 골로새, 히에라볼리(파묵칼레)라는 두 도시와 삼각형을 이루는 도시입니다.

땅이 기름지고 목축업을 할 만한 초지가 풍성하여 큰 목양지가 있었으며 교통의 중심지였습니다. 상업과 금융업이 번성하여 은행들이 있었고 양모 산업이 발달한 패션의 도시였습니다.

이곳은 눈에 바르면 금방 눈이 낫는다는 프리기안이라는 안약의 생산지였으며 의과대학이 있었습니다. 이 도시는 아주 부유한 도시여서 주전 60년경의 지진으로 도시가 파괴되었을 때에도 외부 지원 없이 자력으로 도시를 재건했습니다. 이 도시는 그리스 로마 신화의 주신인 제우스를 도시의 신으로 섬기면서 아폴로와 아스클레피오스(치유의 신) 등의 여러 이방 신들을 함께 섬겼습니다.

으들은 자신들에게는 아무 부족한 것이나 가난이 없다고 자랑을 했습니다. 그러나 이 도시는 외적인 풍요로움을 있었지만 별다른 특색이 없는 도시였고 물 사정이 별로 좋지 않은 지역에 있었습니다.

도시의 외적인 화려함 속에 세워져 있던 라오디게아 교회는 그 도시의 세속화된 문화에 영향을 받아 물질적인 풍성함 속에 오히려 지신들의 영적인 비참함을 모르는 거짓된 자기기만과 자기만족에 빠지게 되었습니다.

이 교회는 에바브라에 의해 세워진 교회로 보이며 골로새 교회와 히에라볼리 교회와 함께 사도 바울의 지도를 받았습니다. 이 교회는 눔바라는 여인의 집에서 시작한 교회입니다. 그런데 이 교회는 가정 교회에서 지역 교회로 점차 성장하면서 처음에 가졌던 거룩함과 열정을 상실한 교회가 되었습니다.

2) 책망과 권면
라오디게아는 사람들의 의견이나 판단을 의미합니다. 이 교회는 주님의 뜻보다는 사람들의 의견을 중요하게 생각하는 영적으로 타락한 교회였습니다.

주님은 온전한 순종과 진실함으로 하나님의 모든 뜻을 이루시는 분이고, 새로운 창조를 통해서 만물을 새롭게 하시는 분입니다. 그러기에 라오디게아 교회의 미지근한 신앙을 보신 주님께서 교회를 새롭게 하시기 위해 주님이 창조의 근원이라고 말씀하십니다.

라오디게아 교회처럼 칭찬할 것이 하나도 없고 교만에 빠져 있는 교회를 버리지 않으시는 주님을 찬양합니다. 주님은 그들이 깨닫지 못하는 부분을 지적하십니다. 영의 눈으로 보면 그들은 마음이 곤고하고 가련한 자들입니다. 그리고 영적인 눈이 멀어 반드시 알아야 할 구원의 진리를 보지 못하고 있습니다.

물질적언 풍요 속에 영적인 빈곤에 허덕이고 있고 벌거벗은 상태로 그들의 수치스러운 모습을 그대로 드러내고 있습니다. 그래서 주님은 그들에게 불로 연단한 금(정금 같은 믿음)과 흰 옷(성결함의 회복)과 안약(영적인 분별력)을 사서 다시 오실 주님을 맞이할 준비를 하라고 말씀하십니다.

교회에서는 돈을 자랑하지 말아야 합니다. 믿음을 자랑해야 합니다. 교회에서는 권력이나 명예를 자랑하지 말아야 합니다. 성결함을 자랑해야 합니다. 교회에서는 지식을 자랑하지 말아야 합니다. 영적 분별력을 자랑해야 합니다.

돈이 있다고 구원받는 것 아닙니다. 그 돈을 투자해서 믿음을 사야하고 성결함을 회복해야 하고 영적인 분별력을 갖추어야 합니다. 공짜는 없습니다. 무엇보다 그들에게는 열심히 없었습니다. 주님은 바로 그 점을 책망하십니다.

주님은 우리와 함께 기쁨을 나누기 원하십니다. 그러므로 우리는 세상에 속한 것들을 자랑하지 말고 영적인 구원을 위해 시간과 정성과 물질을 투자해야 합니다. 마음 문을 활짝 열어야 합니다. 열심을 내십시오. 마음 문을 여십시오.

그래서 마음에 주님을 모시고 끝까지 승리해야 합니다. 주님은 승리하는 성도를 이미 승리하신 주님과 함께 주님의 보좌에 함께 앉게 하십니다.

믿음은 행위로 나타납니다. 행함이 없는 믿음은 죽은 믿음입니다. 이 교회의 모습이 오늘날 존재하는 대다수의 교회의 모습입니다. 우리는 영이 살아있는 믿음의 사람이 되어야 합니다. 주님 앞에 칭찬받는 성도들이 되어야 합니다.

주님은 일곱 교회 가운데 첫 번째 교회인 예배소 교회의 이기는 자에게 하나님의 낙원에 있는 생명나무의 열매를 주워 먹게 하겠다고 약속하셨습니다. 영생에 대한 약속입니다.

두 번째 교회인 서머나 교회의 이기는 자에게는 둘째 사망의 해를 받지 않게 하겠다고 약속하셨습니다. 지옥의 형벌을 받지 않게 하겠다는 것입니다.

그리고 마지막 교회인 라오디게아 교회의 이기는 자에게는 주님이 이기고 아버지 보좌에 함께 앉은 것처럼 주님의 보좌에 함께 앉는 복을 주시겠다고 약속하십니다.

주님이 이긴 자이십니다. 그러므로 나는 이기는 자가 되어야 합니다. 신앙의 승리는 집단적인 것이 아닙니다. 개별적인 것입니다. 개인의 몫입니다. 그래서 승리한 하나님의 자녀에게 주시는 영생을 얻고 천국의 주인공이 되어야 합니다. 성령께서 우리에게 주시는 말씀입니다.

↑ 적용

- 대부분의 사람들은 자신이 영적인 상태를 잘 모릅니다. 그러나 분명한 것은 미지근한 상태라면 주님이 토해 버리십니다. 잃어버린 믿음의 열정을 회복하기 위해 당신은 어떻게 해야 합니까?

- 주님은 불로 연단한 금(믿음)과 흰 옷(성결)과 안약(영적 분별력)을 갖추기 위해서는 투자가 필요하다고 말씀하십니다. 그것들은 공짜로 주어지는 것이 아닙니다. 시간과 물질과 정성을 투자해서 사야합니

다. 당신은 영적인 구원을 위해 어떤 투자를 하고 있습니까?

_____

_____

_____

• 이기는 자가 받는 축복은 이긴 자이신 주님의 보좌에 함께 앉아 왕의 권세를 가지고 천년왕국의 축복을 누리는 것입니다. 당신은 이기는 자가 되기 위해 어떤 노력을 하십니까?

_____

_____

_____

묵상노트

_____

_____

_____

_____

_____

_____

_____

하늘에 있는
하나님의 보좌와 예배

1장부터 3장까지가 교회들에게 주시는 말씀이라면 이제 이 4장은 하늘에서 이루어지는 하나님 앞에 드리는 예배의 모습입니다. 이 예배 후에 5장에서 심판주로 등극하시는 예수님의 모습을 보여줍니다.

이것은 6장부터 시작되어 20장에서 완성되는 심판과 21장과 22장에서 완성되는 구원에 관한 모든 일들이 하나님의 확실하고 분명한 계획 속에서 이루어지는 것임을 알게 합니다. 말세의 구원과 심판의 궁극적 주체는 하나님이십니다.

4장과 5장은 하나님의 보좌 주위에서 일어나는 것을 보는 보좌 환상입니다. 이 환상의 중심은 하늘의 보좌 주위에 있는 천사들과 여러 하늘의 존재들에 의해 둘러싸여 있는 하나님의 보좌와 그 위에 앉아 계신 하나님이십니다.

4장에서는 성부 하나님과 그 보좌 주변에 있는 모든 피조물을 대표하는 네 생물로 표현되는 천사장들과 신구약 모든 시대의 성도들을 대표하는 이십사 장로들이 하나님을 찬양하는 모습을 보여주고 있습니다. 하나님의 보좌는 찬양으로 가득한 은혜의 보좌입니다. 예배의 중심은 하나님께 드리는 찬양입니다.

보통 성경에서 보좌 환상은 대관식이나 심판 그리고 특별한 임무 수행을 위한 위임과 천국의 축제 및 하나님께 대한 예배와 땅에서 일어나는 사건들의 의미를 알려주기 위해 보입니다.

4장의 보좌 환상은 마지막 때의 심판을 위해 예수님이 심판주로 등극하시는 5장의 예식 이전에 하나님께 드리는 하늘 예배의 광경입니다.

오늘 우리들이 교회에서 드리는 예배는 하나님께 드리는 찬송과 가도와 헌금 그리고 하나님께 받는 말씀(기록된 말씀인 성경과 선포되는 말씀인 설교)과 축복 기도의 다섯 가지로 구성되어 있습니다.

예배를 드릴 때마다 드리고 받는 일에 함께 성공해서 인생의 성공자가 됩시다. 예배에 성공하는 사람이 인생에서도 성공합니다.

오늘의 QT(4:1-4)
하늘 보좌 환상과 이십사 장로
찬송과 기도 : 찬송가 33장(영광스런 주를 보라)

↑ 마음 열기 | 하나님의 존재를 증명할 수 있는가?

원자력 분야의 세계적인 석학인 정근모 박사가 쓴 「나는 위대한 과학자보다 신실한 크리스천이 되고 싶다」는 책에 보면 이런 내용이 있습니다. 사람들은 과학자인 정근모 박사에게 종종 "신이 존재하는가?", "과학자인 당신이 신의 존재를 증명할 수 있는가?" 라는 질문을 합니다.

이런 물음에 대해 정근모 박사는 '어리석은 질문'이라고 부르면서 "신을 과학적으로 증명할 수 있다면 그것은 벌써 신이 아니다. 인간이 모든 것을 정복한다 할지라도 하나님의 영역을 침범할 수는 없다. 어찌 과학으로 하나님을 증명할 수 있단 말인가? 나는 내 삶을 통해 끊임없이 사랑을 베풀어 주셨던 하나님, 때로는 세미한 음성으로 위로해 주셨고, 때로는 나아갈 길을 인도해 주셨던 하나님을 믿는다. 지나온 삶을 반추해 보면 더욱 그것을 깨닫게 된다"고 말했습니다.

▣ 본문 읽기

"이 일 후에 내가 보니 하늘에 열린 문이 있는데 내가 들은 바 처음에 내게 말하던 나팔 소리 같은 그 음성이 이르되 이리로 올라오라 이 후에 마땅히 일어날 일들을 내가 네게 보이리라 하시더라. 내가 곧 성령에 감동되었더니 보라 하늘에 보좌를 베풀었고 그 보좌 위에 앉으신 이가 있는데 앉으신 이의 모양이 벽옥과 홍보석 같고 또 무지개가 있어 보좌에 둘렸는데 그 모양이 녹보석 같더라. 또 보좌에 둘려 이십사 보좌들이 있고 그 보좌들 위에 이십사 장로들이 흰 옷을 입고 머리에 금관을 쓰고 앉았더라.

▣ 본문 이해를 위한 길잡이

1) 환상 중에 보인 하늘의 보좌

"이일 후에"라는 말씀을 중심으로 보면 4장부터 6장까지는 계시록의 두 번째 사건입니다. 그 사건들 가운데 먼저 본문은 하늘 문이 열리면서 요한 사도가 하늘의 보좌를 보고 그 보좌 주위에 있는 이십사 장로들을 보는 광경입니다.

우리가 사는 세상은 물질계와 영계로 나누어져 있습니다. 그래서 영계에 속한 영원한 생명의 말씀인 예수님이 육신이 되어 우리 가운데 오신 것은 신비 중의 신비요 이 역사 속에 이루어진 최고의 사건입니다.

육에 속한 사람은 영계를 볼 수 없습니다. 그런데 요한은 하나님의 음성을 들으면서 성령의 감동을 받았기 때문에 하늘 문이 열리는 것을 보았습니다. 말씀에 집중하십시오. 말씀 속에서 하나님의 음성을 들으십시오. 요한처럼 성령의 감동을 받고 하늘 문이 열리는 은혜가 있을 것입니다.

요한이 본 하늘은 이 세상에 속한 하늘이 아닙니다. 하나님께서 천지 창조의 둘째 날에 만드신 하늘이 아닙니다. 원래 하나님이 계신 영계에 속한 하늘입니다. 우리들에게도 그 하늘이 보이고 하늘 보좌가 보이면 얼마나 좋을까요?

성령의 감동 속에 요한이 본 하늘 보좌 위에 계신 하나님은 벽옥과 홍보석 같았습니다. 밝고 하얗게 빛나는 벽옥은 정결함과 성결함 그리고 영원한 생명을 상징하고 붉은 빛의 홍보석은 하나님께서 심판의 권세를 가지신 것을 상징합니다. 하나님은 영생하시는 하나님이시며 심판의 권세를 가지신 분입니다.

또 요한은 보좌 둘레에 있는 무지개를 보았습니다. 그 무지개는 하나님의 풍성한 생명과 영원한 언약을 상징합니다. 구원과 심판의 주관자이신 주님께서 주신 영원한 언약을 생각해 보세요. 하나님의 약속은 어제나 오늘이나 내일도 변함이 없습니다.

2) 이십사 장로

보좌 둘레에는 신구약 시대의 모든 성도들을 대표하는 이십사 장로가 있습니다. 그들은 천사가 아니라 사람입니다.(5:5) 그들은 승리자의 영광을 나타내는 금관을 쓰고 있습니다. 주님을 위해 최고로 충성한 자에게 주시는 상입니다. 주님께서는 당신에게 어떤 면류관을 주실까요?

이십사 장로들은 흰 옷을 입고 있습니다. 이 옷은 로마에서는 로마를 움직이는 공의회의 집정관들이 입던 옷입니다. 그들 가운데 차기 황제가 나오기도 했기에 그 흰 옷은 가장 고귀한 신분을 가진 사람들이 입는 옷이었습니다.

그런데 천국에서 그 흰 옷은 어린 양의 피에 옷을 씻어 희게 한 것으로 이십사 장로들과 성도들이 입는 옷입니다. 이십사 장로는 죄에서 해방된 사람들, 성결하게 산 사람들 그리고 주님의 은혜로 구원받은 사람들의 대표자입니다. 그들은 주님 보좌 앞에 있습니다. 그 영광의 자리에 당신도 있기를 바랍니다.

■ 적용과 실천

• 요한에게는 하늘 문이 열렸습니다. 이 세상 밖에는 우리 눈에 보이지 않는 영의 세계가 있습니다. 당신은 이 영의 세계에 대해 어떻게 생각하십니까? 그리고 육신의 세계를 넘어서는 영의 세계가 있다면 우리는 영혼의 때를 위하여 어떻게 살아야 합니까?

• 하나님의 보좌 주변에는 하나님의 언약을 상징하는 무지개가 있습니다. 하나님께서 예수님 안에서 당신에게 주신 피의 언약은 무엇입니까?

• 당신은 장로의 직분에 대해 어떻게 생각하십니까? 또 장로는 어떻게 살아야 합니까?

묵상노트

오늘의 QT(4:5-11)
네 생물과 이십사 장로의 찬양과 경배

찬송과 기도 : 찬송가 40장(찬송으로 보답할 수 없는)

⬆ **마음 열기** | 찬송에는 치료하는 능력이 있습니다

마산통합병원 중환자실에서 군의관으로 근무하던 시절에 중증 결핵을 앓고 있는 사병이 저를 찾아와 찬양대를 하고 싶다는 했습니다. 병원 규정상 중환자는 찬양대에 설 수 없었기 때문에 행정장교는 난색을 지었으나 중환자 담당 군의관인 내가 책임을 지겠노라고 각서를 쓰고 찬양대 연습에 참여시켰습니다.

한 곡을 부르면 피를 토하고 다시 와서 또 연습을 하는 것이었습니다. 때로는 링거를 꽂고 찬양 연습을 계속한 결과 드디어 우리는 그 사병과 함께 성탄 축하 예배를 무사히 마칠 수 있었습니다.

그런데 놀라운 일이 일어났습니다. 그 사병의 결핵이 치유된 것입니다. 찬양대에 참석하지 않은 환자들은 여전히 결핵으로 고생하고 있는데 피를 토하며 할렐루야를 부른 이 사병은 완치가 된 것입니다.

우리 모두 놀라고 또 놀라며 하나님께 감사를 드렸습니다. 찬양은 치유의 힘이 있습니다. 시편 103편 3절은 '여호와를 송축하면 우리의 모든 병을 고치신다'고 약속하고 있습니다.

"나의 모든 세포들아, 깨어라! 일어나 여호와를 찬양하라! 여호와를 송축하라."

⬆ 본문 읽기

"보좌로부터 번개와 음성과 우렛소리가 나고 보좌 앞에 켠 등불 일곱이 있으니 이는 하나님의 일곱 영이라 보좌 앞에 수정과 같은 유리 바다가 있고 보좌 가운데와 보좌 주위에 네 생물이 있는데 앞뒤에 눈들이 가득하더라. 그 첫째 생물은 사자 같고 그 둘째 생물은 송아지 같고 그 셋째 생물은 얼굴이 사람 같고 그 넷째 생물은 날아가는 독수리 같은데 네 생물은 각각 여섯 날개를 가졌고 그 안과 주위에는 눈들이 가득하더라. 그들이 밤낮 쉬지 않고 이르기를 거룩하다 거룩하다 거룩하다 주 하나님 곧 전능하신 이여 전에도 계셨고 이제도 계시고 장차 오실 이시라 하고 그 생물들이 보좌에 앉으사 세세토록 살아 계시는 이에게 영광과 존귀와 감사를 돌릴 때에 이십사 장로들이 보좌에 앉으신 이 앞에 엎드려 세세토록 살아 계시는 이에게 경배하고 자기의 관을 보좌 앞에 드리며 이르되 우리 주 하나님이여 영광과 존귀와 권능을 받으시는 것이 합당하오니 주께서 만물을 지으신지라 만물이 주의 뜻대로 있었고 또 지으심을 받았나이다 하더라"

번개와 음성과 우렛소리는 하나님의 위엄과 임재하심의 상징입니다. 하나님은 살아 계시고 온 세상을 통치하고 계십니다. 보좌 앞에는 횃불같이 타오르는 모습으로 성령께서 역사하고 계십니다.

하나님의 보좌는 성령님의 역사로 생명과 밝은 빛의 충만한 역사가 있습니다.

1) 네 생물(천사장)

하나님의 보좌 앞에는 수정같이 맑고 투명한 유리 같은 바다가 있습니다. 이 바다는 세상에 속한 바다가 아닙니다. 13장을 보면 세상을 상징하는 바다에서는 일곱 머리 열 뿔 가진 짐승인 적그리스도가 나옵니다. 그러나 수정 같이 맑은 하늘의 바다와 보좌 주변에는 천사장인 네 생물이 있습니다.

이 네 생물은 하늘과 땅에 있는 모든 피조물들을 대표하고 있습니다. 용맹한 사자와 순종하는 송아지 그리고 지혜로운 인간과 신속하게 날아가는 독수리의 모습으로 상징되는 천사장의 모습은 이 세상의 모든 피조물이 하나님의 작품인 것을 보여 줍니다.

이 세상에 존재하는 모든 피조물은 모두 다 하나님께서 그 종류대로 창조하신 것입니다. 천사장인 그들에게는 여섯 날개가 있는데 그 날개들의 앞뒤에는 눈이 가득합니다. 하나님이 전지전능하심을 상징합니다. 모든 것을 아시고 모든 것을 행하시는 하나님의 역사를 네 생물이 상징적으로 보여줍니다.

2) 찬양

이 네 생물이 하는 것은 하나님께 완전한 찬양을 드리는 것입니다. 그 찬양의 내용은 하나님의 거룩하심과 하나님께서 모든 만물의 주님이신 것입니다. 하나님의 전능하심과 영원한 생명의 주인이심에 대한 것입니다.

그들은 항상 주님을 찬양합니다. 사탄처럼 교만하여 하나님께 드릴 찬양을 가로채려 하지 않고 영광과 존귀와 감사를 하나님께 돌리며 찬양합니다.

그러자 이십사 장로들이 자기들이 가진 것 가운데 가장 귀한 금관을 드리며 주님께 경배하면서 가장 낮고 겸손한 자세로 바닥에 엎드려 주님을 찬양합니다. 그 찬양의 내용은 영광과 존귀와 권세입니다. 그리고 그들은 주님께서 이 세상 모든 만물을 창조하셨고 지금까지 보존해 주신 것에 감사하며 찬양합니다.

찬양은 곡조 있는 기도입니다. 찬양하면 악한 영의 역사가 끊어집니다. 찬양하면 문제가 해결되며 병 고침을 받습니다. 찬양하면 묶여 있던 것들이 풀어지고 재림하시는 주님을 영접하게 됩니다. 사는 날 동안 평생 네 생물과 이십사 장로처럼 주님을 찬양하며 사시기 바랍니다.

🔼 적용

• 보좌 주위에 있는 네 생물은 주님의 영광을 수호하고 하나님의 뜻을 대행하는 하나님 다음의 지위에 있는 천사장입니다. 그럼에도 그들은 끊임없이 하나님께 찬양합니다. 당신은 하루에 몇 번이나 진실한 마음으로 주님을 찬양하십니까?

• 보좌 주위에 있는 이십사 장로는 가장 귀한 것을 드리고 바닥에 엎드려 가장 겸손한 자세로 하나님께 경배합니다. 당신은 예배를 드릴 때 어떤 마음과 어떤 자세와 어떤 헌신으로 주님께 경배합니까?

• 오늘은 찬양하는 날입니다. 성령께서 감동을 주시는 대로 마음껏 찬양
  하십시오. 찬양 중에 살아 역사하시는 주님을 만나는 날이 되시기 바
  랍니다.

• 좋아하는 찬송가의 가사를 쓰고 그 가사와 곡조를 따라 기도해 보십
  시오.

심판주가 되시는 예수님

5장은 4장과 함께 계시록의 본론에 해당하는 심판의 역사인 6장부터 18장까지에 대한 도입부분입니다. 4장에서는 창조주 하나님에 대해 찬양으로 예배드리는 내용을 말씀하고 있고 5장에서는 하나님의 구원 역사를 이루기 위해 심판주로 등극하시는 어린 양 예수님을 드러내고 있습니다.

그러므로 4장과 5장의 관계는 절대자이신 성부 하나님께 경배하는 동시에 심판주로 등극하시는 예수님을 위한 예배와 예식이라고 볼 수 있습니다. 5장에서는 이 예배와 예식에 참석한 천사장인 네 생물과 신구약 시대 모든 교인을 대표하는 이십사 장로 그리고 모든 천군 천사와 모든 피조물이 다 함께 찬양합니다.

5장의 중심 주제는 누가 하나님의 손에 있는 인봉된 두루마리를 취하여 그 인을 떼고 하나님의 심판과 구원의 역사를 이룰 수 있을 것인가 하는 것입니다.

바로 그 자격이 있으신 분으로 어린 양이신 예수님이 소개되고 있고 예수님이 보좌에 계신 하나님 아버지로부터 두루마리를 취하여 받으시면서 심판주로서 모든 권한을 위임받게 됩니다.

예수님이 심판주로 등극하시는 이 예식은 예수님께서 부활하셔서 40일간 제자들과 함께 계시다가 승천하신 이후, 성령께서 강림하신 오순절 이전의 10일 사이에 이루어진 것으로 보입니다.

왜냐하면, 사도행전 2장에서 성령께서 강림하시고 교회가 시작된 때로부터 복음이 온 세상에 증거되는데, 계시록 6장부터는 주님이 두루마리에 있는 인을 떼면서부터 온 세상에 복음이 전파되는 동시에 주님에 의해 악한 세상에 심판이 시작되는 내용이 담겨있기 때문입니다.

오늘의 QT(5:1-7)
예수님의 심판주 등극 예식
찬송과 기도 : 찬송가 95장(나의 기쁨 나의 소망되시며)

↑ 마음 열기 | 주님 예수

영국의 옥스퍼드와 캠브리지에서 학생들을 가르쳤고 금세기의 위대한 크리스천 작가인 C.S. 루이스가 캠브리지 채플에서 '예수의 구주되심'이라는 제목으로 설교를 했습니다. 설교가 끝난 뒤 한 학생이 루이스 교수에게 찾아와 이렇게 말했습니다. "만일 오늘 선생님께서 예수는 본받아야 할 위대한 선생이라고 말했다면 우리 모두는 선생님께 박수를 쳤을 것입니다. 그런데 선생님께서 '예수는 구세주'라고 케케묵은 기독교의 교리를 이야기했기 때문에 우리는 그 어떤 반응도 보이지 않았습니다." 이때에 C.S. 루이스는 그 청년에게 반문했다고 합니다. "자네는 정말 예수가 완벽한 도덕적 스승이라고 생각하는가?"

그러자 "그럼요, 당연히 그렇게 생각합니다." "그러면 자네에게 묻겠네. 자네는 완벽한 도덕적 모델이신 예수를 완전히 따라갈 수 있다고 생각하는가?" 청년은 한참을 생각하다가 대답했습니다. "제가 완전하게 따라 살 수는 없지요." "아, 자네도 도덕적 실패를 인정하는군. 그렇다면 자네의 삶 속에서 실수가 있었고 죄가 있었다는 사실을 인정하는가?" 청년이 "네, 인정하지요."라고 대답했습니다.

그러자 C.S. 루이스는 "그렇다면 자네에게 필요한 것은 도덕적 모델로서의 예수가 아니네. 자네의 도덕적인 실패와 죄에서 자네를 구원할 수 있는 구세주이신 예수가 먼저 필요하다네. 죄인에게 필요한 것은 도덕적 모델이 아니라 구세주로서의 예수가 필요하다네. 구주이신 예수 그리스도를 만난 다음에 비로소 그분은 자네에게 도덕적 모델이 되어 줄 수 있다네" 라고 대답했습니다.

🔢 본문 읽기

"내가 보매 보좌에 앉으신 이의 오른손에 두루마리가 있으니 안팎으로 썼고 일곱 인으로 봉하였더라. 또 보매 힘 있는 천사가 큰 음성으로 외치기를 누가 그 두루마리를 펴며 그 인을 떼기에 합당하냐 하나 하늘 위에나 땅 위에나 땅 아래에 능히 그 두루마리를 펴거나 보거나 할 자가 없더라. 그 두루마리를 펴거나 보거나 하기에 합당한 자가 보이지 아니하기로 내가 크게 울었더니 장로 중의 한 사람이 내게 말하되 울지 말라 유대 지파의 사자 다윗의 뿌리가 이겼으니 그 두루마리와 그 일곱 인을 떼시리라 하더라. 내가 또 보니 보좌와 네 생물과 장로들 사이에 한 어린 양이 서 있는데 일찍이 죽임을 당한 것 같더라 그에게 일곱 뿔과 일곱 눈이 있으니 이 눈들은 온 땅에 보내심을 받은 하나님의 일곱 영이더라 그 어린 양이 나아와서 보좌에 앉으신 이의 오른손에서 두루마리를 취하시니라"

1) 일곱 인을 친 두루마리

보좌에 앉으신 하나님의 오른 손에는 안팎으로 쓰고 일곱 인으로 봉한 두루마리가 있었습니다. 고대인들은 인의 숫자가 많으면 많을수록 중요한 문서라고 생각했습니다. 그러므로 이처럼 안팎으로 쓰이고 일곱 인으로 봉해진 문서라는 것은 그 내용이 완벽하고 그 내용이 그만큼 중요하다는 뜻입니다.

그때 한 힘센 천사가 성전에서 나와 누가 이 두루마리의 인을 떼며 이 두루마리를 펼칠 것인가 라고 큰 소리로 외쳤습니다. 그러나, 피조물 가운데는 아무도 그 두루마리를 만지거나 그 인을 떼고 두루마리를 펼 자격이 없습니다.

그래서 요한 사도는 피조물 가운데 그 두루마리를 펼 자가 없는 것을 보고 펑펑 울었습니다.

왜냐하면, 두루마리가 펼쳐져야 세상을 심판하시는 하나님의 계획이 이루어지고 억울한 죽음을 당하거나 고난당한 성도들의 구원이 이루어지게 되는데 그 일이 이루어지도록 두루마리를 취할 자가 없기 때문입니다.

그때 장로 한 사람이 눈물을 흘리며 통곡하는 요한 사도를 위로합니다. 우리 주위에도 이렇게 목회자들의 아픔을 알고 그 아픔을 위로하며 함께 하는 장로님이 있으면 좋겠습니다. 주의 종의 눈에서 흐르는 그 눈물을 닦아주며 위로하는 장로님이 그립습니다.

2) 어린 양 예수

그때 한 어린 양이 등장합니다. 그분은 예수님이신데 성령 충만함을 상징하는 일곱 눈과 완전한 권세를 상징하는 일곱 뿔이 있습니다. 하나님의 영은 온 땅에 충만합니다. 그래서 하나님의 일곱 영을 온 땅에 보내심을 받은 하나님의 일곱 눈이라고 합니다.

지금 어린 양의 모습으로 등장하신 예수님은 피조물 가운데 하나가 아닙니다. 성삼위 하나님의 한분이신 성자이십니다. 그러므로 그 두루마리를 취하실 자격이 있으십니다.

어린 양이신 예수님이 보좌에 앉으신 분의 오른 손에서 두루마리를 취하십니다. 세상을 심판할 권세를 성부 하나님께서 성자이신 예수님께 주셨습니다. 이제부터는 심판과 구원에 관한 모든 일들을 예수님이 주관하십니다.

천사장은 못하는 일입니다. 왜냐하면, 그들도 피조물이기 때문입니다. 이십사 장로도 못합니다. 왜냐하면, 그들은 단지 성도들을 대표하는 인물들이지 속죄를 이루거나 구원을 베풀 자격이 있는 것은 아니기 때문입니다.

구원과 심판은 오직 어린 양이신 예수님만 할 수 있습니다. 구원은 오직 예수님을 통해서만 이루어집니다. 심판도 예수님이 하십니다. 그래서 우리는 예수 밖에서의 구원을 말하는 종교 다원주의나 인간의 노력이나 깨달음으로 신이 될 수 있다고 주장하는 뉴 에이지 운동 같은 인간들의 철학과 사상을 거부합니다. 구원에 대한 최종적이고 확실한 믿음은 오직 예수입니다.

🖊 적용

• 하나님의 손에 있는 두루마리는 무엇이며 왜 예수님만이 그 두루마리를 취하시고 그 인을 뗄 수 있습니까?

_____

_____

_____

• 왜 예수님을 어린 양이라고 합니까? 당신은 누구를 통해 구원받았습니까?

_____

_____

_____

• 성경에는 분명히 구원받은 성도들의 이름이 기록된 생명책이나 그 행위를 기록한 행위록(계20:12)과 살면서 주님을 위해 기념이 될 만한 일들을 기록한 기념책(말3:16)과 같은 여러 책이 나옵니다. 흰 보좌 앞에서 이루어지는 하나님의 심판은 그 책에 기록된 대로입니다. 성경을 찾아 써봅시다.

• 이 책들 가운데 가장 중요한 책은 생명책입니다. 당신은 생명책에 당신의 이름이 기록되어 있음을 확신합니까? 또 살아가는 날 동안 무엇인가 잘못된 일 때문에 생명책에서 이름이 지워질 수도 있다는 사실도 아십니까? 그렇다면 당신은 이제 어떻게 사시겠습니까? 진지하게 생각해 보고 답을 써 보십시오.

오늘의 QT(5:8–13)

모든 천사와 피조물의 찬양과 경배

찬송과 기도 : 찬송가 64장(기뻐하며 경배하세)

⬆ 마음 열기 | 오직 주님만을 위한 찬양

어느 선교사 사모님이 환상 가운데 자기 앞에 항아리가 놓여 있는 것을 보았습니다. 그 항아리가 무엇을 상징하는지 궁금해진 그가 주님께 질문하자 주님이 답을 주셨습니다.

"그 항아리 안에는 네가 평생 동안 나를 위해 불렀던 찬양이 담겨 있단다."

이 사모님은 성악을 전공한 분입니다. 그래서 어려서부터 교회에 다니며 수많은 특송과 찬양대 찬양을 해왔습니다. 독창한 적도 매우 많았습니다. 그렇기에 그 항아리에 찬양이 가득 담겨 있으리라 자신했습니다.

그런데 막상 그 안을 들여다보니 겨우 바닥을 채운 정도의 물이 들어 있었습니다. 사모는 놀라 하나님께 다시 물었습니다. "어머, 이것이 정말 내가 부른 찬양 전부가 맞나요? 혹시 잘못된 건 아닌가요? 그동안 내가 부른 찬양이 얼만데……." 주님이 말씀하셨습니다. "항아리에는 네가 오직 나만을 위해 부른 것만 담았단다." 하나님은 섞인 영광을 받지 않으십니다.

때로는 주님께 영광을 돌리는 순간에 나도 영광받기를 바랄 때가 있습니다. 내 것과 주님 것이 섞여 있다면 그것은 주님이 받으실 수 없습니다. 지극히 거룩한 분께 합당한 영광과 인간이 받을 수 있는 영광은 뒤섞일 수 없습니다.

오직 주님만을 위한 찬양만이 주님을 기쁘시게 하는 찬양입니다.

✝ 본문 읽기

"그 두루마리를 취하시매 네 생물과 이십사 장로들이 그 어린 양 앞에 엎드려 각각 거문고와 향이 가득한 금 대접을 가졌으니 이 향은 성도의 기도들이라 그들이 새 노래를 불러 이르되 두루마리를 가지시고 그 인봉을 떼기에 합당하시도다 일찍이 죽임을 당하사 각 족속과 방언과 백성과 나라 가운데에서 사람들을 피로 사서 하나님께 드리시고 그들로 우리 하나님 앞에서 나라와 제사장들을 삼으셨으니 그들이 땅에서 왕 노릇 하리로다 하더라. 내가 또 보고 들으매 보좌와 생물들과 장로들을 둘러 선 많은 천사의 음성이 있으니 그 수가 만만이요 천천이라 큰 음성으로 이르되 죽임을 당하신 어린 양은 능력과 부와 지혜와 힘과 존귀와 영광과 찬송을 받으시기에 합당하도다 하더라. 내가 또 들으니 하늘 위에와 땅 위에와 땅 아래와 바다 위에와 또 그 가운데 모든 피조물이 이르되 보좌에 앉으신 이와 어린 양에게 찬송과 존귀와 영광과 권능을 세세토록 돌릴지어다 하니 네 생물이 이르되 아멘 하고 장로들은 엎드려 경배하더라"

⚓ 본문 이해를 위한 길잡이

1) 새 노래

예수님이 두루마리를 취하셨을 때 네 생물과 이십사 장로들이 주님 앞에 엎드렸습니다. 그들의 손에는 하나님을 찬양하는 악기인 거문고와 성도들의 기도가 담긴 금대접이 있었습니다.

장로의 역할은 자기들이 대표하는 성도들의 기도를 모아 간직하는 일입니다. 그 기도가 하나님께 상달되도록 늘 주님 앞에 성도들을 품에 안고 더 많이 기도하는 일입니다. 그러므로 기도하지 않는 장로는 장로의 자격이 없습니다.

그들이 기도를 담은 그릇은 금 대접입니다. 장로들의 인생은 정금 같은 믿음으로 빛나야 합니다. 그 믿음의 그릇 속에 성도들의 기도가 담겨야 합니다.

그들은 새 노래를 부릅니다. 새 노래는 예수님의 보혈을 통한 구원에 대한 감사와 감격이 담긴 노래입니다. 보혈의 능력을 찬양하는 노래입니다. 그들은 주님의 보혈로 만 백성 가운데 구원받은 성도가 있음을 찬양합니다.

주님의 보혈은 사람들을 차별하지 않습니다. 계급이나 국가나 인종을 차별하지 않습니다. 십자가 보혈의 능력과 은혜는 하나님의 구원 역사인 것을 믿음으로 받아들이는 온 세상 모든 사람에게 같은 효력을 나타냅니다.

보혈의 찬양이 있는 곳에 하나님의 능력이 역사하고 보혈의 찬양이 있는 곳에 하나님의 구원 역사가 나타납니다. 예수님의 보혈에 의해 죄를 용서받고 구원받은 성도는 나나님 나라의 백성이 되고 그들이 속한 나라와 민족과 족속의 제사장이 됩니다. 그래서 그들은 제사장으로서 그 백성을 위해 기도합니다. 주님이 재림하실 때 그들은 왕이 되어 세상을 통치합니다.

구원받은 감격으로 하나님께 찬양하는 주님에게 속한 성도의 헌신은 그들을 천년왕국의 주인공이 되는 데까지 이끌어 갑니다.

2) 천사들과 모든 피조물의 찬양

보좌 주변에 있던 수천수만의 천사들은 죽음을 당하신 어린 양 예수님께 능력과 부와 지혜와 힘과 존귀와 영광과 찬송을 돌립니다. 저나 여러분은 주님을 찬양할 때 무엇을 주님께 돌립니까?

혹 입술로만 찬양하고 주님께 돌려야 할 것을 내가 가로채는 것은 없습니까?

천사들에 이어 모든 피조물도 찬양합니다. 찬송과 영광과 존귀와 권능을 돌리며 찬양합니다. 이 세상에서 찬송을 받으실 분은 오직 한분 주님이십니다. 영광과 존귀를 받으실 분도 주님이십니다. 그리고 모든 만물을 다스릴 권세를 가지신 분도 주님이십니다.

이 사실에 네 생물도 이십사 장로도 다 동의했습니다. 네 생물은 아멘하고 이십사 장로는 엎드려 경배했습니다. 우리의 찬양을 받으실 주님, 세상 모든 만물을 주관하시고 구원하시며 심판하실 주님께 영원히 찬양합시다.

🔺 적용

- 성도들의 기도는 향과 같습니다. 그런데 그 향이 모아져 이십사 장로들이 가지고 있는 금 대접에 담겨 있다는 사실이 놀라운 일입니다. 대접에 모아지는 기도는 그 기도의 양이 찰 때 하나님께 상달되고 구원과 심판의 역사가 일어납니다. 당신은 당신과 함께 금 대접에 향을 채울 기도의 동역자가 얼마나 있습니까?

- 새 노래는 예수님의 보혈의 능력을 드높이는 찬양입니다. 주님의 십자가를 깊이 묵상하십시오. 십자가의 보혈이 당신의 인생에 있는 모든 저주를 끊어 내도록 마음으로 믿고 입으로 시인하십시오. 환경적인

저주와 인간관계의 저주와 노동의 저주가 풀어지도록 예수님의 보혈에 의지하여 기도하십시오. 질병의 저주와 죽음의 저주가 떠나가도록 기도하십시오. 우리는 예수님의 보혈에 젖어 새 노래를 부르며 살아야 합니다. 보혈을 지나 아버지 품으로 들어가야 합니다. 당신은 어떤 새 노래를 부르시겠습니까?

- 예배를 드리는 기본자세는 네 생물과 같은 아멘이요, 바닥에 엎드린 이십사 장로와 같은 겸손함과 경배입니다. 당신은 어떤 모습으로 주님께 예배를 드립니까? 성도의 경건은 예배 속에서 훈련되고 생활 속에서 실천됩니다. 오늘도 아름다운 예배의 사람이 되시기 바랍니다.

묵상노트

복음 전파와 재앙을 통한
심판의 모습들

계시록은 마지막 때에 주님이 지상에 재림하시기 전에 환난의 때가 있음을 보여주고 있습니다. 계시록 전체 스물두 장 가운데 6장부터 18장까지 열네 장의 내용이 그것입니다.

그 환난의 내용은 6장에서 시작되는 일곱 인 재앙 가운데 둘째부터 여섯째까지의 다섯 인의 재앙과 일곱 나팔 가운데 8장과 9장에 나오는 여섯 나팔 재앙과 16장에 나오는 일곱 대접 재앙입니다. 그 16장의 내용을 좀 더 상세하게 전해주는 것이 17장과 18장의 음녀와 바벨론을 심판하는 내용입니다.

계시록에 나오는 환난은 일곱 인과 일곱 나팔과 일곱 대접의 삼중三重으로 연속되어 있습니다. 그 내용은 6장에서 처음 인이 떼어지면서 복음이 전파되는 것으로 시작합니다.

그리고 두 번째 인부터 여섯 번째 인까지의 다섯 인의 재앙의 모습을 보여준 이후 8장에서 일곱 번째 인을 뗄 때 큰 환난의 시기인 일곱 나팔 재앙이 시작되는 것으로 나타납니다.

또 일곱 번째 나팔 소리와 함께 16장에서 일곱 대접 재앙이 시작되는 구조로 되어 있어서 이 세 재앙이 서로 밀접하게 연결된 것임을 보여주고 있습니다.

어린 양이 인을 뗌으로 복음이 땅 끝까지 전파되며 심판의 재앙이 시작된다고 하는 것은 이 세상 모든 만물을 창조하시고 통치하시는 분은 하나님이시며 모든 만물을 심판하시는 분이 주님이신 것을 분명하게 보여줍니다.

그래서 권력을 가진 악한 왕들이 이 땅을 끝까지 통치하는 것이 아니라, 때가 되면 하나님께서 그들을 심판하시고 성도들을 천국으로 인도하신다는 이 말씀이 그때나 지금이나 믿음으로 세상을 이겨야 하는 성도들에게는 가장 큰 위로와 소망이 됩니다.

말세의 환난은 처음 하늘과 처음 땅에 속한 우주의 모든 자연 만물과 땅에 있는 모든 인간들에게 임하는 환난입니다. 그 환난들 중간 중간에 환난 가운데 생명을 걸고 사명을 감당한 주의 종들의 승리한 모습(7장, 14장)과 짐승과 우상에게 경배하지 아니하고 승리한 성도들이 하늘나라의 하나님 보좌 앞에 있는 환상(15장)을 보여 줍니다.

이것은 지상에 임하는 환난과 멸망 속에서도 하나님에 의해 구별된 성도에게는 하나님의 절대적인 보호와 구원과 최종적인 승리가 있음을 알게 합니다.

"이 일 후에 내가 보니 각 나라와 족속과 백성과 방언에서 아무도 능히 셀 수 없는 큰 무리가 나와 흰 옷을 입고 손에 종려 가지를 들고 보좌 앞과 어린 양 앞에 서서 큰 소리로 외쳐 이르되 구원하심이 보좌에 앉으신 우리 하나님과 어린 양에게 있도다 하니"(계7:9-10)

세상 끝 날이 이르기 전 마지막 시대에 이와 같은 환난의 시기가 있다는 것은 오늘 우리가 살아가는 이 세상이 얼마나 죄로 오염되고 타락했는지를 확실하게 보여줍니다.

그러나 이 타락한 세상이 끝난다고 해서 우리 성도의 삶도 끝나는 것은 아닙니다. 오히려 우리에게는 이 말세의 환난과 심판의 때를 잘 이기고 넘어가면 새 하늘과 새 땅에서의 영생 복락의 삶이 약속되어 있습니다.

그러므로 우리는 지금 악으로 가득한 이 세상에서 사는 동안 우리의 연약함을 도우시는 주님의 손길에 더 의지하며 끝까지 믿음으로 승리해야 합니다. 하나님께서는 세상길이 막히면 영계를 열어주시고, 세상 속에서 절망이 찾아오면 반드시 새로운 영적인 소망을 주십니다. 그러므로 우리는 항상 하나님이 주시는 더 좋은 내일을 바라보며 오늘을 인내하며 믿음으로 이겨야 합니다.

6장에서부터 시작되는 사건과 재앙은 인봉印封된 두루마리에 기록되어 있는 하나님의 구원 계획을 보여주시려고 예수 그리스도께서 인봉한 인을 하나씩 떼어내면서 그 내용이 공개 될 때마다 나타나는 현상입니다.

6장에는 어린 양이 일곱 인을 떼실 때 요한이 본 것을 기록하고 있습니다. 일곱 인의 내용은 4장 1절에 언급한 대로 "이후에 마땅히 될 일"입니다.

6장부터 18장까지 나오는 일곱 인과 일곱 나팔과 일곱 대접의 재앙에 관한 해석에는 여러 가지 견해가 있습니다.

첫째, 어떤 이는 이 내용을 초대 교회 시대 즉 로마 제국 시대에 다 이루어진 예언으로 봅니다. 이것을 **과거적 견해**라고 합니다. 그러나 마태복음 24장의 예수님의 예언에 보면 세상 종말과 주의 재림 직전에 대 환난의 징조가 있을 것을 주님이 친히 말씀하셨습니다. 그러므로 계시록에 나오는 내용이 과거에 다 이루어졌다고 보기는 어렵습니다.

둘째, 어떤 이는 이 내용을 사도 요한 때부터 세상 종말까지 교회 역사 전체를 나타내는 것으로 보고 있습니다. 이것을 **교회사적 견해**라고 합니다. 그러나 계시록에 예언된 내용이 교회사에 나타난 모든 사건에 구체적으로 일일이 대응하여 일치시키는 데에는 많은 어려움이 있습니다.

셋째, 어떤 이는 이 내용을 기독교 전 역사에 나타난 악의 세력과 교회 간의 싸움의 대 원리를 제시하는 것으로 이해합니다. 이것을 **상징적 혹은**

영적 견해라고 합니다. 그러나 계시록의 내용 가운데에 어떤 사건은 시간의 흐름에 따라 현재와 미래의 구체적 사건으로 계속 발전해 가는 것으로 보이는 부분이 있습니다. 따라서 계시록이 단순히 어떤 선과 악에 대한 싸움의 원리만 제시한다고 보기에도 무리가 있습니다.

넷째, 어떤 이는 이 내용을 그리스도의 재림 직전에 일어날 사건에 대한 예언으로 이해합니다. 이것을 **종말론적 견해**라고 합니다. 그러나 계시록에는 교회사에서 일어난 사건이나 지금의 세상에서 이루어지는 예수 그리스도의 재림에 대한 일반적 징조를 나타내는 것도 많이 있습니다.

그러므로 이 모든 견해를 참고하면서 계시록을 바르게 해석하려면, 계시록은 역사에 나타난 그 때 그 사건을 통해 미래에 이루어질 사건을 미리 계시한다고 보는 **"이중 예언과 성취"**의 관점에서 해석하여야 합니다. 이런 관점에서 계시록을 보면 계시록 6장부터 19장까지의 내용에는 먼저 교회 역사에서 나타났던 사건을 통하여 악의 세력과 교회 간의 싸움이라는 대원리가 원리적으로 어느 정도 드러나고 있음을 알 수 있습니다.

이것은 계시록 전체에서 계시록 17장 5절의 음녀에 대한 내용과 19장 16절의 예수 그리스도에 대한 말씀만 헬라어 원문 성경에 대문자로 쓰여 있어 그 원리를 더 확실하게 합니다.

계시록은 이 역사에서 음녀로 상징되는 적그리스도의 세력과 하나님의 아들이신 예수 그리스도의 세력 사이의 싸움이 치열하게 전개되고 있고,

그 마지막 승리는 예수 그리스도라는 큰 틀에서 사건을 전개하고 있습니다.

그러므로 계시록은 그 대 원리에 의해 미리 예언되었던 계시가 그리스도의 재림이 이루어 질 때까지, 그때그때 나타나는 교회의 역사와 세상 역사에서 일어나는 사건을 통하여, 성취되어 가는 것으로 보고 해석하는 것이 가장 기본입니다. 본문에 대한 해석은 항상 역사에서 실제 이루어진 예언적인 면을 우선하고 그 다음에 영적인 측면에서 교훈적인 면을 살펴보아야 합니다.

실제적인 면만 치중할 경우 합리주의나 세대주의의 오류에 빠질 위험이 있고 영적인 면만 치중할 경우 소위 영해靈解라고 주장하면서 견강부회牽强附會하는 이단들처럼 알레고리적인 해석의 오류에 빠질 위험성이 있습니다.

6장에 나타나는 인을 떼면서 이루어지는 사건의 형식은 다음과 같습니다.

먼저 어린 양이 인을 뗍니다. 그러면 보좌 주위에 있는 네 생물 가운데 하나가 오라고 명령을 합니다. 그러면 말을 탄 자들이 등장합니다. 그리고 그들에 의해 이루어지는 일을 요한 사도가 환상가운데 보게 됩니다. 그리고 그가 본 내용을 증언하는 것으로 구성되어 있습니다.

6장에 나타난 여섯 인의 구조는 다음과 같습니다.

1. 첫째 인을 뗌으로서 시작되는 복음의 세계적 전파

   : 흰 말을 탄자(복음 전파자 - 복음의 세계적 전파)

2. 두 번째 인부터 네 번째 인까지 계속되는 재앙

   1) 둘째 인 : 붉은 말(전쟁)

   2) 검은 말 : 양식의 기근(영적으로는 말씀 궁핍)

   3) 청황색 말 : 전쟁과 기근과 전염병과 죽음(영적으로는 사탄의 역사)

3. 다섯 번째 인 : 순교자들의 영혼의 호소(핍박 - 위로 - 소망)

4. 여섯 번째 인 : 자연계 파괴(우주적 재앙, 영적으로는 배도의 사건)

오늘의 QT(6:1-8)
복음 전파와 전쟁과 기근과 질병과 악령들의 시대
찬송과 기도 : 찬송가 502장(빛의 사자들이여)

⊞ 마음 열기 | 그날 전도했으면

영안장로교회 양목사님의 간증입니다. "그때 전도했으면 그 자매가 자살하지 않았을 텐데…." 우리교회 한 집사님이 얼마 전에 울면서 한 고백입니다. 옆집 자매를 전부터 전도해야겠다고 생각하다가 총력전도 주간을 맞이해 복음을 전하며 교회로 초청했습니다. 놀랍게도 그 자매는 "교회에 꼭 갈게요"라며 흔쾌히 응했습니다. 그런데 다음 주에 함께 가기로 했던 집사님이 갑자기 집안에 큰 일이 생겨 지방에 가게 되었습니다.

그리고 다시 집에 돌아왔을 때 너무나도 가슴 아픈 소식을 접하게 됐습니다. 육군사관학교에서 화랑제 때 불꽃놀이 하는 것을 바라보다가 그만 아파트 옥상에서 그 자매가 뛰어내려 자살을 한 것입니다. 그 집사님은 "지난주에 약속을 지켰더라면 그 자매를 살릴 수 있었는데 집안 일 때문에 불쌍한 영혼을 구원할 기회를 놓쳤어요"라며 회개의 눈물을 흘렸습니다.

그렇습니다. 많은 성도들이 다음에도 기회가 있을 것이라 생각합니다.

기다려 줄 것이라 생각합니다. 그러나 그렇지 않습니다. 전도할 수 있는 기회는 지금뿐입니다. 그러므로 내일로 미루지 말고 오늘 복음을 전해야 합니다.(딤전 4:2)

📘 본문 읽기

"내가 보매 어린 양이 일곱 인 중의 하나를 떼시는데 그 때에 내가 들으니 네 생물 중의 하나가 우렛소리 같이 말하되 오라 하기로 이에 내가 보니 흰 말이 있는데 그 탄 자가 활을 가졌고 면류관을 받고 나아가서 이기고 또 이기려고 하더라. 둘째 인을 떼실 때에 내가 들으니 둘째 생물이 말하되 오라 하니 이에 다른 붉은 말이 나오더라. 그 탄 자가 허락을 받아 땅에서 화평을 제하여 버리며 서로 죽이게 하고 또 큰 칼을 받았더라. 셋째 인을 떼실 때에 내가 들으니 셋째 생물이 말하되 오라 하기로 내가 보니 검은 말이 나오는데 그 탄 자가 손에 저울을 가졌더라. 내가 네 생물 사이로부터 나는 듯한 음성을 들으니 이르되 한 데나리온에 밀 한 되요 한 데나리온에 보리 석 되로다 또 감람유와 포도주는 해치지 말라 하더라. 넷째 인을 떼실 때에 내가 넷째 생물의 음성을 들으니 말하되 오라 하기로 내가 보매 청황색 말이 나오는데 그 탄 자의 이름은 사망이니 음부가 그 뒤를 따르더라. 그들이 땅 사분의 일의 권세를 얻어 검과 흉년과 사망과 땅의 짐승들로써 죽이더라"

▣ 본문 이해를 위한 길잡이

두루마리에 있는 일곱 인은 어린 양이 떼십니다. 이것은 모든 심판을 주관하시는 분이 주님이심을 보여 줍니다.

1) 첫째 인(흰 말)

첫째 인을 떼실 때에 첫째 천사장이 우렛소리와 같은 큰 소리로 흰 말을 탄 자에게 나올 것을 명령합니다. 우렛소리는 4장에서 보는 것처럼 하나님의 보좌에서 나는 소리이고 10장 3절에서 보는 것처럼 하늘에서 내려오는 힘센 천사가 내려 올 때 천사들이 내는 소리입니다.

그러자 흰 말을 탄 자가 나오는데 그는 땅 끝까지 복음을 증언하는 복음 전파자입니다.(마24:14) 그의 손에는 이미 화살을 쏘아버린 활이 들려 있습니다. 주님이 심판주로 등극하신 이후 심판이 시작되었고, 복음이 땅 끝까지 전파되는 일은 성령 강림으로 교회가 설립되면서부터 시작되었습니다.(행2:1-4)

그는 복음을 전파하기 시작하면서 먼저 승리자의 표상인 면류관을 받습니다. 복음은 승리의 역사입니다. 그는 가는 곳마다 이기고 또 이기면서 나아갑니다. 복음이 선포되는 곳에 승리의 표시인 교회의 십자가가 세워집니다.

2) 둘째 인(붉은 말)

흰 말이 활동하기 시작하면서 같은 시대에 두 번째 천사장의 오라는 명령과 함께 또 다른 말인 붉은 말이 등장합니다. 흰 말의 시대가 끝나고 붉은 말의 시대가 오는 것이 아닙니다. 하나님 보좌 사면에 네 천사장이 함께 있는 것처럼 붉은 말의 시대는 흰 말이 활동하는 시대와 같은 시대의 역사입니다.

붉은 색은 피의 색입니다. 그러므로 이 말의 등장은 이제 온 세상이 엄청난 피가 흐르는 전쟁 상태에 돌입하게 될 것을 보여줍니다. 이 전쟁은 단지 육적인 전쟁만이 아닙니다. 영적인 전쟁도 동시에 일어납니다.

붉은 말을 탄 자는 허락을 받아 땅의 화평을 제하여 버린다고 했습니다. 평화가 사라지고 서로 죽이게 한다고 했습니다. 부모 자식까지 서로 죽이고 죽는 시대가 됩니다.

큰 칼을 가졌다고 했으니 이것은 어느 한 지역에서 일어나는 국지전이 아니라 세상 여러 곳에서 동시 다발로 일어나는 엄청난 전쟁 상황입니다. 대량 살상 무기로 이루 헤아릴 수 없는 사람이 한꺼번에 죽어갑니다.

세상이 전쟁 속에 빠져 들어가면서 사람들은 마음속의 평화도 잃어버립니다. 영적인 혼란 속에서 정통과 이단의 싸움이 격화 되면서 서로를 죽이는 종교전쟁까지 일어납니다. 참으로 무서울 정도로 많은 피가 흐르는 시대입니다.

3) 셋째 인(검은 말)

세 번째 천사장이 세 번째 말을 탄 자에게 나오라고 합니다. 그러자 검은 말을 탄 자가 나오는데 검은 색은 죽음과 기근을 상징하는 색입니다. 엄청난 기근이 찾아오면서 곡물의 가격은 최하 8배에서 16배로 폭등을 하고 많은 사람이 굶주림에 시달리다가 한꺼번에 죽게 됩니다.

그러나 아직 완전한 기근은 아니고 감람유와 포도주는 남아 있습니다. 영적으로 보면 기근의 시대에도 감람유와 같은 성령의 기름부음을 받고 포도주와 같은 어린 양의 보혈에 의지하는 사람은 영적인 기근을 면하게 됩니다.

저울을 가진 자는 단지 곡물만을 달아보는 것이 아닙니다. 그 사람의 영적인 상태도 달아봅니다. 그러므로 성도들은 말세에 육신의 기근뿐만 아니라 말씀의 기근에 빠지지 않도록 늘 깨어 있어야 합니다. 말씀의 은혜를 받아야 합니다.

말세는 영적 기근의 시대입니다.(암8:11) 감람유(성령)와 포도주(예수 보혈)가 있어야 슬기로운 다섯 처녀처럼 포도주 같은 어린 양의 피에 옷을 씻어 흰 옷을 입고(7:14) 감람유를 채운 등불 들고 신랑이신 주님을 맞이할 수 있습니다.

그래서 주님의 재림을 사모하는 성도라면 어떤 경우에도 영적인 기근을 당하지 않도록 감람유와 포도주를 준비하여야 합니다.

4) 넷째 인(청황색 말)

세 번째 말의 등장 바로 그 다음에 네 번째 천사장이 네 번째 말 탄 자를 오라고 명령합니다. 그 말의 색은 청황색인데 이것은 시체의 색이요 죽음의 색입니다. 그래서 그 말을 탄 자의 이름은 사망이요 그 사망이 역사하는 바로 그 뒤에 음부라고 말하는 죽은 자들이 거하는 장소가 뒤따르는 것입니다.

사망은 치명적인 질병이라는 뜻이 있습니다. 그리고 그 청황색 말을 탄 자는 땅 사분의 일을 다스리는 권세를 받아 사람들을 죽이는데 칼 곧 전쟁을 통해서 그리고 흉년과 기근과 악성 질병과 땅의 짐승들로 죽입니다. 여기서 말하는 짐승은 권력을 가진 적그리스도와 거짓 선지자입니다. 이 짐승들의 역사는 13장에 구체적으로 나타납니다.

그러니까 마지막 네 번째 말을 탄 자는 그 앞에 등장한 붉은 말을 탄 자와 검은 말을 탄 자와 연합하여 사람을 죽이는 것입니다. 마지막 때는 모든 악령이 총동원되어 사람을 죽이고 그 영혼을 도적질하는 시대입니다.

또한 청황색은 청색과 붉은 색이 혼합된 색이기 때문에 종교 혼합주의와 복음을 대적하는 악한 사상을 상징합니다. 말세는 전쟁의 시대요 흉년의 시대이며 악성 전염병과 질병의 시대입니다. 타종교와 이단들의 주장을 정당화하는 종교 혼합주의가 종교전쟁을 통해 복음과 교회를 무력화시키는 시대입니다.

말세에는 많은 사람의 육체만이 아니라 영혼까지 죽어가는 시대입니다. 그러므로 우리는 성령 안에서 기도로 깨어 있어야 합니다. 영적인 눈을 뜨고 진리와 비진리를 구별하고 시대를 분별할 줄 알아야 합니다. 사탄이 역사하는 악한 세력들을 대적하여 이기도록 하나님의 전신 갑주를 입어야 합니다.

구원의 투구를 쓰고 의의 호신경을 입고 믿음의 방패와 하나님의 말씀의 검을 갖추어야 합니다. 그리고 평안의 신발을 신고 성령님께 절대적으로 의지하는 삶을 살아야 합니다.(엡6:11-17)

오늘 이 시대는 복음이 땅 끝까지 전파되는 동시에 전쟁과 기근과 악성 질병과 적그리스도인 짐승과 거짓 선지자인 짐승이 날뛰는 시대입니다.

시대를 잘 분별하고 이 시대의 악을 이기는 승리자가 되시기 바랍니다.

⬆ 적용

- 왜 예수님이 첫째 인을 떼시면서 복음이 전파되는 동시에 여러 가지 재앙이 시작될까요? 이 네 말들을 탄 자들이 활동하는 시대는 같은 시대입니까? 아니면 다른 시대입니까?

• 전쟁과 기근과 악성 질병과 전영병과 혹세무민하는 이단은 항상 같이 등장합니다. 이 악한 시대를 이기려면 어떻게 해야 하는지 말씀해 보십시오.

• 땅의 짐승들(적그리스도와 거짓 선지자)을 이기기 위해 준비해야 할 것은 무엇입니까? 당신은 준비되어 있습니까?

묵상노트

오늘의 QT(6:9-17)
순교자들의 기도와 마지막 구원을 향한 처절한 외침

찬송과 기도 : 찬송가 515장(눈을 들어 하늘보라)

⬆ 마음 열기 | 순교

로마 시대 안디옥 교회 감독인 이그나티우스는 짐승에 물려 몸이 찢기면서 순교했습니다. 그는 로마로 잡혀가면서 소아시아 여러 교회와 서머나 교회 감독이요 동역자인 친구 폴리갑에게 보내는 편지에서

"그대들은 나를 위하여 타협하지 말라. 내가 놓이기를 바라지 말라. 나는 한 알의 밀 씨가 되고 짐승의 이빨에 가루가 되어 하나님의 깨끗한 빵이 되기를 원하노라. 그리스도를 위하여 형벌당하기를 원하노라. 그리스도를 소유할 수 있다면 십자가에서 짐승의 이빨에 뼈가 가루되고 손과 발이 잘리더라도 결코 두려워하지 않겠다. 나에게는 오직 그리스도가 있을 뿐이다"고 말하였습니다.

이그나티우스는 두려움 없이 죽음을 맞이했습니다. 왜냐하면 그는 "내가 진실로 진실로 너희에게 이르노니 한 알의 밀이 땅에 떨어져 죽지 아니하면 한 알 그대로 있고 죽으면 많은 열매를 맺느니라"(요12:24)는 말씀을

믿고, 복음을 위한 한 알의 씨앗이 되고자 각오했기 때문입니다.

순교자 한 사람의 피는 돈으로 살 수 없는 고귀하고 값진 것입니다.

🔼 본문 읽기

"다섯째 인을 떼실 때에 내가 보니 하나님의 말씀과 그들이 가진 증거로 말미암아 죽임을 당한 영혼들이 제단 아래에 있어 큰 소리로 불러 이르되 거룩하고 참되신 대주재여 땅에 거하는 자들을 심판하여 우리 피를 갚아 주지 아니하시기를 어느 때까지 하시려 하나이까 하니 각각 그들에게 흰 두루마기를 주시며 이르시되 아직 잠시 동안 쉬되 그들의 동무 종들과 형제들도 자기처럼 죽임을 당하여 그 수가 차기까지 하라 하시더라. 내가 보니 여섯째 인을 떼실 때에 큰 지진이 나며 해가 검은 털로 짠 상복 같이 검어지고 달은 온통 피 같이 되며 하늘의 별들이 무화과나무가 대풍에 흔들려 설익은 열매가 떨어지는 것 같이 땅에 떨어지며 하늘은 두루마리 가 말리는 것 같이 떠나가고 각 산과 섬이 제 자리에서 옮겨지매 땅의 임금들과 왕족들과 장군들과 부자들과 강한 자들과 모든 종과 자유인이 굴과 산들의 바위틈에 숨어 산들과 바위에게 말하되 우리 위에 떨어져 보좌에 앉으신 이의 얼굴에서와 그 어린 양의 진노에서 우리를 가리라 그들의 진노의 큰 날이 이르렀으니 누가 능히 서리요 하더라"

⬛ 본문 이해를 위한 길잡이

1) 다섯 번째 인(제단 앞에서 드리는 순교자들의 기도)

다섯 번째 인을 뗄 때 본문에 나타나는 이 모습은 큰 환난의 시기 가운데 많은 주의 종들과 성도들이 고난을 당하고 적그리스도에 의해 순교를 당하는 상황에서 생겨나는 일입니다.

요한 사도가 보는 환상이 땅에서 하늘로 옮겨지면서 하늘에 있는 제단 아래에 있는 순교자들의 영혼이 하나님께 기도하는 모습을 봅니다. 그들의 기도는 이렇습니다. "거룩하고 참되신 대주재여, 땅에 거하는 자들을 심판하지 아니하시고 우리 핏값을 갚아 주지 아니하시기를 어느 때까지 하시려 하나이까"

본문에서 보는 것처럼 사람이 죽으면 그것으로 끝나는 것이 아닙니다. 죽음 이후에 가야 할 곳이 있습니다. 우리는 먼저 그 사실을 알아야 합니다.

순교하신 분들의 영혼이 하나님께 기도합니다. 기도는 단지 육신이 살아 있는 사람만의 것이 아닙니다. 육체가 죽은 자도 그 영혼은 살아 있어 기도합니다. 그래서 우리는 육체가 살아 있을 때 영혼의 때를 준비해야 합니다.

교회가 세워진 이후 예루살렘에서 시작된 박해는 네로의 시대를 거쳐 도미티안에 이르기까지 수 없이 많은 순교자가 나오게 했습니다.

아니 그때만 아니라 구약시대에도 또 계시록이 기록된 1세기 말부터 지금까지 수많은 순교자가 나오고 있습니다. 그런데 감사한 일은 순교한 그들의 영혼이 어두운 음부에 있지 않고 하나님의 제단 아래에 있다는 것입니다.

그들의 "피 값을 갚아주시는 것을 언제까지 기다려야 합니까?"하는 물음에 주님께서는 아직 순교자의 수가 차지 않았다고 하십니다. 왜 수가 차지 않았을까요? 아직 땅 끝까지 복음이 전파되지 않았기 때문입니다.

땅 끝까지 복음이 전해지면 주님이 다시 오실 것입니다. 그러나 아직 복음이 각 나라와 민족과 족속과 방언들에게 전해지지 않았기 때문에 아직도 복음을 듣지 못한 자들이 있습니다. 그래서 우리는 아직도 순교자의 수가 차지 않은 시대에 살고 있습니다.

하늘에 있는 하나님의 제단 아래에 있는 그 영혼들에게 흰 옷이 주어집니다. 흰 옷은 구원의 확실한 보증이요, 하나님의 종이요 자녀라는 확실한 증거입니다. 지금 당신에게도 하늘나라에서 안식하는 순교자들의 영혼이 보이십니까?

신앙생활하면서 당하는 고난을 피하거나 그 고난을 두려워하지 마십시오. 그 고난 가운데 죽어도 우리의 영혼은 하늘에서 안식하게 됩니다. 주님은 순교자들에게 마지막 심판 때까지 잠깐 쉬라고 하십니다. 이제 곧 하나님께서 억울하게 흘린 순교자들의 핏값을 갚아주실 날이 다가오고 있습니다.

2) 여섯 번째 인(천재지변과 영적 타락의 시대)

여섯 번째 인을 뗄 때 천재지변이 일어납니다. 하늘의 해는 어두워지고 달은 핏빛이 되며 별들은 땅에 떨어집니다.

하나님이 악한 세상을 심판하시는 모습을 보여 줍니다. 천체가 흔들리고 진리가 어두워지고 교회와 성도들이 타락해갑니다. 그때 하나님을 대적하던 자들이 자신들이 믿는 피난처를 찾아가지만 그들은 더 이상 피할 곳이 없습니다.

왕족들은 고귀한 자들로 이 세상에서 가장 높은 지위에 오른 사람들입니다. 장군들은 군대의 고위직 장교들입니다. 부자와 강한 자들은 사회에서 세력과 힘을 발휘하는 지배계층입니다.

종은 사회에서 가장 천대받는 피지배계층입니다. 그런데 고위층에 속한 자들만이 아니라 피지배계층에 있는 사람들도 심판을 받는다는 것은 심판의 기준이 세상적인 것에 있지 않고 예수 그리스도를 믿는 믿음에 있다는 것을 우리에게 보여 줍니다.

따라서 심판은 부자냐 가난한 자냐 하는 부의 문제가 아니라 믿음의 문제임을 깨닫고, 자신의 처지에 따라 최선을 다해 신앙을 지켜야 합니다. 그들이 가장 안전하다고 생각하던 돈(굴)이나 권력(바위)과 같은 것도 그들을 구해주지 못합니다.

하나님의 최종적인 심판의 날에는 하나님께 인침을 받은 주의 종들과 성도들 외에는 그 누구도 피할 길도 없고 피할 곳도 없습니다. 말세의 피난처는 인간들이 스스로 만들 수 없습니다. 말세의 피난처는 오직 주님 안에만 있습니다.

해 달 별은 진리와 교회와 주의 종들과 성도들을 상징합니다. 말세에는 진리는 어두워지고 주의 종들과 성도들은 타락하여 마귀의 우혹에 빠지게 됩니다.

심지어 주의 종들과 성도들 가운데 구원을 잃어버리고 생명책에서 그 이름이 지워지는 사람이 나타나는 시대가 됩니다. 그래서 우리는 깨어 있어야 합니다. 진노의 심판을 당하는 자들이 탄식하면서 외치는 "그들의 진노의 큰 날이 이르렀으니 누가 능히 서리요"라는 이 말씀을 우리는 늘 기억해야 합니다.

🔢 적용

• 시대를 막론하고 하나님의 말씀을 증언하고 예수님을 증언하는 주의 종과 성도는 핍박과 고난을 넘어 순교의 상황까지 직면하게 됩니다. 만일 그런 일이 닥친다면 당신은 어떻게 하시겠습니까?

• 그 수가 차기까지 잠깐 기다리라는 말씀의 의미는 무엇입니까?

• 해는 어두워지고 달빛이 핏빛이 되며 별들이 떨어진다는 말씀에는 영적인 의미가 있습니다. 그 의미를 되새겨 보십시오.

• 말세에는 다양한 유혹과 재앙이 있습니다. 그때 세상을 이기는 믿음을 가지려면 어떻게 해야 할까요?

• 종말이 가까이 올수록 복음을 증언해야 합니다. 당신은 오늘 누구에게 복음을 전하시겠습니까? 그 이름을 묵상 노트에 쓰고 생명의 복음을 전합시다.

묵상노트

1. 복음을 전할 장소(어디에서)

2. 복음을 전할 사람(누구에게)

3. 전해야 할 복음의 내용(무엇을)

4. 복음을 전하는 방법(어떻게)

십사만 사천의 주의 종들과
흰 옷 입은 무리와 천국의 환상

7장은 일곱 인 재앙에서 일곱 나팔 재앙으로 넘어가는 중간에 들어있습니다. 6장 마지막 17절에서 "그들의 진노의 큰 날이 이르렀으니 누가 능히 서리요"라는 물음에 대한 해답이 7장입니다.

교회는 말세의 심판과 재앙의 시대에도 계속 존재합니다. 주님께서 큰 환난과 악한 세상에 대한 마지막 심판의 시대에도 하나님의 말씀을 전파하는 사명을 감당할 주의 종들을 구별하시고, 환난 중에 있는 교회들과 성도들을 끝까지 보호하시고 구원하시는 것을 보여주는 것이 7장의 내용입니다.

7장은 인(印)을 칠 천사의 등장(1절-3절), 사명자로 구별되어 인침을 받은 주의 종들과 그들의 수(4절-8절) 그리고 각 나라와 족속과 백성과 방언들에서 구원받은 사람들의 정체(9절-14절)와 그들 모두가 누릴 하늘나라의 축복(15절-17절)의 네 부분으로 나누어져 있습니다.

요한 사도는 "이 일 후에"라는 특징적인 용어를 1절과 9절에서 사용하여 14만 4천 명의 주의 종들과 구원받은 하나님의 백성들을 나누어 설명합니다. 즉 계시록의 세 번째 사건과 네 번째 사건을 엄격하게 구별하면서 그들이 구원받은 하나님의 백성이라는 면에서는 같지만 그들이 맡은 사명과 상급의 면에서는 다른 무리인 것을 확실히 구별합니다.

구별되어 인침을 받은 14만 4천 명의 주의 종들은 14장의 시온 산과 20장의 천년왕국에서 다시 등장하며 흰 옷 입은 무리는 15장의 하나님 보좌 앞과 20장의 천년왕국에서 다시 등장합니다.

오늘의 QT(7:1-8)
말세의 사명자인 십사만 사천의 주의 종들
찬송과 기도 : 찬송가 338장(내 주를 가까이 하게 함은)

✝ 마음 열기 | 끝까지 충성하라

18세기 중반 영국 라크우드에서 한 작은 교회를 섬겼던 아이작 한은 잘 알려지지 않은 목사였습니다. 임기가 끝날 무렵 그 교회에 등록된 교인은 여자 26명과 남자 7명이 전부였습니다. 그리고 그 남자 성도들 가운데 4명만이 고정적으로 예배에 출석했습니다. 방송 매체가 발달하고 대형 교회가 넘쳐나는 이 시대에 누가 이것을 성공한 목회라고 생각하겠습니까?

오늘날 우리 사회에서 아이작 한 목사는 조금도 성공하지 못한 목사 가운데 하나로 여겨질 것입니다. 그는 분명히 목사들의 모임에서 연사로 초청받지도 못했을 것이며 교회 성장에 대한 글을 써본 적도 없을 것입니다. 그럼에도 그가 88세로 세상을 떠나자 신자들은 예배당 벽에 기념패를 붙여 놓았는데 그것은 지금까지 남아있습니다.

다음은 그 글 가운데 일부입니다. "그분처럼 겸손한 목사도 거의 안 계시고, 그분처럼 존경받는 목사도 몇 분 안 됩니다. 그는 천국을 향한 거룩한 은혜 속에서 연세가 드셨고 가을철 과일이 떨어지는 것처럼 돌아가셨습니다. 여러분, 그분처럼 오래 살려고 노력하기보다는, 그분처럼 잘 살도록 노력하십시오."

🔟 본문읽기

"**이 일 후에** 내가 네 천사가 땅 네 모퉁이에 선 것을 보니 땅의 사방의 바람을 붙잡아 바람으로 하여금 땅에나 바다에나 각종 나무에 불지 못하게 하더라. 또 보매 다른 천사가 살아 계신 하나님의 인을 가지고 해 돋는 데로부터 올라와서 땅과 바다를 해롭게 할 권세를 받은 네 천사를 향하여 큰 소리로 외쳐 이르되 우리가 우리 하나님의 종들의 이마에 인치기까지 땅이나 바다나 나무들을 해하지 말라 하더라. 내가 인침을 받은 자의 수를 들으니 이스라엘 자손의 각 지파 중에서 인침을 받은 자들이 십사만 사천이니 유다 지파 중에 인침을 받은 자가 일만 이천이요 르우벤 지파 중에 일만 이천이요 갓 지파 중에 일만 이천이요 아셀 지파 중에 일만 이천이요 납달리 지파 중에 일만 이천이요 므낫세 지파 중에 일만 이천이요 시므온 지파 중에 일만 이천이요 레위 지파 중에 일만 이천이요 잇사갈 지파 중에 일만 이천이요 스불론 지파 중에 일만 이천이요 요셉 지파 중에 일만 이천이요 베냐민 지파 중에 인침을 받은 자가 일만 이천이라"

🔟 본문 이해를 위한 길잡이

1) 인을 치는 천사의 등장

하나님께서는 천사들을 다양한 일을 감당하는 사역자로 쓰십니다. 본문에는 땅의 네 모퉁이에서 바람을 붙잡고 있는 천사들과 하나님의 종들의 이마에 살아 계신 하나님의 인을 치는 천사가 나오고 있습니다.

바람은 환난을 상징합니다. 땅의 네 모퉁이는 사람들이 사는 땅의 네 끝을 상징하고 땅과 바다는 지구상의 온 세상을 그리고 나무는 사람을 상징합니다. 또한 해 돋는 곳은 하나님이 계신 곳이라는 의미입니다. 이단들은 이 해 돋는 곳이 동방이요 우리나라라고 하지만 이것은 견강부회식의 억지 해석입니다.

2) 복음 전파를 위해 사명의 인을 받는 14만 4천의 주의 종들

살아계신 하나님의 인을 가진 천사는 바람을 붙잡고 있는 천사들에게 하나님의 종들의 이마에 인을 치기까지 바람이 불지 못하게 하라고 큰 소리로 명령합니다.

이것은 큰 환난의 때에 생명을 걸고 하나님의 복음을 전파하는 사명을 감당할, 주의 종들을 사명자로 구별하여 세우시는 하나님의 섭리입니다. 그러므로 그들이 받은 인은 예수님의 보혈로 구원받은 증거가 아니라, 복음을 전할 선지자요 주의 종으로 구별되어 사명을 받은 표시입니다.

그들은 땅에서 속량 곧 죄를 용서 받은 첫 열매로 하나님과 어린 양에게 속한 자들입니다.(14:4) 그러므로 그들에 의해 복음이 전해지면서 많은 무리들이 흰 옷을 입고 구원받게 됩니다.

지금도 하나님께서는 구원받을 백성들에게는 복음을 듣고 믿을 때 구원의 인을 치십니다.(엡1:13) 그러나 사명을 감당해야 하는 주의 종들에게는 구원의 인과는 다른 사명의 인을 치십니다.(계7:3)

구원받은 하나님의 백성 가운데 사명을 맡은 주의 종들이 있습니다. 그들의 이마에는 그들이 받은 인의 내용이 무엇인지를 밝혀주는 것이 있습니다. 그것은 하나님과 어린 양의 이름입니다.(계14:1)

그 인의 내용이 그들이 증언해야 할 복음의 내용입니다. "나는 예수님을 통해 죄를 용서 받았다. 예수님이 나의 주님이시다. 나는 하나님을 믿는 주의 종이다. 예수 믿어야 구원받는다."는 구원의 진리를 그들은 큰 환난의 시대에 목숨을 걸고 증언해야 합니다.

오늘날에도 사명자로 구별되어 그 마음과 생각의 처소인 이마에 인침을 받은 주의 종들이 있습니다. 그들은 지금도 목숨을 걸고 세계 각처에서 복음을 증언하면서 사명을 감당하고 있습니다.

14만 4천의 주의 종들은 구약시대 이스라엘이 아니라 교회를 통해 새롭게 조직된 새 이스라엘 각 지파의 자손들에서 나옵니다. 이 열두지파의 이름은 구약시대에 나오는 이스라엘 지파들의 이름과 들어가고 나온 명단에서 차이가 있습니다. 그 차이가 이들을 구약시대의 이스라엘과 구별하는 증거입니다.

이들은 제사장 지파인 레위지파가 아니어도 제사장으로 성별된 나실인 제사장의 신앙과 전통을 이은 주의 종들입니다.(민6:1-21)

명단 가운데 우상 숭배를 일삼던 단 지파는 빠져있고 온전히 하나님을 섬긴 요셉 지파가 들어가 있습니다. 원래 요셉지파는 에브라임과 므낫세 지파로 나누어져 있는데 이 본문에서는 에브라임 대신 요셉지파라고 말씀하고 있습니다.

이것은 분명 이들이 구약시대 하나님의 백성들의 신앙과 전통은 이어받았지만, 그들과는 다른 새 이스라엘이요, 다양한 교단과 교회 공동체에 속한 말씀을 전할 사명자로 구별된 주의 종들인 것을 보여주는 것입니다.

이 14만 4천은 한정된 수이면서 완전수입니다. 그러므로 사명자로 세움받은 14만 4천이라는 그 수의 산술적인 정확한 숫자는 주님만 아십니다.

이들은 큰 환난 중에도 목숨을 걸고 순교하면서까지 복음을 전하는 사명자입니다. 또한, 그들 가운데 일부는 악한 권력자나 거짓 선지자에게 굴하지 않고 생활 속에서 복음을 전하며 자기 십자가를 진 주의 종들입니다. 무한한 희생을 감당하며 생활속에서 순교를 당하는 종들입니다. 이들은 모두 순교자들입니다.

인침을 받은 이들에 의해 땅 끝까지 복음이 전해지면서 각 나라와 족속과 백성과 방언들에서 아무도 셀 수 없는 구원받은 큰 무리가 나오게 됩니다.

14장을 보면 그들은 승리하신 주님과 함께 하늘의 시온 산에 서서 구원의 새 노래를 부릅니다. 그리고 그들은 20장에서 보는 것처럼 천년왕국의 주인공이 되어 나타납니다. 당신은 지금 어떤 사명자로 인침을 받았습니까?

✝ 적용

- 14만 4천의 주의 종들을 구별하여 인을 치는 이유는 무엇입니까?

_____

_____

- 네 천사와 또 다른 한 천사의 역할은 무엇이 다릅니까?

_____

_____

- 계시록 7장과 14장을 참고하여 14만 4천의 여덟 가지 특징을 써 보십시오.

_____

_____

_____

_____

• 하나님의 백성은 둘로 구별됩니다. 하나는 어린 양의 피에 옷을 씻은 구원받은 성도, 또 하나는 구원받은 이후에 다시 사명의 인침을 받은 주의 종입니다. 당신은 구원 받은 성도입니까? 아니면 말세에 목숨을 걸고 말씀을 전파할 사명자로 구별된 14만 4천에 속한 선지자인 주의 종입니까?

묵상노트

오늘의 QT(7:9-17)
구원받은 흰옷 입은 큰 무리와 천국의 축복
찬송과 기도 : 찬송가 288장(예수를 나의 구주 삼고)

🔲 **마음 열기** | 행복보다는 성결을 추구하라

1984년에 세상을 떠난 프란시스 쉐퍼 박사를 기억합니다. 쉐퍼 박사는 말년에 암으로 투병 생활을 합니다. 그는 암과 혹독하게 싸우면서 아픈 몸을 이끌고 캠퍼스 사역에 나섰습니다.

그는 자신의 인생이 얼마 남지 않은 것을 알면서도 자기가 사랑했던 젊은이들에게 남기고 싶은 최후의 메시지를 피를 토하듯 외쳤습니다. 그가 외친 내용은 이상한 것이었습니다. "행복을 삶의 목표로 삼지 마십시오."

누구에게나 의아한 제목이었습니다. 그러나 그 의미는 이러했습니다. 미국 그리스도인들의 문제는 '행복은 구하지만 거룩함은 구하지 않고 있다'는 것이었습니다. 프란시스 쉐퍼 박사의 메시지는 미국인들에게만 해당되는 메시지가 아닙니다.

한국교회가 이 시대의 빛과 소금의 역할을 감당하지 못하는 이유는 축복과 행복은 구하지만, 거룩함을 구하지 않기 때문입니다. 오늘 이 시대의 크리스천들은 꿈과 비전은 구하지만 거룩함은 구하지 않습니다.

우리가 복 있는 사람이 되기 위해서는 꿈과 비전이 우선이 아닙니다. 행복과 축복이 우선이 아닙니다. 죄에 대해 애통하고 슬퍼하는 마음이 먼저입니다. 거룩한 삶을 추구할 때 복 있는 사람이 됩니다. 죄를 회개하고 통회하며 어린 양의 피에 그 옷을 씻는 성결함이 우선입니다.

🔼 본문 읽기

"**이 일 후에** 내가 보니 각 나라와 족속과 백성과 방언에서 아무도 능히 셀 수 없는 큰 무리가 나와 흰 옷을 입고 손에 종려 가지를 들고 보좌 앞과 어린 양 앞에 서서 큰 소리로 외쳐 이르되 구원하심이 보좌에 앉으신 우리 하나님과 어린 양에게 있도다 하니 모든 천사가 보좌와 장로들과 네 생물의 주위에 서 있다가 보좌 앞에 엎드려 얼굴을 대고 하나님께 경배하여 이르되 아멘 찬송과 영광과 지혜와 감사와 존귀와 권능과 힘이 우리 하나님께 세세토록 있을지어다 아멘 하더라. 장로 중 하나가 응답하여 나에게 이르되 이 흰 옷 입은 자들이 누구며 또 어디서 왔느냐 내가 말하기를 내 주여 당신이 아시나이다 하니 그가 나에게 이르되 이는 큰 환난에서 나오는 자들인데 어린 양의 피에 그 옷을 씻어 희게 하였느니라. 그러므로 그들이 하나님의 보좌 앞에 있고 또 그의 성전에서 밤낮 하나님을 섬기매 보좌에 앉으신 이가 그들 위에 장막을 치시리니 그들이 다시는 주리지도 아니하며 목마르지도 아니하고 해나 아무 뜨거운 기운에 상하지도 아니하리니 이는 보좌 가운데에 계신 어린 양이 그들의 목자가 되사 생명수 샘으로 인도하시고 하나님께서 그들의 눈에서 모든 눈물을 씻어 주실 것임이라"

■ 본문 이해를 위한 길잡이

1) 흰 옷 입은 무리

14만 4천의 주의 종들이 인침을 받는 모습을 본 다음에 요한 사도는 각 나라와 족속과 백성과 방언에서 아무도 셀 수 없는 큰 무리가 나오는 것을 봅니다. 많은 분들이 이들이 14만 4천과 같다고 하지만, 그러면 굳이 그들을 14만 4천과는 다르게 아무도 셀 수 없는 큰 무리라고 구별할 이유가 없습니다.

분명히 흰 옷 입은 무리는 구원받은 면에서는 같지만 생명을 걸고 복음을 전파해야 하는 사명의 면에서는 다른 사람들입니다. 14만 4천의 주의 종들은 은 구원받은 성도 안에 속해 있습니다.

그러나, 그들은 특별히 인침을 받고 복음 전파의 사명을 받은 사명자로 뽑혀 구별되었다는 면에서 흰 옷 입은 큰 무리와 다릅니다. 흰 옷 입은 큰 무리는 그들이 땅 끝까지 복음을 전할 때 복음을 듣고 믿은 성도입니다. 예수의 피로 씻김을 받고 죄에서 해방되어구원을 받은 성도들입니다.

군대로 비유하자면 14만 4천은 군대에서 특수 임무를 받고 수행하는 핵심 요원들이고, 흰 옷 입은 무리는 군대 전체 장병을 가리키는 것과 같습니다.

인종과 지역과 언어와 신분을 초월해서 구원받은 그들이 최후에 있게 될 장소는 15장에서 보는 것처럼 하나님과 어린 양의 보좌 앞입니다. 흰 옷을 입고 보좌 앞에 있는 그들의 모습은 이 역사의 최후 승리는 하나님께 속한 교회 공동체의 것이라는 사실을 확실하게 보여 줍니다.

그들은 큰 소리로 구원이 하나님과 어린 양에게 있음을 외칩니다. 그러자 하나님의 보좌 주변에 있던 모든 천사들이 보좌 앞에 엎드려 얼굴을 대고 하나님께 경배하면서 "아멘 찬송과 영광과 지혜와 감사와 존귀와 권능과 힘이 우리 하나님께 세세토록 있을지어다 아멘"합니다.

천사들의 고백처럼 신앙은 아멘에서 시작하여 아멘으로 끝이 나야 합니다. 아멘은 성도의 최고의 신앙 고백이며 아멘 할 때 하나님은 영광을 받으십니다.(고후1:20)

이 찬양의 내용은 4장과 5장에 나오는 것과 같은 것입니다. 하나님께 경배하며 찬양합시다. 그 찬양에 장로들 가운데 한 사람이 화답하면서 요한에게 이들이 누구냐고 묻습니다. 그러자 요한은 장로님이 아신다고 대답을 했습니다.

2) 큰 환난에서 나온 자들
그러자 그 장로는 "이는 큰 환난에서 나오는 자들인데 어린 양의 피에 그 옷을 씻어 희게 하였다"고 대답을 합니다. 구원은 예수님의 보혈로 이루어집니다. 아무리 큰 환난이 와도 예수님의 피의 능력을 믿는 사람들은 구원을 받습니다. 그 피에는 죄를 씻어 하나님의 자녀가 되게 하고, 마귀를 이기게 하며 믿는 자들을 천국으로 인도하는 능력이 있습니다.

그래서 성도는 어떤 환난이 와도 예수 보혈의 능력이 항상 역사하는 믿음의 사람이 되어야 합니다. 그 성도들에게는 하나님이 약속하신 천국에서 누릴 영원한 만족과 영원한 보호와 영원한 인도하심과 영원한 위로가 있게 됩니다.

🔼 적용

- 아무도 셀 수 없는 큰 무리는 어디에서 나왔습니까? 왜 그 수는 아무도 셀 수 없습니까?

- 어린 양의 피의 능력은 무엇이며 왜 그 피에는 능력이 있습니까?

• 하나님이 친히 장막을 치신다는 의미는 무엇입니까? 그리고 마지막에 성도들이 누릴 네 가지 복은 무엇일까요?

_____

_____

_____

_____

• 당신은 천국에서의 영원한 삶을 사모하십니까? 만일 그렇다면 당신은 지금 어떻게 살아야 합니까? 깨달은 것을 오늘부터 실천하십시오.

_____

_____

_____

묵상노트

_____

_____

_____

_____

_____

_____

_____

성도들의 기도와
일곱 나팔 가운데 네 나팔의 재앙
(큰 환난의 시작)

계시록의 중심 주제는 말세에 이루어질 환난을 통한 하나님의 심판과 마지막 구원의 완성을 통한 천국입니다. 전체 22장 가운데 6장부터 18장까지가 환난의 시기입니다.

6장은 첫째 인을 뗄 때 땅 끝까지 복음이 전파되는 일이 시작됨을 먼저 보여줍니다. 그리고 복음이 전파되는 같은 시대에 계속해서 나타나는 두 번째 인부터 여섯 번째 인까지의 재앙의 모습을 보여줍니다. 이 재앙들은 복음 전파와 더불어 예수님이 재림하실 때까지 계속될 다양한 재앙입니다.

그것은 전쟁과 기근과 악성 질병과 순교자들의 등장입니다. 적그리스도와 거짓 선지자들의 무자비한 활동 그리고 천재지변과 핍박과 유혹을 이기지 못한 교회의 타락과 성도들이 배도하는 사건들입니다.

그리고 이 재앙들이 세상 끝 날까지 계속되는 가운데 8장 1절에서 예수님께서 일곱 번째 인을 뗄 때 나팔 재앙이 시작됩니다.

8장과 9장에 나오는 일곱 나팔 가운데 여섯 번째 나팔까지의 재앙이 그것입니다. 이 재앙들의 모습은 자연계와 인간들에게 닥치는 재앙이 시간이 흘러갈수록 그 내용이 더 혹독하고 더 심하게 진행될 것임을 알게 합니다.

그리고 일곱 번째 나팔이 울리게 되면 그때 성도들의 휴거와 함께 이 땅에는 하나님을 대적하고 주의 종들과 성도들을 괴롭히고 죽인 모든 악의 세력들이 심판받게 됩니다. 그 내용이 16장부터 18장에 나오는 일곱 대접 재앙입니다.

8장은 나팔 재앙이 시작될 것을 미리 경고하는 내용(1-2)과 나팔 재앙의 준비(3-6), 첫 번째 나팔 재앙(7), 두 번째 나팔 재앙(8-9), 세 번째 나팔 재앙(10-11), 네 번째 나팔 재앙(12), 그리고 이제 곧 사람들에게 직접 영향을 미치는 본격적인 큰 환난의 시기가 임박했음을 독수리 같은 모습의 천사가 알리는 마지막 경고의 메시지(13절)로 구성되어 있습니다.

일곱 인과 일곱 나팔 그리고 일곱 대접으로 계속되는 재앙을 세 가지 모양으로 중첩된 일곱 가지 큰 재앙이라는 의미로 3중三重 7대七大재앙이라고 합니다.

그러나 일곱 대접 재앙은 그 대상이 성도들을 제외한 음녀와 바벨론으로 상징되는 적그리스도 세력의 철저한 궤멸을 위한 재앙이라는 점에서, 앞에 나오는 인의 재앙이나 나팔 재앙과는 그 목적과 성격을 달리합니다.

우리가 계시록을 이해하는데 중요한 요점가운데 하나가 이것입니다.

복음 전파와 더불어 시대를 관통하여 계속되는 인의 재앙이 인류 역사의 바탕에 깔린 가운데 나팔 재앙이 그 위에 내리는데 그 재앙의 시기에는 성도들이 포함되어 있습니다.

그러나 마지막 재앙인 대접 재앙은 그 재앙의 대상이 주의 종들이나 성도들이 아닌 악한 자들에게 초점이 맞추어져 있습니다.

마지막 대접재앙은 주의 종들이나 성도들은 제외된 재앙입니다. 이것이 구별되지 않으면 아무리 계시록을 봐도 지금이 어느 시대인지를 분별할 수 없습니다.

지금은 반복되는 인의 재앙 가운데 네 나팔 재앙을 넘어 다섯 번째 나팔과 여섯 번째 나팔 재앙이 세계 각처에서 동시에 진행되는 시기입니다.

이제 곧 하나님께서 정하신 시간이 되면 일곱 번째 나팔이 울릴 것입니다.

그때 주님의 공중 재림과 성도들의 휴거는 이루어질 것입니다. 그리고 하나님을 떠난 적그리스도인 악한 짐승들이 다스리는 세상에 대한 혹독하고도 무자비한 일곱 대접 재앙이 쏟아지게 될 것입니다.

그 심판 이후에 주님은 지상으로 재림하실 것입니다. 그리고 그때까지 남아있는 모든 악의 세력을 쓸어버리고 사탄을 무저갱에 가두신 후에 천년왕국이 이루어지게 될 것입니다.

8장 1절에서 드디어 어린 양 예수께서 일곱 번째 인을 떼셨습니다.

오늘의 QT(8:1-6)
성도들의 기도와 일곱 나팔 재앙의 준비
찬송과 기도 : 찬송가 364장(내 기도하는 그 시간)

✝ **마음 열기** | 스팸 메일 같은 기도

후안 까를로스 오르띠즈Juan Carlos Ortiz 목사의 '기도Prayer' 라는 책에는 충격적인 부제가 붙어있습니다.

"우리 기도의 대부분은 하늘나라에서 잡동사니 우편물처럼 취급당합니다." 이메일을 보면 쓰레기 같은 메일이 수도 없이 날아옵니다. 그래서 읽어보지도 않고 지워버립니다.

바로 스팸 메일입니다. 우리의 기도가 하나님 나라에서 이렇게 취급을 당할 수도 있다는 것입니다. 기도가 하나님 나라에서 소중하게 읽혀지는 편지가 되어야 합니다. 우리의 기도가 절대로 쓰레기 취급을 받아서는 안 됩니다. 성도로서 주님을 사랑하는 마음으로 바른 기도를 드려야 합니다.

하나님께서는 성도의 기도를 들으십니다. 성도는 거룩한 기도의 사람 입니다.

"일곱째 인을 떼실 때에 하늘이 반시간쯤 고요하더니 내가 보매 하나님 앞에 일곱 천사가 서 있어 일곱 나팔을 받았더라. 또 다른 천사가 와서 제단 곁에 서서 금향로를 가지고 많은 향을 받았으니 이는 모든 성도의 기도와 합하여 보좌 앞 금 제단에 드리고자 함이라 향연이 성도의 기도와 함께 천사의 손으로부터 하나님 앞으로 올라가는지라 천사가 향로를 가지고 제단의 불을 담아다가 땅에 쏟으매 우레와 음성과 번개와 지진이 나더라. 일곱 나팔을 가진 일곱 천사가 나팔 불기를 준비하더라"

■ 본문 이해를 위한 길잡이

1) 기도

여섯 번째 인을 떼고 난 이후에 천재지변이 일어나면서 하나님의 무서운 심판의 진노가 쏟아지기 시작했습니다. 그 진노를 피하기 위래 사람들은 자기들이 믿을 수 있다고 생각한 곳으로 숨었습니다. 그러나 태산과 같은 재물이나 권력이나 그 무엇도 그들을 숨겨 줄 수 있는 것은 하나도 없었습니다.

인간의 구원은 스스로 이룰 수 있는 것이 아닙니다. 하나님께서 구원해 주셔야 인간은 구원받을 수 있습니다. 그 사건이 일어나는 환상을 본 이후에 요한은 계속해서 천사가 하나님의 인을 쳐서 사명자들을 구별하여 세우는 것을 보았고, 온 세상에서 예수님의 보혈의 능력으로 구원받은 큰 무리를 보았습니다.

그들은 천국에서 하나님과 함께 영원히 보호를 받으며 영원한 만족과 위로와 안식을 누릴 것입니다.

그리고 이제 어린 양이신 예수님이 일곱째 인을 떼었습니다. 이제 두루마리에 감추어진 비밀은 없습니다. 그리고 하늘이 반시간쯤 고요해졌습니다. 마치 폭풍전야의 하늘처럼 모든 것들에 잠시 동안의 평화가 주어진 것 같았습니다.

그 시간은 어떤 의미가 있을까요? 마지막 자기 성찰의 시간이요 회개의 시간이며 마지막 구원의 기회입니다. 나팔 재앙을 준비해야 할 시간입니다. 하나님께서는 마지막까지 회개하고 구원받을 기회를 주십니다. 그러나 사람들은 그 시간의 의미를 모르고 주어진 기회를 놓쳐 멸망의 길로 가는 것입니다.

그 마지막 회개와 구원이 시간이 지난 후에 일곱 천사는 일곱 나팔을 받고 한 천사는 제단 곁에서 금향로를 가지고 많은 향을 받았습니다. 그 향을 태우는 연기와 함께 모든 성도의 기도가 천사의 손에 의하여 하나님 보좌 앞으로 올라갑니다.

하나님께 상달되는 기도는 성도들의 기도입니다. 성도들의 기도가 상달된다는 이 말씀이 중요합니다. 그러므로 우리의 기도가 하나님께 올라가려면 우리는 성도 곧 거룩한 백성이 되어야 합니다.

2) 향연과 함께 하나님께 상달되는 기도

모든 성도의 기도가 그냥 하나님께 올라간 것이 아닙니다. 향을 태우는 연기와 함께 올라갔습니다. 다시 말하자면 우리의 기도 속에 향이 섞여 있어야 하나님께 기도가 상달 된다는 말씀입니다.

그 향이 무엇입니까? 하나님의 제단에 드리는 향에는 다섯 가지가 들어 있습니다.(출30:34-38) 첫째는 소합향인데 이것은 찬양과 가쁨과 감사의 기도를 의미합니다. 나감향은 주님의 영광을 위한 희생의 기도를 의미합니다.

풍자향은 죄를 씻어달라고 간구하는 회개의 기도를 의미하고 유향은 우리의 모든 불행을 제거해 달라는 의미의 소원기도와 서원기도를 의미합니다. 소금은 하나님의 언약을 붙잡고 드리는 기도입니다. 분향단에서 쓰이는 향 재료에는 반드시 이 다섯 가지가 들어가야 합니다.

이 다섯 가지 향 재료가 섞여 있고 그 향연이 타오를 때 성도의 기도는 하나님께 상달됩니다. 당신의 기도에는 이 다섯 가지가 섞여 있습니까?

향연과 함께 모든 성도들의 기도가 하나님께 남김없이 상달된 후에 그 천사는 그 금향로에 심판을 상징하는 제단의 불을 가득 담아 땅에 쏟았습니다. 이제 하나님의 본격적인 심판이 시작된다는 의미입니다.

그러자 보좌로부터 우렛소리와 음성과 번개가 나오고 땅에 지진이 일어 납니다. 4장 5절에서는 하나님의 보좌가 보이면서 번개와 음성과 우렛소 리가 났는데 이제 나팔 재앙이 시작될 때는 지진이 하나 더 일어납니다.

하나님을 떠난 땅에 대한 하나님의 진노와 심판이 그만큼 더 강력해 질 것을 의미합니다. 일곱 나팔을 가진 일곱 천사는 나팔 불기를 준비하고 있습니다.

이제 재앙의 시작을 알리는 나팔을 불 준비가 끝이 났습니다. 이 나팔소 리와 함께 사람들의 삶의 터전이었던 땅과 바다와 강과 하늘이 철저히 파괴되고 견고한 것처럼 보이던 모든 질서들이 혼돈과 공허의 세계로 돌 아가게 됩니다.

하나님을 떠난 인본주의와 인류 문명의 끝은 심판의 재앙을 통한 멸망 입니다. 그러므로 심판에 대한 경고의 나팔소리를 들으면서 우리는 늘 깨 어 다가올 심판을 준비해야 합니다. 당신은 경고의 음성을 듣고 준비하고 있습니까?

⬆ 적용

- 일곱 번째 인을 뗄 때 하늘이 반시간쯤 고요해 졌습니다. 왜 고요해졌 습니까? 이 짧은 시간동안 무엇을 해야 합니까?

• 우리는 늘 기도합니다. 그런데 과연 그 기도가 하나님 앞에 상달되는 기도일까요? 아니면 그저 나 혼자 하는 푸념이나 땅에 머무는 기도일까요? 만일 그렇다면 왜 기도가 하나님께 올라가지 않을까요? 당신의 기도 속에 다섯 가지 향재료 가운데 무엇이 빠져 있는지를 생각해 봅시다.

• 주님은 나팔 소리 같은 큰 음성으로 말씀하시고 천사들은 나팔을 붑니다. 당신에게 이 큰 주님의 음성이 들립니까? 천사들의 경고의 나팔 소리가 들립니까? 만약 들리지 않는다면 그 이유는 무엇일까요?

오늘의 QT(8:7-13)
네 나팔의 재앙과 세 가지 화에 대한 천사의 경고
찬송과 기도 : 찬송가 337장(내 모든 시험 무거운 짐을)

⬆ 마음 열기 | 가장 아플 때 가장 성장합니다

충청도에 가면 백로들이 많이 모이는 섬이 있습니다. 한 조류 연구가가 그 곳에 3년간 기거하면서 백로들을 연구하였습니다. 어미 백로는 새끼를 까놓고 정성껏 사랑으로 기릅니다. 소낙비가 오면 자기 날개를 펴서 비가 그치기까지 날개를 접지 않고 있습니다.

그렇게 사랑하다가도 일단 성장하고 나면 3일가량을 굶깁니다. 배고파서 둥지를 뛰쳐나가려고 하면 못 나가게 부리로 쪼아댑니다. 먹을 것을 달라고 보채면 몸을 심하게 쫍니다. 그러고 나서 둥지에서 떨어뜨립니다. 만일 굶기는 고난 없이 떨어뜨리면 날개에 기름기가 많아서 날 수가 없다는 것입니다.

백로에게 고난은 날 수 있는 능력을 주는 기회라는 것입니다. 어떤 어린 아이가 아직 굶는 고난을 당하지 아니 한 백로를 둥지에서 꺼내어 길러 보았더니 평생 날지를 못 하고 죽었습니다. 가장 아플 때 가장 성장합니다.

■ 본문 읽기

"첫째 천사가 나팔을 부니 피 섞인 우박과 불이 나와서 땅에 쏟아지매 땅의 삼분의 일이 타 버리고 수목의 삼분의 일도 타 버리고 각종 푸른 풀도 타 버렸더라. 둘째 천사가 나팔을 부니 불붙는 큰 산과 같은 것이 바다에 던져지매 바다의 삼분의 일이 피가 되고 바다 가운데 생명 가진 피조물들의 삼분의 일이 죽고 배들의 삼분의 일이 깨지더라. 셋째 천사가 나팔을 부니 횃불 같이 타는 큰 별이 하늘에서 떨어져 강들의 삼분의 일과 여러 물 샘에 떨어지니 이 별 이름은 쓴 쑥이라 물의 삼분의 일이 쓴 쑥이 되매 그 물이 쓴 물이 되므로 많은 사람이 죽더라. 넷째 천사가 나팔을 부니 해 삼분의 일과 달 삼분의 일과 별들의 삼분의 일이 타격을 받아 그 삼분의 일이 어두워지니 낮 삼분의 일은 비추임이 없고 밤도 그러하더라. 내가 또 보고 들으니 공중에 날아가는 독수리가 큰 소리로 이르되 땅에 사는 자들에게 화, 화, 화가 있으리니 이는 세 천사들이 불어야 할 나팔 소리가 남아 있음이로다 하더라"

■ 본문 이해를 위한 길잡이

1) 첫째 나팔(땅)

우박과 불은 하나님의 심판의 도구입니다. 하나님께서 애급에 재앙을 내리실 때에도 이와 같은 도구를 사용하셨습니다. 애급에 내린 일곱 번째 재앙이 바로 우박 재앙이었습니다.

이 우박과 불의 재앙은 땅의 삼분의 일에 해당되는 재앙입니다. 그런데 이 우박에 피가 섞여 있다고 하는 것은 이 재앙이 애굽에 내렸던 재앙보다 훨씬 더 크고 엄중한 재앙임을 보여줍니다.

에스겔서에서는 세상이 삼분의 일씩 나누어서 여러 가지 재앙으로 심판을 당하고(겔5:11-12) 스가랴서에서는 삼분의 이가 심판을 당하고 삼분의 일이 남아서 연단 받은 후에 구원을 받는 것으로 묘사되어 있습니다.(슥13:8-9)

그런데 여기 본문에서의 나팔 재앙은 땅의 삼분의 일에 해당하는 심판입니다.

이것은 앞의 6장에서의 네 번째 인의 재앙이 땅의 사 분의 일에 해당하던 것과 비교해보면, 나팔재앙이 인의 재앙보다 발전된 더 심한 재앙인 것을 보여줍니다. 그러나 이 재앙도 최종적인 심판이 아닌 제한적인 것입니다.

네 번째 인의 재앙으로 사람들의 사 분의 일이 죽임을 당했는데 여기에서 다시 삼분의 일이 불에 타게 됩니다. 그러므로 이 처음 나팔재앙이 시작되는 동시에 온 땅의 절반에서 사람들이 죽고 불에 타서 황폐화됩니다.

말세에는 이 세상의 땅 가운데 소돔과 고모라처럼 사악하고 음란하고 죄악이 가득한 땅은 하나님의 불의 심판으로 다른 곳보다 먼저 멸망하게 됩니다. 그 땅의 면적이 전체의 삼분의 일입니다. 당신은 지금 어디에 살고 있습니까?

첫 번째 나팔재앙을 통해 땅의 삼분의 일이 황폐화되고 불타오르기 시작하면서 공기 중에 산소가 거의 없어지게 됩니다. 사람들이 숨을 제대로 쉴 수 없을 정도로 산소가 희박해지면서 엄청난 문제가 생기게 됩니다.

심한 호흡기 장애가 생기게 되고 영양을 공급하던 모든 것들이 파괴되면서 인간의 능력으로는 도저히 고칠 수 없는 수많은 질병들로 사람들이 죽게 됩니다. 이것이 첫째 나팔의 재앙입니다. 온 세상 곳곳에 피가 흐르는 재앙입니다.

2) 둘째 나팔(바다)

첫째 나팔 재앙의 대상이 땅이라면 둘째 나팔 재앙은 바다가 그 대상입니다. 보통 성경에서 땅과 바다는 하나님을 믿지 않는 세상을 상징하는데 땅에 속한 적그리스도 국가도 있고 바다에 속한 적그리스도 국가도 있습니다.

계시록 13장을 보면 바다에서는 사탄의 권세를 위임받은 첫 번째 짐승인 적그리스도가 나오고, 땅에서는 두 번째 짐승으로 상징되는 거짓 선지자가 나오고 있습니다.

하나님의 심판 대상인 그 바다에 하나님의 심판 도구인 불붙은 큰 산

같은 것이 떨어지면 바다의 삼분의 일이 피가 되고 생명을 가진 피조물들의 삼분의 일이 죽고 배들의 삼분의 일이 깨지게 됩니다.

화산 폭발이나 큰 전쟁 속에서 불붙는 큰 산 곧 핵무기와 같은 것들이 터지면 바다가 불바다가 되면서 바다의 물고기들이 떼죽음을 당하고 기름띠와 같은 것들이 바다를 덮어 바다를 생업의 터전으로 삼고 살던 수많은 사람들이 그 삶의 보금자리를 잃어버리게 되고 온 세계의 경제가 파탄이 나게 됩니다.

영적인 상징으로 보면 하늘에서 떨어지는 불붙은 큰 상과 같은 것은 그 마음에 죄와 악이 가득하여 불같은 분노로 이 땅을 통치하는 악한 권력자입니다.

계시록 17장 9절을 보면 적그리스도를 상징하는 짐승의 일곱 머리는 일곱 산이라고 했습니다. 또 10절을 보면 일곱 머리는 일곱 왕이라고 했습니다. 그러므로 불붙는 큰 산은 적어도 온 세상의 삼분의 일을 다스리는 악한 권력자입니다. 그는 마지막 때에 온 세상을 통치할 마지막 적그리스도인 여덟 번째 왕이 나타나기 이전의 일곱 번째 왕인 적그리스도입니다.(17:10-11)

그러므로 그가 다스리는 세상은 네로가 다스리던 로마처럼 피바다가 될 것입니다. 배는 세상을 구원할 교회입니다. 그 교회들 가운데 삼분의 일이 그 악한 권력자와 거짓 선지자들과 이단의 공격을 받아 깨지게 됩니다.

더 나아가 물고기와 같은 성도들의 삼분의 일이 육체의 생명을 잃어버리게 되고, 말씀이 희귀해지고 믿음이 연약해지면서 많은 성도가 배도하게 됩니다. 믿음을 지키는 자는 핍박과 환난 속에서 그 영혼의 생명까지 위협을 당하는 영적 어둠의 시대가 지금 바로 우리 눈앞에 와 있습니다.

3) 셋째 나팔(강과 물 샘)

횃불같이 타는 큰 별이 하늘에서 떨어져 강들의 삼분의 일과 여러 물 샘에 떨어집니다. 이 재앙은 애급 땅에 내렸던 첫 번째 재앙과 많이 닮아 있습니다.(출7:19-22)

그러나 세 번째 나팔이 우리는 환난 때의 재앙은, 그 이름을 독이 들어 있는 쑥이라고 하는 횃불같이 타는 큰 별이 강의 삼분의 일과 여러 물 샘 위에 떨어지는 것이고, 그 결과 이 물들이 쓰게 되어 많은 사람이 죽는 재앙입니다.

자연 현상으로 보면 첫 번째 나팔을 불면서 시작된 하나님의 심판이 토양과 대기오염을 일으킨다면 두 번째 나팔 재앙은 해양오염이고 세 번째 나팔 재앙이 인간들의 생존에 꼭 필요한 식수와 생활용수인 물에 대한 수질오염입니다.

인류 문화가 발달하면서 공업과 산업이 발달하게 되고 그 결과 많은 물들이 오염되어 왔습니다. 그런데 세 번째 나팔을 불면서 물에 대한 하나님의 심판이 본격적으로 시작되면 온 세상의 식수가 오염되어 먹을 물이 없어지게 됩니다.

또한, 영적인 의미에서 보면 이 쓴 물은 거짓 선지자의 악한 사상과 가르침입니다. 횃불같이 타는 큰 별인 사탄 곧 쑥의 활동으로 강과 물, 샘 삼분의 일이 먹지 못할 정도로 쓰게 되고 그 물을 먹는 이들의 영혼이 죽게 됩니다.

여기서 물 샘이나 강은 우리를 깨끗하게 하는 생명수 같은 복음과 하나님의 말씀입니다. 사람들이 죽는다는 말은 생명을 살리는 하나님의 말씀이 없어 고갈되는 영적 죽음을 말합니다.

두 번째 나팔 재앙으로 배 곧 교회의 삼분의 일이 깨졌는데, 세 번째 나팔 재앙으로 횃불 같이 타는 큰 별과 같은 엄청난 사탄의 역사가 일어나면서 강과 물 샘의 삼분의 일도 생명수가 아닌 쓴 물이 되어 버립니다.

진리가 선포되어야 할 교회의 말씀이 쓰디 쓴 쑥물이 되고 독을 내품으면서 교회의 삼분의 일이 깨지고, 깨진 교회들이 진리를 가장한 사탄의 도구가 되어 오늘날 한국 땅의 이단들처럼 오히려 영혼을 죽이는 일을 합니다.

말세가 되면 거짓 선지자와 이단에 속한 자들의 거짓된 가르침에 속아 많은 사람이 고통을 당하고 영적인 죽음에 이르게 됩니다.

그런데 이 별이 횃불 같다고 했기 때문에 이 이단의 세력은 한 때는 타오르는 횃불처럼 어둠을 밝히며 순간적으로 굉장히 찬란해 보입니다.

그러나 그 다음 순간 마치 별똥별이 떨어지는 것처럼 결국 그 세력이 급속히 약화되어 재만 남긴 채 소멸되어 버립니다.

그러므로 우리는 이와 같은 영적인 진리를 바로 깨닫고 이단의 가르침을 통한 사탄의 역사가 우리들이 섬기는 교회를 오염시키지 있도록 잘 지켜야 합니다.

4) 넷째 나팔(해, 달, 별)

네 번째 나팔 재앙은 출애굽 당시의 아홉 번째 재앙인 어둠의 재앙에 해당됩니다.(출10:21-23) 해, 달, 별 삼분의 일이 심한 타격을 받아 어두워지게 됩니다. 타격을 받는다는 말은 치명적인 공격을 당한다는 뜻입니다.

우리 시대에 자연계에 있던 해와 달과 별이 어두워지는 것은 공기오염과 공해에 의한 미세먼지와 스모그 현상 때문입니다.

지금 인간이 만들어 가는 문명의 이기들에 의해 오히려 자연계가 파괴되어가면서 하루 종일 해를 볼 수 없는 어둠의 때가 점차로 우리 곁으로 찾아오고 있습니다.

영적인 의미에서 보면 해, 달, 별은 어두운 세상을 비추는 빛입니다.

해는 진리이며 달은 교회이며 별은 교회에 세워진 말씀의 사자인 주의 종들과 성도들입니다.

그런데 말세가 되면 그 삼분의 일이 이단에 넘어가거나 타락하게 되어 빛을 잃어버립니다. 땅이 불타고 그 연기로 하늘과 공기가 어두워지면서 영의 세계가 희미해지고, 교회들이 깨지면서 사람들의 영혼은 안식처를 잃어버립니다.

쓴 물 때문에 진리에 목말라 하면서 영적 기근 상태에 빠지고(암8:11) 진리는 왜곡되고 어두워져 사람들이 자꾸 교회를 떠나는 일들이 생겨납니다.

그러나 아직도 희망이 있는 것은 여전히 삼분의 이는 남아서 하나님의 복음을 증거하며 세상의 어둠을 밝히고 있기 때문입니다.

말세에는 진리가 왜곡되고 교회와 성도들은 영적으로 많은 적에 의해 공격을 당하게 됩니다. 그래서 주의 종과 성도는 그때마다 하나님의 참된 진리의 말씀과 예수님의 보혈에 의지해야 합니다.

오직 예수의 이름으로 귀신에 미혹되지 말고 잘 분별하여 이겨야 합니다.

이기지 못하면 거짓의 종이 되고 어둠 속에 빠져 멸망하게 됩니다.

이 네 가지 재앙으로 고통을 당하는 세상에 아직 남은 세 가지 나팔 재앙이 더 있습니다. 천사는 독수리 같이 날아가면서 땅에 사는 자들에게 세 가지 화가 다가온다고 선포합니다. 화는 저주요 재앙이며 멸망입니다.

그러므로 우리는 땅에 속한 사람이 아니라 하늘에 속한 사람들로서 말세의 환난의 시기를 잘 이길 수 있도록 준비해야 합니다.(계7:14)

땅에 속한 세속적인 사람들은 환난 때에 세상에 속한 것들 때문에 고난을 당하고 그것을 사랑하는 마음 때문에 더 큰 고통을 겪게 될 것입니다.

그러므로 말세를 사는 우리는 주님의 재림과 심판을 준비하면서 하나님의 말씀을 더 깊이 사랑하고, 이 땅에서 사는 동안 굳센 믿음으로 세상을 이기고, 영혼 구원을 위해 우리를 부르신 하나님의 뜻을 이루며 살아가야 합니다.

⬆ 적용

- 말세에는 땅과 바다와 강과 천체에 임하는 재앙이 있습니다. 그 재앙이 왜 찾아옵니까?

- 땅과 바다와 강과 물 샘과 해 달 별의 영적인 의미는 무엇입니까? 그리

고 왜 그곳에 수많은 시련과 재앙과 고통이 찾아옵니까? 그 고통에서 벗어나려면 어떻게 해야 합니까?

• 독수리와 같은 모습으로 하늘을 날아가는 천사는 땅에 사는 사람들에게 세 가지 화가 더 있다고 선언합니다. 당신은 땅에 속한 육적인 사람입니까? 아니면 하늘에 속한 영적인 사람입니까? (육적인 사람은 육신의 소욕을 따라가고 영적인 사람은 성령님의 이끌림을 받습니다.)

묵상노트

큰 환난의 시대 - 두 가지 화

이 본문은 말세에 주님께서 일곱 번째 인을 뗄 때 이루어지는 일곱 나팔 재앙 가운데 다섯 번째 나팔과 여섯 번째 나팔 재앙에 관한 계시의 내용입니다.

이 다섯 번째 나팔의 재앙과 여섯 번째 나팔의 재앙은 말세에 있을 큰 환난의 시기에 일어나는 세 가지 화 가운데 처음 두 가지 화로 땅에 사는 자들에게 임하는 그 심판과 재앙의 정도가 갈수록 점점 더 심해지는 것을 보여줍니다.

이 본문은 하늘에서 땅에 떨어진 자로 묘사되는 사탄이 악한 세력의 집결지인 무저갱의 열쇠를 받아 나오는 것에서 시작합니다. 이것은 다윗의 열쇠를 가지신 예수님과 대조가 됩니다.

또한, 이 본문은 하나님께서 무저갱으로부터 나온 사탄의 대리자인 황충을 통하여 하나님의 인을 맞지 않은 악한 자들을 심판하심으로 악의 세력으로 악을 심판하시는 하나님의 오묘한 섭리를 보여줍니다.

사탄은 하늘에서 떨어지고 황충은 땅 아래 가장 깊은 무저갱에서 올라옵니다. 둘 다 사람들이 살고 있는 땅이 아닌 다른 곳에서부터 나오는데 이것은 말세에는 세상의 기본적인 질서가 사탄에 의해 다 깨지는 것을 보여주는 것입니다.

악령들이 사탄의 도구가 되어 일어나는 첫째 화인 황충 재앙이 계속되면서 그 다음을 잇는 여섯 번째 재앙인 유브라데 전쟁의 재앙이 있습니다. 그리고 그 엄청난 전쟁과 재앙 속에서 많은 교회의 목회자와 성도가 믿음을 지키고 복음을 증언하다가 사탄에 의해 죽음을 당하게 됩니다.(9:21)

다섯 번째 나팔 재앙 다음에 이어지는 여섯 번째 나팔 재앙은 이만만의 마병대로 상징되는 악령들에 사로잡힌 사람들이 일으키는 전쟁을 통해 땅에 사는 사람들 삼분의 일이 죽는 재앙입니다.

요한은 "이러한 일들이 있은 후에"라는 표현을 통해 이 재앙이 첫째 화인 황충 재앙과는 비교가 되지 않은 엄청나게 큰 재앙인 것을 말씀합니다. 이 시대는 악령들의 전성시대요 전혀 회개가 없는 악으로 가득한 시대입니다.

오늘의 QT(9:1-11)
다섯째 나팔 재앙 : 첫 번째 화(황충 재앙)
찬송과 기도 : 찬송가 384장(나의 갈길 다 가도록)

🔼 **마음 열기** | 선과 악

탈무드에 있는 이야기입니다. 노아가 방주를 짓고 모든 짐승을 암수한 쌍씩 받아들였습니다. 그런데 선善이 혼자 들어오는 것이었습니다. 노아가 선을 향해 말했습니다. "너는 왜 혼자 들어오느냐?"

승선을 거부당한 선은 자신과 짝이 될 만한 것을 찾아 돌아다니다가 악惡을 데려왔습니다. 그제야 노아는 그들을 받아들였습니다. 세상에 선과 악이 공존하게 된 이유입니다. 세상에 존재하는 악에 대한 유대인다운 해석입니다.

세상에는 분명 선과 악이 공존하고 있습니다. 세상을 살아가는 동안 필연적으로 부닥치게 될 악의 문제는 누구도 예외가 없습니다. 그러므로 우리는 악을 선으로 이겨 육체가 가지고 있는 짐승의 본능을 없애야 합니다.

선과 악이 동시에 다가올 때는 선을 먼저 택해야 합니다. 선이 없을 때 악이 득세하는 것입니다. 빛이 없으면 자동으로 어둠이 존재하듯 선이 없는 것이 악입니다. 우리는 선으로 악을 이겨야 합니다.

🔼 본문 읽기

"다섯째 천사가 나팔을 불매 내가 보니 하늘에서 땅에 떨어진 별 하나가 있는데 그가 무저갱의 열쇠를 받았더라. 그가 무저갱을 여니 그 구멍에서 큰 화덕의 연기 같은 연기가 올라오매 해와 공기가 그 구멍의 연기로 말미암아 어두워지며 또 황충이 연기 가운데로부터 땅 위에 나오매 그들이 땅에 있는 전갈의 권세와 같은 권세를 받았더라. 그들에게 이르시되 땅의 풀이나 푸른 것이나 각종 수목은 해하지 말고 오직 이마에 하나님의 인침을 받지 아니한 사람들만 해하라 하시더라. 그러나 그들을 죽이지는 못하게 하시고 다섯 달 동안 괴롭게만 하게 하시는데 그 괴롭게 함은 전갈이 사람을 쏠 때 괴롭게 함과 같더라.

그 날에는 사람들이 죽기를 구하여도 죽지 못하고 죽고 싶으나 죽음이 그들을 피하리로다. 황충들의 모양은 전쟁을 위하여 준비한 말들 같고 그 머리에 금 같은 관 비슷한 것을 썼으며 그 얼굴은 사람의 얼굴 같고 또 여자의 머리털 같은 머리털이 있고 그 이빨은 사자의 이빨 같으며 또 철 호심경 같은 호심경이 있고 그 날개들의 소리는 병거와 많은 말들이 전쟁터로 달려 들어가는 소리 같으며 또 전갈과 같은 꼬리와 쏘는 살이 있어 그 꼬리에는 다섯 달 동안 사람들을 해하는 권세가 있더라. 그들에게 왕이 있으니 무저갱의 사자라 히브리어로는 그 이름이 아바돈이요 헬라어로는 그 이름이 아볼루온이더라"

⬛ 본문 이해를 위한 길잡이

1) 황충(악령들)에 의한 재앙

사탄은 타락하여 하나님을 대적하다가 미가엘과의 전쟁에서 지고 하늘에서 땅에 떨어진 악한 천사입니다.(12:7-8) 떨어졌다는 것은 타락했다 또는 나쁘게 되었다는 의미입니다. 사탄은 이제 하늘에서 떨어지는 것이 아니라 이미 오래전에 하나님께 대적하다가 하늘에서 쫓겨나 땅에 떨어진 존재입니다.

무저갱은 지옥이나 예수님을 떠나 살다가 죽은 자들의 영혼이 머무는 음부와는 다른 흑암의 장소로 악령들이 머무는 장소요 짐승과 사탄이 갇혀 있는 장소입니다.(유1:6)

무저갱의 열쇠를 받은 사탄은 그 문을 활짝 열고 창세전 범죄 후에 그곳에 갇힌 자신의 수하 세력들인 악령들을 다 끌어냅니다. 그래서 이 세상은 바벨론처럼 귀신들의 처소가 됩니다.(계18:2)

큰 풀무의 연기 같은 연기란 무저갱에서 올라오는 그 수를 헤아릴 수 없는 악령들인데 이로 인하여 해와 공기가 어두워지게 됩니다. 이것은 진리가 어두워지면서 이 세상이 영적인 어둠과 혼돈에 빠지게 되는 현실을 보여줍니다.

영적으로 보면, 이 재앙은 무저갱에서 올라오는 연기 때문에 진리가 어두워진 세상에서, 끝이 없이 극대화된 마음속에 있는 욕망 때문에 하나님을 떠나 사탄의 미혹에 빠진 인간들이 당하는 죽음보다 더 큰 고통의 재앙입니다.

"그러므로 땅에 있는 지체를 죽이라 곧 음란과 부정과 사욕과 악한 정욕과 탐심이니 탐심은 우상 숭배니라"(골3:5)

황충은 메뚜기 종류의 곤충입니다. 황충의 무리가 한번 지나간 곳에는 풀잎이 다 없어지고 나무 껍데기는 다 벗겨지고 땅은 재만 남은 것처럼 폐허가 됩니다.

그래서 구약에서는 황충이 메뚜기와 팟종이와 늦과 함께 인간의 욕망과 탐욕에 대한 심판과 재앙의 도구로 많이 사용되었습니다.(요엘1:3-6)

이 황충은 무저갱에서 올라온 큰 풀무의 연기 같은 악령이 들어간 인간이라 할 수 있습니다. 이들은 17장에 나오는 음녀에게 속한 땅의 가증한 것들이며 음란한 것들입니다. 음녀의 세력이요 적그리스도를 따르는 모든 세력입니다.

황충이 전갈의 권세를 가졌다는 것은 황충의 권세가 사람들에게 치명적인 영향을 끼칠 수 있음을 보여주는 것입니다. 그러므로 우리는 황충의 꼬리인 전갈이 쏘는 고통의 재앙이 피해가도록 준비해야 합니다.

면역 주사와 같은 하나님의 인을 맞은 주의 종이 되어야 합니다. 탐욕을 부리지 말아야 합니다. 사도 바울처럼 믿음 안에서 자족하며 비천에 처할 줄도 알고 풍부에 처할 줄도 알아야 합니다.

원래 이 황충은 곡식이나 초목을 먹어치우는 곤충입니다. 그런데 하나님께서 는 그들에게 그들의 일차 공격 대상인 곡식과 초목을 해하도록 허락하지 아니합니다.

그것은 이 재앙이 자연계에 닥치는 재앙이 아닌 인간들에게 직접 닥치는 재앙인 것을 보여줍니다. 그리고 이 사실은 황충이 메뚜기가 아니라 탐욕으로 가득한 악령을 상징하는 것임을 알게 합니다.

2) 마지막 때는 고통의 시대

황충이 다섯 달 동안 하나님의 인을 받지 않은 악인들을 괴롭게 하는데 이 기간은 노아의 홍수 때에 땅에 물이 차 있던 기간과 같습니다. 그러므로 이 다섯 달은 사탄이 그가 부리는 황충과 같은 악한 영들을 통해 하나님을 떠난 악한 자들을 최대한 학대하고 고통을 주어 괴롭히는 상징적인 기간입니다. 이들은 차라리 죽고 싶어도 죽지 못하는 고통을 당하게 됩니다.

황충들의 모양은 전쟁을 위하여 예비한 말들과 같습니다. 이것은 황충들의 움직임이 매우 신속한 기동력과 큰 힘의 공격 능력을 갖추고 있음을 상징합니다.

그 머리에는 금 면류관 같은 것을 썼는데 이것은 인간의 가장 큰 탐욕이 권력에 대한 욕구인 것을 의미합니다. 그러나, 그것은 거짓의 아비인 사탄이 주는 가짜 승리의 상징입니다. 거짓을 가르치는 이단은 승리하지 못합니다.

그 얼굴은 지혜와 능력을 상징하는 사람의 얼굴 같은데 이것은 탐욕을 가진 악령들이 명예를 탐하는 사람의 모습으로 다가오는 것을 의미합니다.

그 머리털은 매력적인 내용의 사상을 상징하는 여자의 머리털 같습니다. 그것은 또한, 이 황충의 모습이 성적으로도 아주 매력적인 외모를 갖추고 있음을 의미합니다. 여자의 긴 머리털은 성적인 매력을 뜻하는 용어이기도 합니다.

그 이는 강력한 파괴력과 잔인함을 상징하는 사자의 이와 같습니다. 황충의 지혜는 사람들에게 아주 화려하고 매혹적이 모습으로 다가와 미혹합니다. 그리고 미혹된 사람들의 영혼과 생활을 아주 잔인하게 파괴하고 그 사람들이 하나님을 대적하게 합니다.

황충의 몸에는 뛰어난 방어력을 상징하는 철 흉갑 같은 흉갑이 있습니다. 이들은 활동하면서 자신들은 보호하고 다른 사람들은 해칩니다.

그 날개 소리는 병거와 많은 말이 적들을 공격하기 위하여 전장으로 달려 들어가는 소리처럼 웅장합니다. 이단과 적그리스도들은 엄청난 규모의 행사를 통하여 그들이 가진 세력을 대내외에 과시합니다.

그러나 그 꼬리에는 사람들을 해치는 전갈처럼 독이 있는 쏘는 살이 있습니다. 꼬리는 거짓말을 가르치는 거짓 선지자입니다.(사9:15-16) 그러므로 이단들의 가르침에는 강력하면서도 사람들의 영혼을 죽이는 독이 있음을 알아야 합니다.

본문의 무저갱의 사자는 그들을 다스리는 왕인 귀신의 왕 마귀입니다. 그는 하늘에서 떨어진 별이요 무저갱에 있는 악한 영들의 아비입니다.

아바돈은 땅의 가장 깊은 곳 곧 죽은 자들의 영역을 가리키는 히브리어 이름입니다. 아블루온은 헬라어로 같은 장소를 가리키는데 그것은 멸망과 파괴라는 뜻을 가지고 있습니다.

사탄은 모든 선한 것을 파괴하는 자요, 사람들의 생명을 해치는 살인자입니다.

그러므로 우리는 이처럼 악령들이 무자비하게 역사하는 이 시대를 잘 분별해야 합니다. 그리고 하나님의 보호하심을 입도록 늘 바른 믿음으로 살아야 합니다. 지금 이 시대는 악령들이 무제한으로 역사하는 고통의 시대입니다.

"너는 이것을 알라. 말세에 고통 하는 때가 이르러 사람들이 자기를 사랑하며 돈을 사랑하며 자랑하며 교만하며 비방하며 부모를 거역하며 감사하지 아니하며 거룩하지 아니하며 무정하며 원통함을 풀지 아니하며 모함하며 절제하지 못하며 사나우며 선한 것을 좋아하지 아니하며 배신하며 조급하며 자만하며 쾌락을 사랑하기를 하나님 사랑하는 것보다 더하며 경건의 모양은 있으나 경건의 능력은 부인하니 이 같은 자들에게서 네가 돌아서라. 그들 중에 남의 집에 가만히 들어가 어리석은 여자를 유인하는 자들이 있으니 그 여자는 죄를 중히 지고 여러 가지 욕심에 끌린바 되어 항상 배우나 끝내 진리의 지식에 이를 수 없느니라"(딤후3:1-7)

⬆ 적용

• 말세는 황충의 모양으로 나타나는 전갈과 같은 독을 가진 악령들의 전성시대입니다. 이들은 진리를 어둡게 하고 하나님의 인을 맞지 않은 자들을 탐욕에 빠지게 하여 전갈과 같은 독으로 괴롭힙니다. 그러므로 탐욕을 잘 다스리는 지혜와 믿음이 필요합니다. 탐욕은 우상숭배입니다. 당신은 어떻게 탐욕을 다스리고 있습니까?

• 황충의 모습을 보면 황충은 자신을 충분히 방어하고 상대방을 공격할 수 있는 많은 수단과 무기들을 가졌습니다. 그들은 큰 무리입니다.

그러므로 이 악한 영들의 공격을 받지 않으려면 하나님의 인을 받은 주의 종이 되어야 합니다. 당신은 하나님의 인을 받았습니까?

_____

_____

_____

• 사탄은 무저갱의 사자이며 아바돈이요 아블루온입니다. 그 의미가 무엇입니까? 오늘도 성령님과 함께 동행 하는 귀한 날이 되시기 바랍니다.

_____

_____

_____

묵상노트

_____

_____

_____

_____

_____

_____

_____

오늘의 QT(9:12–21)
여섯 번째 나팔 재앙 : 두 번째 화(유브라데 전쟁)
찬송과 기도 : 찬송가 352장(십자가 군병들아)

⬆ 마음 열기 | 이단을 분별하는 방법

탁지원 소장이 말하는 이단 분별 기준입니다.

첫째, 정통교회는 신구약 성경 66권을 정경으로 받아들이며 하나님의 특별계시를 믿는 데 반하여 이단들은 신구약 성경의 권위보다 그들의 만든 다른 복음에 권위를 부여하고 있으며 그들의 교주만을 통한 하나님의 특별계시의 계속성을 주장하고 있습니다.

둘째, 이단들은 대부분 마태복음 24장 24절에 기록되어 있는 바와 같이 하나님의 택함을 받은 기성교회 성도들만 대상으로 삼아 미혹하고 있습니다.

셋째, 이단들은 그들의 지도자를 반드시 숭배의 대상으로 삼거나 신격화하고 있습니다. 그래서 한국에는 자기 자신이 재림주라고 주장하거나 그에 준하는 절대자라고 말하는 자들이 50명이 넘고 스스로 '하나님' '보혜사 성령님' '새 하나님' 등으로 자칭하는 이가 20명 이상이나 됩니다.

우리가 확신할 것은 이렇게 가짜가 많이 있다는 것은 우리 하나님이 살아 계시다는 증거입니다. 하나님이 다 이겨놓은 싸움에 마침표를 잘 찍어낼 수 있는 성도들이 되어야 할 것입니다.

넷째, 이단들은 불건전한 신비주의의 온상에서 독버섯처럼 발생합니다. 기독교는 온통 신비로 가득한 진리의 종교입니다. 그러나 이단들이 말하는 것과 같은 불건전한 신비주의가 그 신앙과 행동의 내용이 될 수는 없습니다.

흔히 이단들은 자신들이 체험한 불건전한 신비체험을 마치 진리인 것처럼 주장하고 있습니다. "자기만이 하나님과 직통한다" "직접 계시를 받았다" "예수를 직접 만났다" "두루마리를 삼켰더니 성경을 100% 통달하게 되었다" 등의 주관적인 신비체험을 객관화시키려 합니다.

다섯째, 성경해석에 있어서 이단들은 오류를 범합니다. 종교개혁자 마르틴 루터는 성경의 가장 정확한 주석은 성경이라 하여 원리적인 해석을 주장했으나 이단들은 대부분 비유 풀이나 은유적인 해석을 시도하다가 지나쳐서 성경을 100% 통달했다는 교만에 빠지게 됩니다. 거짓을 진리인 것처럼 주장합니다.

■ 본문 읽기

"첫째 화는 지나갔으나 보라 아직도 이후에 화 둘이 이르리로다. 여섯째 천사가 나팔을 불매 내가 들으니 하나님 앞 금 제단 네 뿔에서 한 음성이 나서 나팔 가진 여섯째 천사에게 말하기를 큰 강 유브라데에 결박한 네 천사를 놓아주라 하매 네 천사가 놓였으니 그들은 그 년 월 일 시에 이르러 사람 삼분의 일을 죽이기로 준비된 자들이더라. 마병대의 수는 이만 만이니 내가 그들의 수를 들었노라 이 같은 환상 가운데 그 말들과 그 위에 탄 자들을 보니 불빛과 자줏빛과 유황빛 호심경이 있고 또 말들의 머리는 사자 머리 같고 그 입에서는 불과 연기와 유황이 나오더라. 이 세 재앙 곧 자기들의 입에서 나오는 불과 연기와 유황으로 말미암아 사람 삼분의 일이 죽임을 당하니라 이 말들의 힘은 입과 꼬리에 있으니 꼬리는 뱀 같고 또 꼬리에 머리가 있어 이것으로 해하더라. 이 재앙에 죽지 않고 남은 사람들은 손으로 행한 일을 회개하지 아니하고 오히려 여러 귀신과 또는 보거나 듣거나 다니거나 하지 못하는 금, 은, 동과 목석의 우상에게 절하고 또 그 살인과 복술과 음행과 도둑질을 회개하지 아니하더라"

■ 본문 이해를 위한 길잡이

1) 유브라데 전쟁

사탄이 도구가 되어 일어난 황충 재앙인 첫째 화가 지나간 후에 여섯 번째 나팔 재앙인 유브라데 전쟁의 재앙이 찾아옵니다. 다섯 번째 나팔 재앙 다음에 이어지는 이 재앙은 마병대로 상징되는 전쟁을 통해 네 나팔 재앙 이후에 살아남은 사람들 가운데 다시 삼분의 일이 죽임을 당하는 재앙입니다.

여섯 번째 천사는 8장 1절과 6절에 언급된 일곱 나팔을 받은 천사 가운데 하나입니다. 뿔은 힘과 능력과 보호와 구원을 상징합니다. 황금 제단은 번제단이 아닌 분향단을 가리키는데 분향단은 하나님의 임재의 상징인 지성소 바로 앞에 있는 제사장들이 기도하는 곳입니다.

기도의 장소에서 음성이 나서 심판이 이루어지는 것을 보면서 당신은 어떤 생각을 하십니까? 기도하는 곳에서 하나님의 역사가 나타납니다.

하나님 앞에 있는 분향단의 금단 네 뿔에서 한 음성이 나서 여섯째 나팔을 가진 천사에게 큰 강 유브라데에 결박된 네 천사를 놓아주라고 했습니다.

유브라데라는 이름이 심판의 상징적인 장소로 사용된 이유는 이 강이 약속의 땅인 가나안의 동쪽 경계를 형성하고 있기 때문입니다. 앗수르나 바벨론 같은 나라들은 가나안을 침공할 때 반드시 유브라데를 넘어와야 했습니다.

유브라데는 구약시대 이래 계속되는 전쟁의 장소였으며 하나님의 심판을 상징하는 장소를 가리켜 왔습니다.

유브라데 강가에 묶여 있던 네 천사는 하나님께서 작정하신 그 년, 월, 일, 시에 이르러 사람 삼분의 일을 죽이기로 예비 된 자들입니다. 그들은 묶여 있던 자들이므로 하나님께서 세상을 심판하기로 계획하신 때에 이용될 악령들입니다.

이 전쟁의 정확한 발생 시기는 하나님만 아십니다. 하나님께서는 그 년, 월, 일, 시에 관하여는 그 어떤 계시나 환상으로도 알려 주시지 않았습니다.

그러나 그 시간이 정확하게 지정되어 있지 않기 때문에 전쟁이 일어난 그 시점은 과거의 어느 한 시점이거나 아니면 오늘 이 시간 혹은 미래의 어느 시점일 수 있습니다. 왜냐하면, 과거로부터 지금까지도 여전히 영적인 것과 육적인 것이 싸우고 있고 진리와 비 진리의 싸움이 계속되고 있기 때문입니다.

사탄의 무리인 그 마병대의 수는 이만만(2억)이나 되었습니다. 이만만이라는 숫자의 상징성으로 보면 다섯 번째 나팔 재앙에서 연기 가운데 나온 황충의 무리를 넘어가는 숫자입니다. 그 말 탄 자들에게는 자신들을 보호할 수 있는 불빛과 자줏빛과 유황빛의 호심경이 있습니다.

황충들에게는 전갈과 같은 권세가 있었습니다. 그러나 그들은 탐욕을 가진 사람들을 죽이지는 못하고 다섯 달 동안 괴롭히기만 했습니다.

그러나, 유브라데 전쟁에 등장하는 그 말들은 그 머리는 사자 같고 꼬리는 뱀 같고 그 꼬리에 머리가 있어 그 입과 꼬리로 사람들을 해치고 죽입니다. 그러므로 이 유브라데 전쟁의 재앙이 황충 재앙보다 훨씬 더 강력한 재앙인 것을 알 수 있습니다.

2) 수많은 사람이 죽임을 당하는 시대

6장에서 시작된 네 번째 인의 재앙을 통해 사람들의 사 분의 일이 죽었고 8장에서 시작된 첫 번째 천사의 나팔 소리와 함께 땅의 삼분의 일이 불에 타버렸습니다. 그래서 인구가 절반으로 줄었는데 이제 다시 절반도 남지 않은 그 남은 자들 가운데 삼분의 일이 그 전쟁을 통해 죽임을 당합니다.

그러므로 이제 이 여섯 번째 나팔 재앙을 통해 세계 인구는 인의 재앙이 시작된 이후로 원래 숫자의 삼분의 일도 남지 않는 상황이 되었습니다. 곧 세 사람 가운데 두 사람 이상이 죽어 없어진 세상, 이 얼마나 비참한 상황입니까?

말은 전쟁의 상징입니다. 말 탄 자가 호심경을 입고 있었는데 그것은 적의 칼이나 화살로부터 보호하기 위해 군사가 입는 옷입니다. 호심경의 모습이 불빛과 자줏빛과 유황빛을 하고 있었는데 그 빛깔들은 심판과 살육과 지옥의 상징입니다. 둘째 사망의 장소인 불못은 불과 유황이 타는 곳입니다.(계14:10)

마병대는 군대의 조직력을 상징하며 이만만(2억)은 군대의 군사력을 상징합니다. 말들의 머리가 사자 같은 것은 군대의 맹렬하고도 흉포한 파괴력에 대한 상징입니다. 꼬리가 뱀 같고 꼬리에 머리가 있는 것은 그 군대가 사탄에게 속한 군대요 뛰어난 작전 능력을 갖추고 있음을 보여줍니다.

황충은 주로 거짓 선지자를 상징하는 꼬리에 힘을 가지고 있었습니다. 그러나, 이 말들은 그 힘이 입과 꼬리에 함께 있으며 그 입에서 강한 무력을 상징하는 불과 연기와 유황이 나옵니다. 또 꼬리에도 악령의 교활함을 드러내는 머리가 있습니다. 이것은 악령들이 강력하게 역사하는 시대의 야만적이고 부도덕한 이중적인 특성을 보여줍니다.

이 시대는 사람들의 육체를 죽이는 육적인 세상의 전쟁과 사람들의 마음과 영혼을 파괴하는 거짓 종교와의 영적 전쟁이 동시에 일어나는 시대입니다.

세상은 막강한 군사력을 가진 군대에 의해 파괴되고, 주의 종들과 성도들은 사자와 같은 머리를 꼬리에 가진 거짓 선지자들에 의해 죽임을 당합니다.

이 시기에는 막강한 화력을 가진 군대가 동원된 전쟁을 통해 무수한 사람들이 죽어갑니다. 또, 유브라데와 같이 영적인 것과 육적인 것의 경계에서 방황하는 자들을 악령들이 공격하는 시기입니다. 이 시기는 주의 종들과 성도들이 죽임을 당하고 교회가 파괴되는 일들이 동시에 일어나는 영적 전쟁의 시기입니다.

분명히 성경은 "이 말들의 힘은 입과 꼬리에 있으니 꼬리는 뱀 같고 또 꼬리에 머리가 있어 이것으로 해하더라." 라고 했습니다. 이 시대는 악령들이 그들이 조종하는 세력들의 입에서 나오는 불과 연기와 유황으로 해치고, 꼬리로 있는 머리로 해치는 시대입니다.

그러므로 확실한 믿음에 서 있지 못한 많은 교회가 이 전쟁을 통해 사탄과 그 군대의 공격을 받아 사라지게 되고 많은 주의 종들과 성도들이 순교하게 됩니다. 이 내용은 11장부터 13장에 구체적으로 설명되어 있습니다.

이 전쟁은 16장의 아마겟돈 전쟁과는 다른 전쟁입니다. 이 전쟁은 성도들이 휴거하기 전에 일어나는 전쟁입니다. 그러나 아마겟돈 전쟁은 성도들이 휴거한 후에 일어나는 전쟁입니다.

이 전쟁은 두 번째 화이고 아마겟돈 전쟁은 세 번째 화에 속한 전쟁입니다. 또한, 유브라데 전쟁은 여섯째 나팔에 속한 환난입니다. 그러나 아마겟돈 전쟁은 일곱째 나팔이 울린 후에 일어나는 여섯 번째 대접에 속한 환난입니다.

3) 마지막 때는 회개가 없는 시대
남은 자들은 재앙 가운데 죽은 사람들을 제외한 나머지 불신자들을 뜻하는데 그들은 그 손으로 행한 일들을 회개하지 않습니다. 이들은 그 혹독한 하나님의 심판을 거치고도 여전히 불법을 하고 우상을 섬깁니다.

말세의 특징은 첫째, 귀신을 섬기는 것 둘째, 우상을 숭배하는 것 셋째, 살인 넷째, 복술 다섯 번째가 음행 여섯 번째가 도둑질입니다.

놀라운 것은 귀신을 섬기고 우상을 섬기는 자들에 의해 살인이 일어난다는 것입니다. 여기서 복술은 요술이나 마술 같은 것으로 하나님의 권능을 모방하여 하나님을 대적하고 진리를 모방하여 사람들을 미혹하는 거짓된 행위입니다.

20절에 언급된 죄악이 주로 하나님께 대한 범죄행위라면 21절에 나타나는 죄악은 복술을 제외하면 모두 십계명의 후반부에 속한 계명을 어기는 죄입니다. 이것은 말세에 악한 자들은 하나님을 배반할 뿐만 아니라 인간관계에서도 최소한의 윤리와 도덕을 지키지 않음을 보여줍니다.

그러므로 결국 이 재앙은 세상이 우상을 섬기는 죄와 인간의 지식에 의해 발달한 문명과 문화 그리고 사탄에게 속아 거짓에 빠진 자들이 하나님께 도전하고 하나님의 신성을 모독한 죄 때문에 내려진 것임을 알 수 있습니다.

하나님께서는 그들이 회개하고 돌아서기를 원하시지만, 그들은 여전히 멸망하면서도 깨닫지 못하고 심지어 재앙 가운데 살아남은 자들도 재앙의 원인을 생각하지 못하고 여전히 회개하기를 거부하며 하나님께 반역하는 죄를 짓습니다.

죄 없는 주의 종들과 성도들을 마구 죽이고도 회개가 없는 이것이 말세에 사탄에게 속한 사람들의 가장 큰 특징입니다. 하나님을 떠난 정치와 경제체제인 바벨론의 멸망의 원인 가운데 한입니다.(18:24)

유브라데는 이스라엘과 이방과의 경계입니다. 말세에는 전적으로 하나님께 속하지도 않고 전적으로 사탄에게도 속하지 않은, 영적으로 어린아이 같은 신앙을 가진 사람들, 곧 반은 세상에 반은 하나님께 속한 많은 성도가 거짓에 미혹 당할 것입니다. 그리고 사탄에게 속아 그 영혼이 죽음을 당할 것입니다.

그러므로 우리는 전적으로 하나님께 속한 영적인 성도가 되어야 합니다. 우상을 섬기는 자는 하나님 나라를 유업으로 얻지 못하고 오히려 재앙 가운데 심판을 당하고 멸망한다는 사실을 명심해야 합니다.

↑ 적용

- 마지막 시대는 영적인 것과 육적의 경계인 유브라데에서 수많은 악령과의 전쟁이 일어나는 시기입니다. 악령들은 성도들의 진을 무너뜨리는 강력한 권력과 거짓 선지자들을 동원하여 연약한 교회를 무너뜨리고 성도들을 포함하여 사람들의 삼분의 일을 죽입니다. 마치 해 달 별의 삼분의 일이 타격을 받는 것처럼 계속 공격을 하고 그 영혼들을

죽음으로 몰아넣습니다. 이와 같은 영적 전쟁은 먼 미래의 이야기가 아닙니다. 오늘 우리들의 문제입니다. 이 영적 전쟁의 현장에서 지금 당신은 어떤 자세로 이 전쟁에 임하고 있습니까?

• 말들의 권세는 입과 꼬리에 있고 그 꼬리에는 머리가 있어 이것들로 사람들을 해칩니다. 꼬리가 거짓 선지자를 상징하는 것이라면 그 꼬리에 있는 머리를 통해 나오는 이단 사상들은 어떤 것들이 있을까요?

• 마지막 시대의 가장 큰 특징이 무엇입니까? 그리고 하나님께 짓는 죄와 사람들에게 짓는 죄의 차이는 무엇입니까? 그러면 우리는 어떻게 살아야 할까요?

교회의 사명 (1)

말세를 사는 주의 종의 사명

일곱 나팔 재앙 중 첫째 나팔 재앙부터 여섯째 나팔 재앙은 8장과 9장에서 계시 되었고 남은 일곱째 나팔 재앙(일곱 대접 재앙)은 15장과 16장에 나옵니다. 그리고 그 대상이 되는 음녀와 바벨론에 대한 심판의 내용은 17장과 18장에 나옵니다.

여섯째 나팔 재앙에서 일곱째 나팔 재앙(일곱 대접 재앙) 사이에는 10장부터 14장이 삽입되어 있습니다. 그 가운데 10장과 11장은 교회의 사명을, 12장과 13장은 교회가 받을 환난을, 14장은 교회의 승리와 추수를 다루고 있습니다.

계시록 10장은 마지막 때에 주의 종들이 말씀 전파의 사명을 잘 감당하기 위해 준비해야 할 것이 있음을 강조하는 내용입니다.

그것은 11장에서 보여주는 것처럼 말세에 능력 있게 전도하고 선교하기 위하여 하늘에서 내려온 천사가 가지고 있는 펼쳐 있는 작은 책 곧 하나님의 말씀을 받아먹고 소화해서 내 것으로 만들어 온 세상에 증언하는 일입니다.

그러므로 주의 종은 하나님의 말씀을 받아 전하되 완전히 이해하고 아는 말씀을 전해야 합니다. 또한, 그 말씀대로 살아야 합니다. 여기에 주의 종의 영광이 있고 쓰라린 고통을 온몸으로 감당해야 하는 주의 종의 아픔이 있습니다.

선지자 역할을 하는 주의 종은 무엇보다 하나님의 말씀을 깊이 있게 이해하고 완전히 자신의 것으로 만들어야 합니다.

때를 얻든지 못 얻든지 언제나 힘차게 전파해야 합니다. 그리고 생명을 걸고 바르게 증언해야 합니다. 그것이 어느 시대에나 감당해야 할 선지자로 구별된 주의 종의 사명입니다.

오늘의 QT(10:1-6)
힘센 천사의 등장과 그의 맹세
찬송과 기도 : 찬송가 202장(하나님 아버지 주신 책은)

🖱 **마음 열기** | 돕는 천사

외국의 잡지에 이런 이야기가 실려 있었습니다. 전쟁에 나갔던 약혼자를 잃은 여인이 전사 통지서를 쥐고 비가 오는 날 저녁 강에 있는 큰 다리를 실의 속에 거닐게 되었습니다.

이 여인은 끝내 약혼자를 잃은 슬픔을 극복하지 못하고 투신자살을 결심하고 막 다리에서 뛰어 내리려는 했습니다. 그 순간 한 중년 남자가 나타나 팔을 급히 잡더니 "여기는 추우니 우리 다리 지키는 조그만 사무실에 가서 이야기합시다"라고 하는 것이었습니다.

그래서 이 여인이 난로가 있는 그 사무실에 가 자초지종을 이야기하며 통곡하는데, 그 사람이 아무 말 하지 않고 두 손을 잡더니 "하나님, 이 여인에게 실의를 딛고 일어설 평화와 소망과 용기를 주옵소서"하고 기도했습니다. 그런데 그 순간 이 여인은 말할 수 없는 평화와 삶의 소망과 의욕을 느꼈습니다.

조금 후 이 사람이 인자하게 웃으며 "하나님께서는 자매님을 사랑하십니다. 이 사랑을 깨닫고 새 출발 하십시오"라고 말했습니다. 이후 이 여인은 집에 돌아왔는데 곰곰이 생각하니 그 다리지기가 너무 고마워 다시 인사하러 그곳에 갔더니 사무실도 그 사람도 보이지 않았습니다.

이 여인은 비로소 그 다리지기가 하나님께서 보낸 천사였다는 사실을 알고 하나님께 감사드리고 새 출발 했다는 이야기입니다. 믿음의 사람들은 수호하는 천사가 있습니다. 오늘도 하나님은 천사를 보내시사 우리를 돕는다는 사실을 믿으십시오. 우리를 돕는 천사들이 있습니다.

🔼 본문 읽기

"내가 또 보니 힘 센 다른 천사가 구름을 입고 하늘에서 내려오는데 그 머리 위에 무지개가 있고 그 얼굴은 해 같고 그 발은 불기둥 같으며 그 손에는 펴 놓인 작은 두루마리를 들고 그 오른 발은 바다를 밟고 왼 발은 땅을 밟고 사자가 부르짖는 것 같이 큰 소리로 외치니 그가 외칠 때에 일곱 우레가 그 소리를 내어 말하더라. 일곱 우레가 말을 할 때에 내가 기록하려고 하다가 곧 들으니 하늘에서 소리가 나서 말하기를 일곱 우레가 말한 것을 인봉하고 기록하지 말라 하더라. 내가 본 바 바다와 땅을 밟고 서 있는 천사가 하늘을 향하여 오른손을 들고 세세토록 살아 계신 이 곧 하늘과 그 가운데에 있는 물건이며 땅과 그 가운데에 있는 물건이며 바다와 그 가운데에 있는 물건을 창조하신 이를 가리켜 맹세하여 이르되 지체하지 아니하리니"

■ 본문 이해를 위한 길잡이

1) 하늘에서 내려오는 천사

"내가 또 보니"라는 표현은 환상 가운데 보인 계시의 내용이 변하는 것을 나타내는 상용어구입니다. 이 천사는 그 모습이 그리스도의 모습을 닮았고 그리스도의 구원 사역에 대한 계시를 맡은 천사이며 하나님의 사자使者입니다. 이 힘센 천사는 5장과 18장에 나오는 힘센 천사와 같은 부류의 천사입니다.

구름은 성경에서 하나님의 나타나심 혹은 그리스도의 재림과 관련하여 자주 나타납니다.(마24:30) 본문에서는 힘센 천사가 하나님의 영광 가운데 나타난 것을 의미합니다.

머리 위에 있는 무지개는 언약의 신실함에 대한 상징이고 얼굴이 해 같다는 것은 진리로 가득한 하나님의 거룩하심과 영광에 대한 상징입니다. 발이 불기둥 같다는 것은 하나님의 전능하심과 심판하시는 강력한 권세의 상징입니다.

천사의 손에 있는 펼쳐진 작은 두루마리는 5장에 있는 예수님이 받았던 두루마리의 내용 가운데 말세지말末世之末에 이루어질 내용이 담겨 있는 것입니다. 그 책이 작은 것은 하나님의 구원과 심판에 대한 내용을 요약한 것이기 때문입니다.

2) 하나님을 향한 천사의 맹세

펼쳐져 있는 이 책의 내용은 사도 요한 같은 예언의 사역자들이 다시 전해야 할 예언의 내용입니다. 이 예언의 내용은 영원한 복음입니다. 그리고 11장에서 보는 것처럼 두 증인이 큰 환난의 때에 전해야 할 내용입니다.

이단에 속한 자들은 이 본문의 내용을 왜곡하여 오늘날에도 사도 요한 격인 자기들의 교주가 요한과 같이 말씀을 직접 받아먹었으므로 그가 또 다른 보혜사요 그가 구세주요 재림 예수라고 주장합니다.

그러나 이는 사탄의 미혹을 받아 영적인 분별력을 잃어버리고 성경의 기록된 내용을 제대로 모르는 이단에 속한 자들의 주장일 뿐입니다. 보혜사는 성령님을 가리키는 단어입니다.(요14:16)

그 천사가 오른발로 바다를 밟고 왼발로 땅을 밟고 있다는 것은 하나님의 권세와 위엄을 나타내는 동시에 이제 전해질 계시가 온 세상에 적용될 것을 알게 합니다.

사자의 부르짖는 것 같이 외치는 소리는 초자연적인 소리로 선포하는 말씀의 위엄과 권위를 나타내는 모습입니다. 일곱 우레는 하늘에 있는 천사들입니다. 6장에서 말 탄 자들을 부르는 천사장들의 음성도 우렛소리와 같았습니다.(계6:1)

일곱 우레가 말한 것을 인봉하고 기록하지 말고 그대로 두라는 말씀을 따라 요한은 그 부분을 기록하지 않았습니다. 따라서 이 인봉된 부분의 계시는 요한 외에 아무도 알 수 없고, 7절 말씀처럼 일곱 번째 나팔 소리와 함께 하나님의 비밀이 선지자들의 예언처럼 이루어질 때 알게 될 것입니다.

하나님의 심판과 구원의 비밀이 이루어질 것을 선포하는 천사가 오른손을 하늘로 향해 들고 창조주 하나님께 맹세한 이유는 천지를 창조하신 하나님께서 이 모든 자연 만물의 주인이시기 때문입니다. 오직 하나님만이 세상의 모든 것을 심판하시고 새롭게 하실 자격과 권능이 있으시기 때문입니다.

"지체하지 아니한다"는 말은 이제 다시는 기회가 없다는 뜻으로 해석할 수 있고 남은 시간이 없다는 뜻으로 해석할 수 있습니다. 이제는 준비된 대접이 쏟아지는 재앙만 남아 있을 뿐입니다. 종말의 때가 다가오고 있습니다.

하나님의 심판의 시간이 이제 곧 찾아올 것입니다. 일곱 번째 나팔이 불면 이제 불신자들이 구원받을 기회는 주어지지 않게 됩니다. 이제 남은 시간이 없습니다. 그러므로 우리는 항상 깨어서 주님의 재림을 준비해야 합니다.

🔼 적용

• 본문에 나오는 예수님을 닮은 힘센 천사는 어떤 역할을 합니까? 그리고 그는 왜 바다와 땅을 밟는 모습으로 나타났을까요?

_____

_____

_____

• 하나님께서는 일곱 우레가 말한 내용을 인봉하라고 하셨습니다. 이처럼 계시 가운데에는 하나님께서 우리에게 알려주신 부분도 있고 알려주지 않으신 부분도 있습니다. 그것을 억지로 풀려고 하면 이단에 빠지게 됩니다.(벧후3:16) 당신은 성경을 볼 때 잘 모르는 부분을 어떻게 해석합니까?

_____

_____

_____

• 우리는 가끔 천사들을 숭배하는 사람들을 봅니다. 그러나 우리는 천사를 숭배해서는 안 됩니다. 경배의 대상은 오직 하나님 한 분입니다. 오늘도 임마누엘의 주님과 동행하는 복되고 건강한 하루가 되시기 바랍니다.

오늘의 QT(10:7-11)
일곱 번째 나팔의 비밀과 요한의 두 번째 사명
찬송과 기도 : 찬송가 505장(온 세상 위하여)

⬆ 마음 열기 | 선교

새들백교회의 릭 워렌 목사님이 이런 말을 했습니다. 군대의 능력은 식당에 앉아서 밥을 먹는 사람이 몇 명인가에 달려 있지 않고 총을 들고 전쟁터에 나가는 사람이 얼마나 되는가에 달려 있습니다. 그렇다고 하면 하나님 교회의 아름다움도 몇 명이 앉아서 예배를 드리느냐에 달려 있는 것이 아니라 얼마나 많은 사람을 전도와 선교의 현장에 보내느냐에 달려 있습니다. '얼마나 많은 일꾼을 파송했느냐?' 이것이 중요합니다.

그동안 우리 한국 교회는 잘못된 생각을 하고 있었습니다. 성도들끼리 만나면 '당신의 교회는 사람이 모두 몇 명이 모입니까? 그러면 아주 자랑스럽게 '우리는 천 명, 우리는 이천 명, 우리는 만 명이 모입니다.' 이렇게 숫자를 자랑했습니다. 그다음에 두 번째 묻는 말이 있습니다. '일 년 예산이 얼마입니까?' '우리는 10억이요, 우리는 20억, 50억입니다.' 이렇게 돈을 자랑했습니다. 이와 같은 질문과 대답은 교회가 무엇인지를 모르기 때문에 생기는 일입니다.

오히려 이렇게 물어야 할 것입니다. '당신의 교회는 지역사회와 세계를 위해 얼마나 많은 일꾼을 보내었습니까?' '당신의 교회는 일 년에 선교와 구제를 위하여 얼마나 물질을 사용하고 있습니까?' 이렇게 물어야 그 교회가 가진 진정한 아름다움을 분명히 알 수 있는 좋은 질문이 될 것입니다.

🔟 본문 읽기

"일곱째 천사가 소리 내는 날 그의 나팔을 불려고 할 때에 하나님이 그의 종 선지자들에게 전하신 복음과 같이 하나님의 그 비밀이 이루어지리라 하더라. 하늘에서 나서 내게 들리던 음성이 또 내게 말하여 이르되 네가 가서 바다와 땅을 밟고 서 있는 천사의 손에 펴 놓인 두루마리를 가지라 하기로 내가 천사에게 나아가 작은 두루마리를 달라 한즉 천사가 이르되 갖다 먹어 버리라 네 배에는 쓰나 네 입에는 꿀 같이 달리라 하거늘 내가 천사의 손에서 작은 두루마리를 갖다 먹어 버리니 내 입에는 꿀 같이 다나 먹은 후에 내 배에서는 쓰게 되더라. 그가 내게 말하기를 네가 많은 백성과 나라와 방언과 임금에게 다시 예언하여야 하리라 하더라"

🔟 본문 이해를 위한 길잡이

1) 하나님의 비밀이 이루어지는 날

일곱 번째 천사란 일곱 나팔을 가진 일곱 천사 가운데 마지막 천사를 말합니다. 8장에 네 천사가 나오고 9장에 다섯 번째 천사와 여섯 번째 천사가 나오고 11장 15절에 일곱 번째 천사가 나옵니다.

다섯 번째 천사의 나팔과 함께 황충으로 상징되는 악령들이 역사하는 첫째 화가 임하고 여섯 번째 천사의 나팔과 함께 영과 육의 경계선에서 유브라데 전쟁인 둘째 화가 임합니다. 그리고 마지막 일곱 번째 천사의 나팔과 함께 셋째 화요 마지막 재앙인 일곱 대접의 재앙이 임하게 됩니다.

나팔을 불려고 할 때라는 것은 이제 곧 다가올 마지막 심판과 구원의 시간이 임박했음을 나타냅니다. 그의 종 선지자들이란 구약시대의 예언자들과 종말의 심판을 예언한 신약시대의 모든 선지자입니다.

하나님께서 그의 종들에게 전하신 복음은 종말의 시대에 전해야 할 복음으로 그리스도의 재림으로 성취되고 완성되는 복음입니다. 이 모든 일의 실현은 역사 속에서 나타나고 활동했던 모든 선지자의 예언의 성취입니다.

일곱 번째 나팔이 울려 퍼지는 기간에 예수님의 공중 재림이 이루어집니다. 인침 받은 주의 종들과 참된 믿음의 성도들이 들려 올림 받는 휴거의 사건이 이루어집니다. 그리고 공중에서 어린 양의 혼인 잔치가 이루어집니다.

그때 마귀의 꾐에 넘어가 하나님을 대적하던 세상인 땅과 바다에는 마지막 재앙인 일곱 대접의 재앙이 쏟아지면서 음녀와 바벨론은 완전히 멸망합니다.

그리고 예수님의 지상 재림과 함께 짐승과 거짓 선지자는 심판을 받아 불 못에 던져지며 그 후에 사탄은 잡혀 쇠사슬에 묶여 무저갱에 갇히고 첫째 부활인 천년왕국이 이루어집니다.

천년왕국 이후에 사탄과 그 추종자인 곡과 마곡이 전쟁에서 패하고 난 후에 죽은 자들이 흰 보좌 앞에서 마지막 심판을 받아 둘째 사망 곧 불 못에 던져지게 됩니다. 그리고 그 이후에 영원한 천국인 새 하늘과 새 땅이 이루어지는데 이것이 그리스도 안에 감추어진 구원의 비밀이요 일곱 번째 나팔의 비밀입니다.

비밀μυστηριον이라는 말은 바울이 즐겨 쓴 용어로 바울은 이 용어를 인류를 구원하시기 위해 창세전부터 감추어 놓으신 하나님의 구원 계획을 가리킬 때 자주 사용하였으며 동시에 그리스도를 지칭하는 말로 사용하였습니다.(골1:26)

성경을 통하여 암시된 하나님의 구원과 심판의 비밀은 예수 그리스도께서 육체가 되신 것이 그 비밀의 시작입니다. 이 비밀은 그리스도 자신과 복음과 교회와 그리스도의 부활과 승천 그리고 우리 안에 성령께서 내주하시는 것과 천국으로 이어지며 마지막 심판과 구원을 통해 계시의 완성으로 드러납니다.

2) 죽는 날까지 다시 감당해야 할 복음 전파의 사명

요한은 그 책을 가지라는 하늘에서 나는 음성을 듣고 힘센 천사에게 다가가서 그 책을 달라고 했습니다. 그 천사는 요한에게 책을 주면서 갖다 먹으라, 네 배에는 쓰나 네 입에는 달 것이라고 했습니다.

어떤 것을 삼키는 것은 그것을 자신의 존재 안으로 받아들이는 것입니다. 하나님의 말씀은 단순히 소유하는 것이 아닙니다. 영혼의 양식으로 받아먹고 완전히 자신의 것이 되도록 소화해야 합니다.

요한이 그 책을 가져다 먹었을 때 입에서는 꿀같이 달았지만, 그 말씀을 온전히 먹고 소화를 하니 그 배에서는 쓰게 되었습니다. 말세에 하나님의 말씀을 제대로 알고 제대로 전하고 그 말씀대로 살면 반드시 그 배가 쓴 것처럼 고난과 핍박과 환난이 따르고 근심과 갈등과 고통이 있게 됩니다.

작은 책을 먹고 괴로워하는 요한에게 힘센 천사는 네가 많은 백성과 나라와 방언과 임금에게 다시 예언해야 한다고 말했습니다. 다시라는 말은 이제 또 쉬지 않고 계속해서 해야 한다는 명령입니다.

이때의 요한 사도의 나이는 구십이 넘었고 밧모 섬에 유배당해 있었습니다. 그런데도 하나님은 또 다시 말씀을 전하는 그 일을 계속하라고 하십니다. 그것도 사탄의 역사 속에 모진 핍박과 고난 속에서 순교하고 고통을 당하고 있는 성도들과 모든 나라 모든 백성 모든 권력자를 향해 하라는 것입니다.

이 일은 나이 들고 노쇠한 요한이 쉽게 감당할 수 있는 일이 아닙니다. 그러나 그것이 받고 깨달은 말씀을 전해야 하는 요한의 사명입니다. 말세를 사는 주의 종의 사명입니다. 어렵고 힘들어도 오늘 우리가 해야 할 일입니다.

복음 전도자로 산다는 것은 이렇게 많은 고통과 고난을 감당하는 외로운 길입니다. 모함이 있고 핍박이 있고 고통을 당해도 그 일은 하나님께서 맡겨주신 사명자의 길이기에 목숨을 걸고라도 반드시 감당해야 하는 일입니다.

그 사명을 감당하기 위해 우리는 계시의 작은 책을 먹어야 합니다. 그리고 완전히 소화해 내 것으로 만들어야 합니다. 어떤 고난이 오더라도 말씀을 더하거나 빼지 말고 받은 그대로 있는 그대로 전해야 합니다.

그것이 말세를 사는 주의 종이 걸어가야 할 길입니다. 말씀은 내가 알고 있거나 가지고만 있어서 되는 일이 아닙니다. 생명을 걸고 그 말씀을 전해야 합니다. 그것이 우리가 주의 종이 된 이유입니다. 주의 종을 선지자라고 부르는 이유입니다.(계11:10)

🔼 적용

- 마지막 때를 알리는 일곱 번째 나팔이 울리는 날 어떤 일들이 일어날까요?

• 왜 작은 두루마리를 읽으라고 하지 않고 삼키라고 했을까요? 삼킨 후에 일어난 현상은 무엇입니까? 왜 그런 현상이 나타났을까요?

• 요한이 받은 두 번째 사명은 요한만의 것입니까? 아니면 모든 주의 종의 것입니까? 만일 그것이 모든 주의 종의 사명이라면 당신은 어디에서 어떻게 말씀을 증언하시겠습니까?

• 오늘도 말씀을 읽되 눈이나 머리로만 읽지 말고 가슴으로 읽어야 합니다. 그리고 그 말씀을 마음에 새겨 내 것으로 만들어야 합니다. 내가 알고 믿는 말씀으로 소화시켜 오늘도 그 말씀을 전하며 실천합시다.

교회의 사명 (2)

두 증인의 사명과 일곱 번째 나팔과
그리스도의 나라

계시록 11장은 계시록의 전반부 말씀을 마감하며 후반부인 12장으로 이어주는 가교 역할을 하는 내용입니다. 종말에는 구원의 추수와 심판의 추수가 있는데 그것이 14장에서는 알곡과 포도송이를 구별하여 추수하는 모습으로 나옵니다.

이 세상 모든 사람은 환난 중에 멸망 받을 사람(악한자, 불신자)과 환난을 통과하고 그 큰 환난의 시련을 넘어서서 구원받을 성도(어린양의 피로 그 옷을 희게 씻은 자)로 구별됩니다.

그러므로 큰 환난의 시대에 요한 사도와 같은 십사 만 사천의 주의 종들과 두 증인이 행하는 예언 사역의 핵심은, 지팡이 같은 갈대로 상징되는 하나님의 말씀으로, 하나님의 성전과 제단과 그 안에서 경배하는 자들을 성별하는 일이며 세상에서 구별하여 구원하는 일입니다.

알곡을 구별한 이후 두 증인에게 성전 바깥마당은 측량하지 말고 가만 두라고 말씀하시고 이방인들이 거룩한 성을 마흔두 달 동안 짓밟으리라고 하셨습니다. 큰 환난의 마지막 시기와 그때 임하는 환난의 모습입니다. 이 모습은 12장과 13장에 구체적으로 나오고 있습니다.

11장의

전반부의 내용은 성전 측량(1절-2절)과 두 증인의 사명 수행(3절-6절)과 두 증인의 피살(7절-10절) 그리고 두 증인의 부활과 휴거(11절-13절)로 나눌 수 있습니다.

그리고 14절 이하의 후반부는 9장에서 이어지는 일곱 번째 나팔을 불 때 이루어질 그리스도의 나라에 대한 예언의 말씀입니다.

오늘의 QT(11:1-2)

성전과 제단과 그 안에서 경배하는 자들을 측량

찬송과 기도 : 찬송가 90장(주 예수 내가 알기 전)

❖ 마음 열기 | 경외

스위스의 전설적인 영웅 윌리엄 텔에 대한 일화입니다. 오스트리아가 스위스를 지배할 때 오스트리아의 총독 게슬러가 스위스를 통치했습니다.

게슬러는 자신이 스위스를 지배하게 되자 시내 한가운데에 긴 장대를 세우고 자신의 모자를 그 위에 걸어 두었습니다. 그리고 지나가는 사람들에게 그것에 절하라고 하였습니다. 어느 날 스위스의 유명한 인물 윌리엄 텔이 자기 아들과 함께 그곳을 지나가게 되었습니다. 게슬러의 부하들은 윌리엄이 어떻게 하는지 주시하고 있었습니다.

예상대로 윌리엄은 그 모자에 절하지 않고 그냥 묵묵히 지나쳐 갔습니다. 게슬러의 부하들은 '이때다!' 하면서 윌리엄 텔을 체포했습니다. 게슬러는 잡혀 온 그에게 어려운 문제를 내놓았습니다. 윌리엄이 아들 머리 위에 사과를 올려놓고 화살로 쏘라는 것이었습니다.

윌리엄 텔은 먼저 화살 통에서 두 개의 화살을 뽑아 하나는 품에 넣고, 하나는 활시위에 얹고 아들 머리 위에 있는 사과를 향하여 당겼습니다. 화살은 정확하게 아들 머리 위의 사과에 꽂혔습니다.

게슬러가 윌리엄에게 "왜 그대는 두 개의 화살을 뽑았는가?" 묻자, 윌리엄은 "만약 내가 실수로 사과를 맞추지 못하여 아들이 다치게 되면 나머지 화살로 당신을 죽이려고 했다."고 말했습니다.

놀란 게슬러가 "당신은 내가 무섭지 않은가?" 물었습니다. 그때 윌리엄은 위대한 말을 남겼습니다. "나는 이 땅에 태어난 후 지금까지 하나님 외에는 그 누구도 두려워해 본 적이 없습니다."

🔼 본문 읽기

"또 내게 지팡이 같은 갈대를 주며 말하기를 일어나서 하나님의 성전과 제단과 그 안에서 경배하는 자들을 측량하되 성전 바깥마당은 측량하지 말고 그냥 두라 이것은 이방인에게 주었은즉 그들이 거룩한 성을 마흔두 달 동안 짓밟으리라"

🔼 본문 이해를 위한 길잡이

1) 성전 측량
지팡이와 같은 갈대를 준 천사는 10장에 나오는 힘센 천사입니다. 요한 사도는 성도의 신앙을 말씀을 기준하여 측량하는 상징적인 기구인 금 갈대 자를 받았습니다.

요한이 지팡이 같은 갈대로 하나님의 성전을 측량하게 된 것은 구약시대 에스겔이 환상 가운데 보았던 성전 측량의 전승이라 할 수 있습니다. 에스겔도 측량하는 장대로 성전을 측량했습니다.(겔40:3-5)

측량은 소유하거나 심판하려고 하는 일입니다. 하나님의 말씀을 기준하여 측량하게 한 것은 말씀의 표준에 의해 성전 안에서 거룩한 것과 속된 것을 구별하려는 것입니다. 그리고 하나님의 말씀의 표준 안에 들어온 거룩한 것은 보호하고 하나님의 말씀 밖에 있는 것은 버리려는 것입니다.

본문의 성전은 성전 안에 있는 성소와 지성소를 말합니다. 제단은 성소와 연결하여 말한 것을 보면 성소 안에 있는 분향단입니다.

그 안에서 경배하는 자들은 일차적으로 성소 안에서 사역하는 제사장들입니다. 따라서 하나님의 성전과 제단과 그 안에서 경배하는 자는 하나님의 언약 백성들 가운데 번제단에서 죄를 버리고 물두멍에서 그 손을 씻어 정결하게 된 후에 성소에 들어와 기도하는 주의 종과 성도입니다.

본문의 성전은 하늘에나 땅에 있는 어떤 유형적인 성전이 아니라 우주적인 하나님의 교회를 상징합니다. 이들은 예수 그리스도 안에서 하나님을 섬기는 왕 같은 제사장이요 택하신 족속으로 인정된 참된 그리스도인들입니다.(벧전2:9) 하나님은 성소 안에 있는 이들의 수를 세어 보십니다.

하나님께서는 마지막 때에 성전 안에서부터 구별하심으로 심판하십니다. 하나님께서 측량하실 때 하나님께 참으로 예배하는 자라는 그 기준에 들어온 성도는 하나님께서 구별하여 보호하십니다. 그러므로 교회는 항상 어떤 경우에도 하나님께 예배를 드리는 예배 공동체로서의 성결함을 유지해야 합니다.

성전과 제단과 그 안에서 경배하는 자는 항상 하나님의 기준 안에 들어 있어야 합니다. 거룩한 성소에서 빛을 비추는 등대처럼 언제나 빛이 되는 성결한 생활을 해야 합니다. 성소 안에 있는 떡 상에서 영혼이 만족하도록 늘 하나님의 말씀을 먹고 그 말씀을 기준으로 살아야 합니다.

성도는 성소 안에 있는 분향단에서 끊임없이 향을 태우는 불이 타오르는 것처럼 쉬지 않는 기도의 생활을 통해 하나님께 경배하는 생활을 해야 합니다.

또한, 하나님의 말씀을 전하는 주의 종과 관계가 좋아야 합니다. 성전을 측량하는 것은 말씀을 전하는 요한 사도와 같은 주의 종에게 주어진 일입니다. 하나님의 말씀을 전하는 주의 종에게는 예배를 인도하는 권리와 축복권이 주어져 있습니다.(민6:22-27) 성도라면 이것을 무시하면 안 됩니다.

하나님의 성전은 측량하되 성전 바깥마당은 측량하지 말라고 했습니다.

성전 밖 마당은 이방인에게 붙여 거룩한 성이 마흔두 달 동안 짓밟히게 됩니다. 이방인은 적그리스도요 거짓 선지자이며, 짓밟는다는 것은 물리적인 박해를 넘어 영적으로 성전을 더럽히는 행위와 믿음을 배반하는 행위까지 포함합니다.

당시 성전의 마당(뜰)은 제사장의 뜰, 남자의 뜰, 여자의 뜰로 구성된 성전 안에 있는 뜰과 성전 밖에 있는 이방인의 뜰로 두별되어 있었습니다. 이 두 뜰은 엄격히 구분되어 있었고 이방인의 뜰에 있는 자가 성전 안뜰로 들어가면 죽임을 당하기도 했습니다.

2) 큰 환난의 시대

본문에서 말하는 성전 바깥마당은 이방인의 뜰을 말합니다. 성전 바깥마당에 있는 자들은 이방인과 불신자들과 신실하지 못한 자들 곧 하나님의 성전과 제단을 무시하고 더럽히며 그 성전과 제단에서 경배하지 않는 자들입니다.

큰 환난의 시기인 다섯 번째 나팔이 불 때와 여섯 번째 나팔이 불 때 그리스도의 공동체인 교회와 성도들 가운데 성소 안에 있는 주의 종과 성도는 순교를 요구하는 상황에 직면하게 됩니다.

그 기간은 세속화된 교회가 연단을 받는 기간입니다. 참된 교회는 환난 중에 순교하면서도 믿음으로 이겨 휴거하는 기간입니다. 또 광야의 준비된 피난처에서 주님의 보호를 받고 마지막 승리를 준비하는 기간입니

다.(11장-12장)

성전 밖 마당도 넓은 의미에서 보면 성전 안에 속해 있는 공간입니다. 그러나 주님의 재림이 가까이 오면, 성전 안에 속해 있는 사람들이 안과 밖의 둘로 분리되고, 성전 바깥쪽에 있는 사람들은 환난과 고난 중에 버림 당하는 시기가 있습니다. 그 기간이 마흔두 달이고 한 때 두 때 반 때이고 1,260일입니다.

측량에 합격된 자들은 어린 양의 피로 그 옷을 씻어 희게 한 자들이며 (계7:14) 신랑이 올 때 기름을 준비한 슬기로운 처녀들입니다.(마24:10).

그러나 측량에 불합격된 자들은 모든 이방인들(예수를 믿지 않는 모든 자)과 성전 마당만 밟는 자들(사1:10-12)이요 행함이 없으면서 입으로만 주여 주여 하는 자들(마7:12)이요 미련한 처녀들(마25:1-3)입니다. 또한 불법을 한 자들(마7:21)이며 예복을 입지 않은 자들(마21:10-14)이요 받은 달란트를 활용하지 아니하고 땅에 묻어 둔 한 달란트 받은 종들(마25:28-30)입니다.

성전 밖 마당에 있는 자들은 형식적인 교인들입니다. 그들은 성전 뜰만 밟는 자들이요 거듭나지 못한 자들입니다. 그들은 습관적으로 교회에 다니거나 교양을 위해 교회를 다니는 자들입니다.

가족이나 친척의 비위를 맞추려고 교회를 다니거나 인간적인 교제나 세상에서의 유익을 위해 교회에 다니는 자들입니다. 그들은 본질상 이방 사람들입니다. 이런 형식적인 교인은 하나님의 보호의 손길 밖에 있습니다.

말세에는 성소와 지성소를 제외한 거룩한 성의 모든 것이 사탄에게 짓밟히는 시대가 옵니다. 이방인들에 의해 거룩한 성까지 마흔 두 달 동안 짓밟힌다는 이 의미를 좀 더 깊이 생각해 보면 마지막 때에는 성전 안에 있는 성소로 구별된 장소와 그 안에 있는 소수의 무리를 제외한 모든 장소와 모든 사람이 고난을 당한다는 것입니다.

그러므로 우리에게는 우리를 절대적으로 보호해 줄 수 있는 구별된 장소가 있어야 합니다. 모두가 바라고 있는 말세의 환난을 피할 피난처인 그 장소는 어디입니까? 우리가 섬기는 교회입니다. 우리가 섬기는 제단입니다. 교회를 지키고 제단을 지키는 성도를 주님이 끝까지 책임지십니다.

우리는 이와 같은 사실을 잘 깨달아야 합니다. 성전에서 하나님의 말씀을 기준으로 살아야 합니다. 하나님의 측량에 합격하는 성도가 되기를 힘써야 합니다.

⬆ 적용

- 요한에게 준 측량의 도구인 갈대 자는 무엇을 상징합니까? 하나님은 성전을 측량하십니다. 또 제단을 측량하십니다. 그리고 성전 안에서 경배하는 자들을 측량하십니다. 온 세상에 있는 수많은 크고 작은 성

전과 제단 가운데 당신이 섬기는 성전과 제단(예배)은 하나님의 기준에 맞는 성전과 제단입니까? 당신은 주님이 원하시는 찬양과 경배의 삶을 살고 있습니까?

- 성전 안에 있는 자들과 성전 바깥마당에 있는 자들의 특성을 다섯 가지씩 써 보십시오. 그들을 구별하는 가장 큰 조건은 무엇일까요?

- 당신은 지금 어디에 속해 있습니까? 성전 안입니까? 아니면 성전 바깥 뜰입니까? 성전 안에서 하나님께 경배하는 알곡 성도가 되기를 바랍니다.

오늘의 QT(11:3-6)
두 증인의 사역
찬송과 기도 : 찬송가 500장(물 위에 생명줄 던지어라)

✝ **마음 열기** | 마지막 순간까지 전도

타이타닉호가 침몰한 지 4년 후 한 젊은이가 어느 모임에서 이렇게 간증했습니다. "저는 그때 타이타닉호에 타고 있었습니다. 파편을 붙잡고 표류하는 내 곁으로 존 하퍼 씨가 표류해 왔습니다. 그는 내게 물었습니다. '예수 그리스도를 믿습니까?' 나는 '아니오'라고 대답했지요. 그는 숨을 헐떡이며 매우 갈급한 목소리로 말했습니다. '예수 그리스도를 믿으시오. 그러면 구원을 받을 것입니다.' 그는 말을 마치고 파도에 휩쓸렸습니다.

그런데 잠시 후 파도에 잠겼던 그가 물 위로 떠올랐습니다. 그리고 다시 묻더군요. '이제는 그리스도를 믿습니까?' 나는 역시 같은 대답을 했지요. '아니오'라고. 저는 존 하퍼 목사가 마지막으로 전도한 사람이었습니다."

청년은 구출된 후 독실한 신자가 됐습니다. 그의 간증은 많은 사람을 감동하게 했습니다. 죽음을 앞에 두고 마지막까지 영혼을 구원한 존 하퍼 목사로 인해 수많은 사람이 예수 그리스도를 영접하게 된 것입니다.

"너희가 넉 달이 지나야 추수할 때가 이르겠다 하지 아니하느냐. 내가 너희에게 이르노니 눈을 들어 밭을 보라 희어져 추수하게 되었도다.(요 4:35)"

추수를 기다리는 곡식처럼 많은 영혼이 복음을 듣고 구원받기를 기다리고 있습니다. 세상에는 우리가 나아가 복음을 전해야 할 죽어가는 사람이 너무 많이 있습니다. 그들을 구원해야 합니다.

▣ 본문 읽기

"내가 나의 두 증인에게 권세를 주리니 그들이 굵은 베옷을 입고 천이백육십 일을 예언하리라 그들은 이 땅의 주 앞에 서 있는 두 감람나무와 두 촛대니 만일 누구든지 그들을 해하고자 하면 그들의 입에서 불이 나와서 그들의 원수를 삼켜 버릴 것이요 누구든지 그들을 해하고자 하면 반드시 그와 같이 죽임을 당하리라 그들이 권능을 가지고 하늘을 닫아 그 예언을 하는 날 동안 비가 오지 못하게 하고 또 권능을 가지고 물을 피로 변하게 하고 아무 때든지 원하는 대로 여러 가지 재앙으로 땅을 치리로다"

▣ 본문 이해를 위한 길잡이

1) 두 증인의 사역

하나님께서는 두 증인에게 권세를 주어 1,260일 동안 예언의 사역을 하게 하십니다. 둘은 확실한 증언을 위한 가장 기본 숫자입니다. 이 두 증인은 누구일까요? 모든 시대에 하나님께 부르심을 받고 택하심을 받은 진실한 자들(계17:14)로 모세와 엘리야의 정신을 이어받은 성별된 주의 종들입니다.

이들은 예언의 사명자이며 갈대를 가지고 측량하는 분들입니다. 이들이 받은 사명은 요한이 받은 복음 전파의 사명이며, 이 사명은 그 시대 이후 종말이 찾아올 때까지 하나님의 교회에 속한 선택받은 주의 종들에게 주어졌습니다.

두 증인이 하나님의 종들이요 사명자란 사실은 10절에 그들의 또 다른 직분이 선지자로 나와 있는 것으로 알 수 있습니다.(11:10) 선지자란 말씀을 전하는 하나님의 종을 의미하는 특별한 용어입니다.

두 증인은 이 땅의 주님 앞에 서 있는 두 감람나무와 두 촛대입니다. 두 증인과 두 감람나무와 두 촛대는 모두 교회에 대한 상징적인 용어들입니다.

감람나무는 성령 충만한 교회의 본질이 강조된 이름입니다. 증인은 교회의 사명이 강조된 용어입니다. 촛대는 하나님의 말씀이 빛으로 드러나는 교회의 영광을 강조하는 용어입니다.

이 두 증인은 2장과 3+장에 나오는 일곱 교회 가운데 서머나 교회처럼 순교할지라도 끝까지 주님을 증언하는 교회이며, 빌라델비아 교회처럼 적은 능력을 가지고도 주님의 이름을 배반하지 않고 주님의 이름을 지키는 교회입니다.

그러므로 두 증인은 하나님께 쓰임 받는 참된 교회와 하나님의 말씀을 목숨을 걸고 대언하는 참된 사역자인 선지자 전체를 가리키는 용어입니다.

증언하는 자가 둘인 것은 실제로 두 사람이라는 의미가 아닙니다. 이단들은 이 두 증인이 그들의 교주와 그의 영적 배필인 사람까지 합하여 두 사람이라고 합니다. 그리고 이후에 그 영적 배필이 타락하여 그 교주 혼자 말씀을 전하게 되었다고 합니다. 얼마나 해괴한 논리입니까? 성경 어디에 두 증인 가운데 하나가 주님을 배반하는 내용이 있습니까?

또, 두 증인이 두 사람이라는 이단들의 해석은 7절에서 두 증인이 증언을 마친 후에 무저갱에서 올라온 짐승과 전쟁을 한다는 것과 그 두 증인이 죽은 후 그들의 시체를 온 세상의 백성들과 족속과 방언과 나라의 사람들이 본다는 내용과 연결되지 않습니다.

두 사람이면 어찌 온 세상 사람들이 두 증인의 시체를 그들이 있는 곳에서 사흘 반 동안 구경하겠습니까? 두 증인이 그들 교주를 포함한 두 사람이라는 것은 이단들의 억지 해석입니다. 두 증인은 성령의 기름부음을 받고 모세와 엘리야의 정신을 이어받아 하나님의 말씀을 전하는 선지자들과 마지막 때에 어두운 세상에 빛을 비추는 교회입니다.

2) 1,260일의 의미

두 증인은 권세를 받아 굵은 베옷을 입고 1,260일 동안 예언을 해야 합니다. 1,260일은 환난이 시작된 이후 가장 혹독한 큰 환난의 기간입니다. 1,260일의 다른 표현인 마흔 두 달은 적그리스도에 의해 거룩한 성이 짓밟히는 기간이며 동시에 두 증인이 목숨을 걸고 예언하는 기간입니다.

이 기간을 다니엘서에서는 한 이레의 절반으로 표현하고 있습니다.

"그가 장차 많은 사람들과 더불어 한 이레 동안의 언약을 굳게 맺고 그가 그 이레의 절반에 제사와 예물을 금지할 것이며 또 포악하여 가증한 것이 날개를 의지하여 설 것이며 또 이미 정한 종말까지 진노가 황폐하게 하는 자에게 쏟아지리라 하였느니라 하니라"(단7:27)

바울 사도는 이 사실을 이렇게 증언합니다.

"누가 어떻게 하여도 너희가 미혹되지 말라 먼저 배교하는 일이 있고 저 불법의 사람 곧 멸망의 아들이 나타나기 전에는 그 날이 이르지 아니하리니 그는 대적하는 자라 신이라고 불리는 모든 것과 숭배함을 받는 것에 대항하여 그 위에 자기를 높이고 하나님의 성전에 앉아 자기를 하나님이라고 내세우느니라"(살후2:3-4)

큰 환난의 시기에는 목숨을 걸지 않으면 하나님의 말씀을 제대로 증언할 기회조차 주어지지 않습니다. 하나님의 말씀을 전하면 선지자는 그가 속한 사회 공동체에서 쫓겨나게 되며 순교의 상황을 마주하게 됩니다.

성경에서 환난의 기간은 예수님의 부활 승천 이후의 초대 교회 시대부터 교회를 완전히 파괴하는 적그리스도의 출현과 그가 교회를 박해하는 모든 역사와 시대를 말합니다.

이 환난의 시기를 예수님은 계시록 6장의 일곱 인의 재앙이 시작되는 시기를 재난이 시작되는 시기라고 하셨습니다.(마24:8) 그리고 8장에서부터 시작되어 14장까지 이어지는 내용을 큰 환난의 시대라고 하셨습니다. (마24:21) 이어서 15장에서 준비되어 18장까지 이르는 시기를 마지막 재앙이요 하나님의 진노가 하나님을 대적하는 악한 자들에게 쏟아지는 시기라고 하셨습니다.(계15:1)

이 기간은 일곱 인의 재앙이 있고 나팔 소리가 울릴 때 임하는 큰 환난과 재앙의 시기입니다. 그리고 교회를 무너뜨리고 성도들을 죽인 악한 자들에 대한 심판인 일곱 대접으로 쏟아지는 마지막 재앙의 시기가 바로 그 뒤에 있습니다.

환난의 시기는 이렇게 셋으로 구별됩니다. 그 모든 환난의 시기 가운데 특히 일곱 대접의 재앙으로 악인들을 심판하기 이전의 큰 환난의 시기에, 목숨을 걸고 하나님의 말씀을 전하도록 그들에게 주어진 1,260일의 이 기간이 두 증인에게는 영광과 고난의 때입니다.

그 기간은 성전 안에 있는 사람들은 하나님께서 보호하시나 성전 밖 마당은 이방인들에게 철저하게 모욕을 당하고 짓밟히는 고난의 시기입니다.

두 증인은 굵은 베옷을 입었습니다. 모든 사람들의 죄를 짊어진 모습으로 회개하면서 겸손한 모습으로 하나님의 말씀을 전합니다. 그러므로 그들의 입술에는 권세가 있고 그들의 사역에는 능력이 있습니다.

오늘날에도 하나님의 말씀은 이 두 증인처럼 성결한 모습으로 복음을 전할 때 그 따르는 표적으로 힘 있게 증거됩니다. (막16:17-20)

주의 종은 말씀을 선포할 때마다 확실한 믿음으로 온전히 주님을 의지하고 성령 안에서 힘 있게 전해야 합니다. 열정적으로 주님의 보혈에 젖어 예수 보혈과 구원의 복음을 능력 있는 말씀으로 선포해야 합니다. 그때 오늘 이 시대에도 두 증인에게 주신 권세가 주의 종을 통해 나타날 것입니다.

⬆ 적용

- 두 감람나무와 두 촛대인 두 증인은 누구입니까? 그들은 왜 굵은 베옷을 입고 예언합니까?

• 두 증인이 사역하는 기간은 셋으로 나누어지는 환난의 시기 가운데 언제일까요? 그 기간에 일어나는 일들은 무엇일까요?

_____

_____

_____

• 두 증인이 받은 권세와 당신이 받은 권세는 어떤 차이가 있습니까? 두 증인처럼 늘 회개하며 겸손한 모습으로 성령님을 의지합시다. 하나님의 말씀을 전하는 일에 최선을 다합시다.

_____

_____

묵상노트

_____

_____

_____

_____

_____

_____

오늘의 QT(11:7-13)

두 증인의 죽음과 부활과 휴거携擧

찬송과 기도 : 찬송가 488장(이 몸의 소망 무언가)

⊞ 마음 열기 | 천국 문

사람들이 천국 문 앞에서 기다리고 있었습니다. 천국 문 앞에서 세상을 살아온 자기의 증표를 보여서 문이 열리면 들어가고 열리지 않으면 들어갈 수가 없었습니다. 부자의 차례가 되었습니다. 그는 많은 돈을 보이면서 말했습니다. "자, 보십시오. 나는 이것으로 세상에서 많은 일을 하였습니다." 그러나 문은 열리지 않았습니다.

다음은 금배지를 보이면서 한 사람이 말했습니다. "나는 국회의원이 되고 대통령이 되어서 사람들을 평안하게 살도록 하였습니다." 그러나 천국 문은 열리지 않았습니다. 어떤 사람이 목청 좋은 소리로 말했습니다. "제 목소리를 들어보십시오. 저는 이 목소리로 많은 사람에게 하나님 말씀을 증언하여 구원을 받도록 하였습니다."하고 자랑하였습니다. 그래도 천국 문은 열리지 않았습니다.

그때 초췌하기 짝이 없는 사람이 나서서 말했습니다. "저는 자랑할 만한 것이 아무것도 없습니다. 하지만 나는 믿음을 지켰습니다. 예수님께서 나같은 죄인을 위해 돌아가신 것을 믿고 평생 그 믿음을 지키며 살았습니다. 그러자 천국 문이 열렸습니다.

🔟 본문읽기

"그들이 그 증언을 마칠 때에 무저갱으로부터 올라오는 짐승이 그들과 더불어 전쟁을 일으켜 그들을 이기고 그들을 죽일 터인즉 그들의 시체가 큰 성 길에 있으리니 그 성은 영적으로 하면 소돔이라고도 하고 애굽이라고도 하니 곧 그들의 주께서 십자가에 못 박히신 곳이라 백성들과 족속과 방언과 나라 중에서 사람들이 그 시체를 사흘 반 동안을 보며 무덤에 장사하지 못하게 하리로다. 이 두 선지자가 땅에 사는 자들을 괴롭게 한 고로 땅에 사는 자들이 그들의 죽음을 즐거워하고 기뻐하여 서로 예물을 보내리라 하더라. 삼 일 반 후에 하나님께로부터 생기가 그들 속에 들어가매 그들이 발로 일어서니 구경하는 자들이 크게 두려워하더라 하늘로부터 큰 음성이 있어 이리로 올라오라 함을 그들이 듣고 구름을 타고 하늘로 올라가니 그들의 원수들도 구경하더라. 그 때에 큰 지진이 나서 성 십분의 일이 무너지고 지진에 죽은 사람이 칠천이라 그 남은 자들이 두려워하여 영광을 하늘의 하나님께 돌리더라"

🔟 본문 이해를 위한 길잡이

1) 두 증인의 죽음

두 증인의 증언이 마쳤다는 것은 하나님께서 정한 큰 환난의 때가 다 찼으며 하나님의 복음이 전파되어야 할 모든 곳에 복음이 다 전파되었음을 의미합니다. 두 감람나무로 묘사된 두 증인은 무저갱에서 올라온 짐승에 의해 죽임을 당하게 됩니다.

큰 환난 가운데 당하는 두 증인의 죽음은 마지막 때에 교회가 얼마나 큰 위기에 처할 것인지를 분명하게 보여 주는 말씀입니다. 그런데 여기까지만 보면 우리는 하나님의 사랑과 주님의 공정성에 대해 의심을 하게 됩니다.

그러나 그들은 부활하고 하나님의 부르심에 이끌림을 받아 휴거합니다. 그리고 어린 양의 혼인잔치에 참여하고 천년왕국의 주인공이 됩니다. 그래서 우리에게 순교자의 믿음으로 끝까지 이겨야 하는 성도의 인내와 믿음이 필요합니다.

주님의 재림이 가까울수록 교회에는 엄청난 고난과 핍박이 다가옵니다. 본문의 짐승은 계시록에서 처음 등장하는데 이 짐승은 13장과 17장에 나오는 짐승과 같은 짐승입니다.

본문의 짐승은 그 시대의 기독교인들에게는 이미 알려진 권력을 가진 적그리스도입니다. 그를 다니엘서처럼 계시록에서도 짐승이라고 표현합니다.(단7장)

이 짐승이 무저갱에서 올라왔다는 말은 이 짐승은 사탄의 조종을 받는 자라는 뜻입니다. 무저갱에서 올라온 짐승이 두 증인과 전쟁을 하는 때는 두 증인이 증언을 마칠 때입니다. 예언에 대한 두 증인의 사명이 끝날 때입니다.

무저갱에서 올라온 짐승이 두 증인을 죽이는 때는 1,260일에 해당하는 큰 환난이 끝날 무렵부터 30일입니다. 두 증인이 사명을 감당할 때는 1,260일입니다. 그런데 다니엘 12장 11절에서는 1,290일을 지내라고 했습니다.

"매일 드리는 제사를 폐하며 멸망하게 할 가증한 것을 세울 때부터 천이백구십 일을 지낼 것이요, 기다려서 천삼백삼십오 일까지 이르는 그 사람은 복이 있으리라"(단12:11-12)

한 때 두 때 반 때요 마흔 두 달이며 1,260일인 큰 환난의 시기가 끝나는 30일의 기간이 순교자들의 수가 다 차는 때(계6:11)이고, 이방인의 충만한 수와 그들의 때가 찰 때입니다. 이 기간 동안 소돔이나 애굽 같은 세속화된 도시나 국가에서 하나님의 복음을 증언하는 사람들은 배척을 당하고 죽임을 당합니다.

백성들과 종족들과 언어들과 나라들은 세상에 사는 모든 사람과 모든 지역을 가리키는 말입니다. 마지막 때에 교회는 짐승에 의해 파괴당하고 진실한 주의 종들과 신실한 성도들은 죽임을 당합니다.

그 시체 곧 폐허가 된 교회와 죽임을 당한 성도들이 하나님의 구원 역사를 방해하는 인본주의 세상에서 철저히 조롱거리가 되고 버림을 받게 됩니다.

온 세상 사람들이 두 증인의 시체를 사흘 반 동안을 장사하지 못하게 하고 폐허가 된 교회와 죽임을 당한 주의 종들과 성도들의 시체를 구경하며 서로 축하하는 예물을 보냅니다.

계시록의 사흘 반의 이 기간은 다니엘서에서 말하는 1,260일이 지난 후에 1,290일까지의 30일에 해당하는 기간입니다. 마치 사탄이 하나님을 이긴 것처럼 착각하게 하여 믿음이 연약한 많은 사람이 믿음을 버리게 하는 결정적인 시간입니다.

그들의 시체는 영적으로 하면 소돔이라고도 하고 애굽이라고도 하는 큰 성의 길가에 버려집니다. 이 큰 성은 그 시대의 예루살렘이기도 하고 무수히 많은 성도들을 십자가에 못 박아 죽인 로마이기도 합니다. 그곳에서 예수님이 십자가에서 죽으셨다는 사실을 상기시켜 주는 것은 그들의 죽음이 억울한 죽음이요 하나님의 복음을 전하다가 당한 죽음인 것을 알게 합니다.

무덤에 시체를 장사지내지도 못했다는 것은 말세에 교회가 당하는 고통과 수난은 예수님이 당하신 것보다 더욱 심하고 어렵다는 것을 의미합니다. 마지막 때에는 이처럼 교회가 조롱을 당하고 수치와 모욕을 당하는 때가 찾아옵니다.

2) 휴거携舉

그러나 우리는 그 고난을 두려워하지 말아야 합니다. 왜냐하면, 하나님께서 두 증인을 살리시고 하늘로 올리실 것이기 때문입니다. 죽임을 당한 지 사흘 반 후에 하나님의 생기가 그들에게 들어가고 그들이 두 발로 일어서자 하나님께서 그들에게 말씀하십니다. "이리로 올라오라"

다시 살아난 두 증인은 구름을 타고 하늘로 올라갑니다. 말세에 짐승의 핍박 속에 죽어버린 교회와 주의 종들과 성도들을 주님은 다시 살리십니다.

큰 환난 가운데 순교를 당했던 두 증인은 삼일 반 후에 일곱 번째 나팔소리와 함께 하늘로부터 선포되는 "이리로 올라오라"는 음성을 듣고 구름을 타고 하늘로 올라가게 됩니다. 이것을 우리는 흔히 휴거携舉라고 합니다.

우리는 신실하게 주의 복음을 증언하면서 순교의 아픔까지 당하더라도 끝까지 견디고 믿음으로 승리해야 합니다. 잠깐의 모욕과 수치의 기간을 지나게 하신 후에 주님이 성도들을 영원한 생명으로 다시 살리십니다.(고전15:51-52) 부활하신 주님 곧 영광의 주님이 계신 곳으로 이끌어 올리십니다.(살전4:13-18)

"그 후에 우리 살아남은 자들도 그들과 함께 구름 속으로 끌어 올려

공중에서 주를 영접하게 하시리니 그리하여 우리가 항상 주와 함께 있으리라"(살전4:17)

그러므로 오늘 우리는 어떤 고난이 와도 주님의 보혈을 의지하고 하나님의 말씀을 대언하며 예수님의 증인이 되어야 합니다. 굳건한 믿음으로 끝까지 이기고 승리해야 합니다. 그래서 주님이 "이리로 올라오라"고 부르시는 그 날 반드시 들려 올림 받아야 합니다. 부활과 휴거의 축복은 이기는 자의 것입니다.

⬆ 적용

• 두 증인은 복음을 전하다가 목숨을 바치는 순교를 했습니다. 당신은 지금 복음을 증언하기 위해 생활 속에서 어떤 순교를 하고 있습니까?

_____

_____

_____

• 무저갱에서 올라온 짐승은 어떤 존재입니까? 짐승에 의해 죽임을 당한 두 증인이 무덤에 묻히지도 못하는 삼일 반의 기간은 언제입니까?

_____

_____

• 두 증인의 부활은 누구에 의해 이루어집니까? 주님이 이리로 올라오라고 부르실 때 두 증인은 구름을 타고 승천했습니다. 당신도 주님 다시 오시는 날 들려 올림 받으려면 오늘 어떤 삶을 살아야 합니까?

_____

_____

_____

묵상노트

_____

_____

_____

_____

_____

_____

_____

_____

_____

_____

오늘의 QT(11:14–19)
이루어지는 하나님의 나라와 악인들에 대한 심판
찬송과 기도 : 찬송가 491장(자 높은 곳을 행하여)

⬆ 마음 열기 | 심판

한 네덜란드 시인이 꿈에 죽어서 저 세상에 갔습니다. 저 세상에 들어서니 한 천사가 그를 맞으며 금빛 나는 책을 보여 주었습니다. "그게 무슨 책입니까?"

"그대의 삶을 기록한 것이지."

좀 더 가까이 다가가 책의 첫 장을 넘겨보았습니다. 거기엔 글이 적혀 있었습니다. "이게 무엇입니까?" "그대가 저지른 악한 행동들acts이지. 참 많구나."

천사가 다음 장을 넘겼더니 거기엔 아까보다 더 많은 글이 쓰여 있었습니다.

"이건 그대 입에서 나온 악한 말들words이야. 아까 본 행동보다 많지?

사람은 본래 행동보다 말이 많게 마련이야."

시인은 두려웠습니다. 다음 장을 넘기니 거기엔 더욱더 촘촘하게 기록된 것이 보였습니다. "이건 무엇입니까?" "이건 그대 머릿속에 있던 악한 생각들thoughts이야. 엄청나구먼. 사람이란 말하고 행동하는 것보다 생각하는 게 많으니까."

시인은 떨리는 음성으로 다음 장도 넘겨야 하느냐고 물었습니다. 천사가 그다음 장을 넘기자. 아뿔싸! 그것은 마치 칠흑같이 어두운 밤처럼 온통 검게 칠해져 있었습니다. "이건 그대의 악한 마음heart일세. 검은 마음에서 그 모든 생각이며 말이며 행동이 나오지."

"각 사람이 자기의 행위대로 심판을 받고 사망과 음부도 불 못에 던져지니 이것은 둘째 사망 곧 불 못이라."(계20:13-14)

🔟 본문 읽기

"둘째 화는 지나갔으나 보라 셋째 화가 속히 이르는 도다. 일곱째 천사가 나팔을 불매 하늘에 큰 음성들이 나서 이르되 세상 나라가 우리 주와 그의 그리스도의 나라가 되어 그가 세세토록 왕 노릇 하시리로다 하니 하나님 앞에서 자기 보좌에 앉아 있던 이십사 장로가 엎드려 얼굴을 땅에 대고 하나님께 경배하여 이르되 감사하옵나니 옛적에도 계셨고 지금도 계신 주 하나님 곧 전능하신 이여 친히 큰 권능을 잡으시고 왕 노릇 하시도다. 이방들이 분노하매 주의 진노가 내려 죽은 자를 심판하시며 종 선지자들과 성도들과 또 작은 자든지 큰 자든지 주의 이름을 경외하는 자들에게 상주시며 또 땅을 망하게 하는 자들을 멸망시키실 때로소이다 하더라. 이에 하늘에 있는 하나님의 성전이 열리니 성전 안에 하나님의 언약궤가 보이며 또 번개와 음성들과 우레와 지진과 큰 우박이 있더라."

▣ 본문 이해를 위한 길잡이

1) 일곱 번째 천사의 나팔 소리

셋째 화는 일곱 번째 나팔 소리가 울릴 때부터 시작되는 일곱 대접의 재앙입니다. 이 재앙의 대상은 불신자들의 세상 곧 적그리스도인 권력자와 거짓 선지자 그리고 하나님을 떠나 죄악 가운데 있는 방탕하고 타락한 세상입니다.

드디어 일곱 번째 나팔이 울렸습니다. 하늘에서 큰 음성이 나서 이제 주님께서 친히 세상의 모든 나라를 다스리실 것을 선언합니다.

이 나팔은 16장의 셋째 화가 시작되는 것을 말합니다. 이 말씀에서 일곱째 천사의 나팔이 울린 후에 세상은 심판을 받고 주님의 재림과 함께 어린 양의 혼인 잔치와 천년왕국이 찾아올 것을 알게 됩니다.

이처럼 일곱 번째 나팔은 한편에서는 휴거와 마지막 심판의 시작을 알리는 신호이고 또 한편으로는 그리스도의 영원한 왕국이 이루어지는 것을 보여줍니다.

일곱 번째 나팔이 부는 기간은 인침을 받은 주의 종들과 성도들의 휴거와 마지막 환난으로부터 주님의 지상 재림까지 미래의 모든 것을 포함합니다. 이 내용이 12장부터 22장까지 계시록의 후반부에 기록되어 있습니다.

이 사실을 선언하는 그 음성은 보좌 주변에 있는 천사장들인 네 생물을 비롯한 모든 천군과 천사들의 음성일 것입니다. 왜냐하면, 16절 이하에 있는 말씀의 내용이 이십사 장로들의 찬양과 경배이기 때문입니다.

이 내용이 선포되자 하나님의 보좌 주위에 앉은 이십사 장로들이 엎드려 얼굴을 땅에 대고 가장 낮은 자세로 주님을 높이며 하나님께 감사하며 찬양하며 경배합니다.

엎드려 경배하는 것은 경배하는 대상에 대해 최상의 존경을 표시하는 것입니다. 이것은 곧 15절의 말씀이 반드시 이루어질 사실이기 때문에 만물의 주권자이신 하나님께 영광을 돌리는 것입니다.

2) 상을 받을 자와 형벌의 심판을 받을 자

그들은 하나님의 직접 통치와 공의로우신 심판과 하나님께서 주님을 경외하는 자들에게 상을 주시는 것을 찬양합니다. 그리고 땅을 망하게 하는 자들을 심판하시는 것을 찬양합니다.

하나님께 상을 받는 자들은 (1) 종 선지자들입니다. (2) 성도들입니다. (3) 작은 자나 큰 자나 하나님의 이름을 경외하는 자들입니다. 각 사람에게는 하나님께 받을 상이 있습니다.

하나님의 이름을 경외하는 자들에게 크고 작음을 떠나 각 사람이 행한 대로 상을 주시는 것이 하나님의 은혜요 사랑이며 하나님의 정의입니다.

원래 하나님께서 창조하신 땅은 보시기에 좋은 곳이었습니다. 그런데 사탄에게 미혹된 자들에 의해 죄가 찾아오면서 땅은 더럽혀지고 사탄이 땅으로 내어 쫓기면서 땅은 악령들과 멸망자들의 소굴이 되었습니다. 그래서 하나님께서는 보시기에 좋게 창조하신 땅을 망하게 하는 자들을 심판하십니다.

이제 하늘에 있는 하나님의 성전이 열리면서 하나님의 은혜와 공의로운 심판을 상징하는 언약궤가 보이고 번개와 음성과 우레와 지진과 큰 우박이 일어납니다. 이제 마지막 심판의 재앙이 시작될 것을 보여주는 말씀입니다.

하나님의 성전이 열린 것은 로마가 전쟁에 나갈 때마다 야누스 신전의 문을 열어 승리를 기원했던 것처럼, 이제 하나님께서 이루실 모든 일 가운데 주님께서 최종적으로 승리하실 것을 미리 보여주는 것입니다.

이제 말세에 일곱 번째 나팔이 부는 동안 하나님의 성전이 열림과 함께 모든 불신자에 대한 혹독한 재앙과 심판의 시간이 다가올 것입니다. 하나님께서는 모든 것들을 하나님의 계획과 섭리에 따라 진행하십니다.

그러므로 우리는 항상 변함없이 주님을 믿고 의지해야 합니다. 우리에게 다가오는 모든 시험과 환난과 고난을 이기고 승리해야 합니다. 우리 앞에는 하나님이 주실 하늘의 상이 기다리고 있습니다.

⬆ 적용

• 일곱째 천사가 부는 나팔이 울릴 때 하나님의 구원과 심판이 이루어집니다. 그 구원과 심판의 내용은 무엇인가요?

• 이십사 장로의 경배와 찬양의 내용은 무엇입니까? 당신은 주님을 어떤 내용으로 찬양하십니까?

• 하나님의 성전이 열리며 나타나는 다섯 가지 현상은 4장 5절과 8장 5절에서 요한 사도가 본 것과 무엇이 다릅니까? 다른 이유가 무엇일까요?

_____

_____

_____

묵상노트

_____

_____

_____

_____

_____

_____

_____

_____

_____

_____

_____

교회와 예수님과
마귀와 여자의 후손들

계시록은 크게 둘로 나누면 1장에서 11장까지의 전반부와 12장부터 22장까지의 후반부로 나눌 수 있습니다. 전반부인 11장까지는 그리스도께서 승천하신 때부터 영원까지 일어나는 모든 일을 개략적으로 다룹니다.

후반부인 12장부터 22장까지는 사탄의 본격적인 교회에 대한 핍박(12장-13장)과 교회의 승리(14장-15장) 그리고 음녀와 바벨론에 대한 심판(16장-18장)과 예수님의 재림(19장)과 천년왕국과 마지막 흰 보좌 심판(20장) 그리고 우리의 마지막 소망인 새 하늘과 새 땅 곧 천국(21장-22장)의 모습이 그려집니다.

12장은 한 여자와 붉은 용에 대한 환상으로 사탄에 의한 교회의 수난과 교회를 보호하시는 하나님의 역사에 대한 내용입니다. 그 내용은 여자의 해산(1절-2절)과 여자의 피난(3절-6절) 그리고 용의 등장(7절-12절)과 용의 박해(13절-17절)로 나눌 수 있습니다.

12장에는 여자로 상징된 교회와 용으로 상징된 사탄과의 치열한 싸움이 언급되고 있습니다. 특히 용에 의해 여자가 핍박을 당하는 모습을 통해 지상의 교회가 수난을 겪는 근본적인 이유를 보여주고 있습니다.

11장 전반부와 연결해서 생각해 보면 말세에 사명을 감당하는 교회가 핍박을 받게 되는 가장 중요한 이유를, 12장은 천상에서 일어난 미가엘과 그의 천사들과 사탄과 그를 추종하는 무리와의 전쟁 사건을 통해 역사적 관점에서 알 수 있게 보여줍니다.

또한, 11장 후반부와 연결해서 생각해 보면 12징은 왜 교회가 궁극적으로 승리할 수밖에 없는지 그 이유도 분명하게 설명합니다.

따라서 이 말씀은 오늘을 진실한 믿음을 가지고 사는 성도가 사탄과 악령들에 의해 고난을 겪어야 하는 그 근본적인 이유와 함께, 왜 혹독한 고난 속에서도 성도가 반드시 믿음을 지켜야 하는지 그 이유를 확실히 알게 합니다.

오늘의 QT(12:1-6)
아이를 낳은 여인(교회)와 용(사탄)의 등장
찬송과 기도 : 찬송가 70장(피난처 있으니)

✝ **마음 열기** | 유람선 교회와 전투함 교회

어느 신학자가 교회의 존재 방식을 유람선과 전투함으로 의미 있게 구분한 것을 보았습니다. 유람선 유형이란 교회가 존립하는 것에 만족하는 유형입니다. 유람선을 탄 관광객들은 쾌적한 환경에서 승무원들의 섬김과 돌봄을 받고, 바깥에 펼쳐지는 경치를 즐기는 것으로 만족합니다.

따라서 유람선 교회에 탄 교인들은 교회가 지향하는 목적이 무엇인지, 또 함께하는 사람들이 어떤 생각과 어떤 인생의 목적을 갖고 함께 있는지 신경 쓸 이유가 없고 그저 자신의 마음이 흡족하면 그것으로 끝입니다.

반면 전투함 유형의 교회는 교회가 지향해야 할 사명의 완수를 위해 모든 성도가 뜻을 같이하고, 사명이 완수됐을 때 함께 기뻐하는 유형입니다. 전투함 내에서는 어떤 사람들은 섬기고 어떤 사람들은 서비스를 받는 상황이 아닙니다. 모든 사람이 사명을 완수하기 위해 각자 맡은 임무가 있습니다.

그러니까 한 배에 탄 사람들끼리 서로 관계가 긴밀할 수밖에 없고, 사명 완수를 위해 각자 맡은 역할 속에서 땀 흘리고 헌신하는 것을 마다하지 않습니다. 그리고 마침내 주어진 사명이 완수되었을 때 함께 기뻐하고 감격하면서 만족합니다.

이 예리한 구분을 보면서 "지금 우리 교회는 유람선일까 전투함일까, 나는 과연 우리 교회의 관광객일까 전투 요원일까"를 진지하게 물어보게 됩니다.

🔲 본문 읽기

"하늘에 큰 이적이 보이니 해를 옷 입은 한 여자가 있는데 그 발아래에는 달이 있고 그 머리에는 열두 별의 관을 썼더라. 이 여자가 아이를 배어 해산하게 되매 아파서 애를 쓰며 부르짖더라 하늘에 또 다른 이적이 보이니 보라 한 큰 붉은 용이 있어 머리가 일곱이요 뿔이 열이라 그 여러 머리에 일곱 왕관이 있는데 그 꼬리가 하늘의 별 삼분의 일을 끌어다가 땅에 던지더라. 용이 해산하려는 여자 앞에서 그가 해산하면 그 아이를 삼키고자 하더니 여자가 아들을 낳으니 이는 장차 철장으로 만국을 다스릴 남자라 그 아이를 하나님 앞과 그 보좌 앞으로 올려가더라 그 여자가 광야로 도망하매 거기서 천이백육십 일 동안 그를 양육하기 위하여 하나님께서 예비하신 곳이 있더라"

⬆ 본문 이해를 우한 길잡이

1) 여자(교회)의 등장

하늘에 큰 이적이 나타납니다. 그것은 하나님의 영광과 진리로 가득한 빛 가운데 있는 여자의 모습입니다. 이 여자는 교회입니다. 구약 시대의 교회이기도 하고 신약 시대의 교회이기도 합니다.

이 교회는 열두 별의 면류관을 쓰고 있습니다. 그것은 구약시대 이스라엘 열 두 지파이기도 하고 열두 사도로 대표되는 신약시대 모든 교회의 구성원들이기도 합니다.

이 여자의 발밑에는 율법 시대를 상징하는 달이 있습니다. 이 여자가 임신하여 해산하려고 하는 모습은 구약의 교회가 예수님을 잉태하고, 신약의 교회가 성도를 잉태하여 낳는 것과 같은 모습입니다. 이 아이는 여자의 후손으로 오시는 예수 그리스도입니다.(창3:15) 해산에는 진통과 고통이 따릅니다.

예수 그리스도의 탄생에 이르기까지 얼마나 많은 시간이 흘렀습니까? 그리고 주님이 교회를 세우시는 데는 얼마나 많은 희생이 뒤따랐습니까? 그 고통의 부르짖음 속에 오늘 우리의 교회는 세워져 있습니다.

구약의 교회는 예수님을 낳았고 신약의 교회는 성도들을 낳았습니다.

2) 사탄의 등장

하늘에 또 다른 이적이 보입니다. 머리가 일곱이요 뿔이 열인 붉은 용의 모습입니다. 이 붉은 용은 사탄입니다. 사탄은 피를 좋아하기 때문에 붉은 색입니다. 시대마다 등장하는 권력을 가진 적그리스도인 짐승의 모습도 사탄인 용과 같은 모습입니다.(13:1)

그런데 이 사탄은 교회가 가진 권세에 미치지 못하는 권세를 가지고 있습니다. 교회는 열두 별의 면류관을 쓰고 있는데 이 용은 일곱 머리 열 뿔입니다. 하나님의 영광을 드러내는 교회가 용을 이기고 승리할 것을 보여줍니다.

사탄은 그 꼬리로 하늘의 별 삼분의 일을 땅에 떨어뜨립니다. 이 별들은 하늘의 전쟁에서 진 사탄과 함께 땅으로 내어쫓긴 사탄을 따르는 타락한 천사들과 진리를 저버리고 사탄에게 넘어간 교회 지도자들과 성도들입니다.

반드시 기억하십시오. 말세의 영적인 법칙은 2:1입니다. 진리가 2 비진리가 1입니다. 지금 우리는 이런 세상에 살고 있습니다. 그러므로 성도들은 안약을 사서 눈에 바르고 진리에 대해 바른 분별을 해야 합니다.(3:18)

이 용은 예수 그리스도를 통한 하나님의 구원 계획을 방해하려 합니다. 그래서 예수 그리스도가 태어나면 삼켜 없애버리려고 여자 앞에 있습니다.

그러나 구약 시대의 오랜 진통과 부르짖음 끝에 태어난 남자아이인 예수님은 십자가에서 속죄의 사역을 완성하시고 죽음을 이기고 부활하셨습니다. 그리고 하나님이 계신 하늘로 승천하셔서 사탄의 계획을 무너뜨립니다.

예수님은 재림하셔서 철장의 권세를 가지고 모든 나라를 다스리실 것입니다. 사탄의 권세를 완전히 꺾으실 것입니다.(19:15) 자신의 계획이 수포로 돌아간 사탄은 아이를 낳은 교회를 핍박합니다.

3) 광야로 피신한 여자

초대 교회는 출발부터 엄청난 사탄의 공격을 받았습니다. 그러나 교회는 그 핍박을 피하여 하나님이 그들을 보호하시기로 준비하신 광야의 피난처에서 하나님의 은혜와 보호하심으로 1,260일의 큰 환난의 시기를 이겨냅니다.

그리고 그 여자는 광야의 시련 중에 예수님을 구세주로 믿는 하나님의 자녀들을 태어나게 합니다. 그들을 12장 17절에서는 여자의 남은 자손이라고 합니다. 고난 중에 새 역사를 이루시는 주님을 찬양합시다.

📤 적용

- 해를 옷으로 입은 여자가 등장합니다. 해는 무엇이고 달과 열두 별의 면류관은 무엇을 상징합니까? 여자는 누구를 낳기 위해 진통하고 있

습니까?

_____

_____

_____

• 일곱 머리 열 뿔 가진 용은 누구입니까? 왜 그 용의 색은 붉은 색이며 그 꼬리에 의해 땅에 덜어진 하늘의 별 삼분의 일은 누구입니까?

_____

_____

_____

• 용의 핍박을 면하기 위해 여자는 광야로 피신하여 1,260일을 지냅니다. 그동안 여자는 광야에서 무엇을 하였습니까? 당신이 지금 있는 곳이 여자가 있는 곳과 같은 광야라면 당신은 그곳에서 무엇을 하시겠습니까?

_____

_____

_____

오늘의 QT(12:7-12)
하늘에서의 전쟁과 마귀를 이기는 성도의 무기
찬송과 기도 : 찬송가 348장(마귀들과 싸울지라)

✝ 마음 열기 | 밀턴의 고난과 승리

실낙원의 저자 밀턴은 사람들에게 익숙한 시인입니다. 그의 아버지는 그가 목사가 되길 원했습니다. 그는 32세의 나이에 17세인 왕당파 정치지도자였던 리처드 파월의 장녀 메리 파월과 결혼하였습니다. 하지만 집안의 정치적 이유로 메리는 결혼한 지 얼마 안 돼 친정으로 돌아가고 말았습니다. 밀턴은 메리와 3년 만에 화해했지만, 아들 하나와 딸 셋을 남겨 놓고 메리는 죽고 말았습니다. 한 달 후에 아들 존도 죽었습니다. 아내를 보내고 4년 만에 20년 연하의 캐서린 우드 콕이라는 여성과 재혼하지만, 그녀는 재혼한 지 1년여 만에 세상을 떠났고 그녀의 딸 캐서린도 엄마를 따라 세상을 떠나버렸습니다.

36세부터 시력을 잃어 가다 44세 때 완전히 실명했습니다. 그를 비난하는 자들은 실명은 '신의 징벌'이라고 공격했습니다. 그의 고통은 끝이 없었습니다. 아내와 자식들을 먼저 보내는 사별의 아픔, 육체적 실명과 공화주의자로서의 정치적 실패, 가족 간의 갈등, 정적들의 비난 등 긴 터널 같은 수많은 고통과 실패를 안고 살았습니다. 그러나 그가 당한 실패와 고난은 그의 영혼을 깨끗하게 하여 영적 세계에 대한 눈을 더욱 맑게 만들었습니다. 그는 시력보다 더 명료한 마음의 눈으로 시련을 이겨 냈습니다.

그가 겪은 쓰라린 인생 경험은 고통과 한으로 끝난 것이 아니라 승화되어 위대한 걸작인 '실낙원', '복낙원', '투사 삼손' 같은 웅장한 서사시들로 형상화되었습니다. 그는 말합니다. "만일 내가 무엇인가 후세를 위해 글로 쓰게 된다면 …… 내 조국을 명예롭게 만들고 지식을 충만케 하여 하나님을 영예롭게 하는 것 말고는 달리 고려할 것이 없다."

"너희 믿음의 시련이 불로 연단하여도 없어질 금보다 더 귀하여 예수 그리스도의 나타나실 때 칭찬과 영광과 존귀를 얻게 하려 함이라"(벧전 1:7)

🔲 본문 읽기

"하늘에 전쟁이 있으니 미가엘과 그의 사자들이 용과 더불어 싸울 새 용과 그의 사자들도 싸우나 이기지 못하여 다시 하늘에서 그들이 있을 곳을 얻지 못한지라 큰 용이 내쫓기니 옛 뱀 곧 마귀라고도 하고 사탄이라고도 하며 온 천하를 꾀는 자라 그가 땅으로 내쫓기니 그의 사자들도 그와 함께 내쫓기니라 내가 또 들으니 하늘에 큰 음성이 있어 이르되 이제 우리 하나님의 구원과 능력과 나라와 또 그의 그리스도의 권세가 나타났으니 우리 형제들을 참소하던 자 곧 우리 하나님 앞에서 밤낮 참소하던 자가 쫓겨났고 또 우리 형제들이 어린 양의 피와 자기들이 증언하는 말씀으로

써 그를 이겼으니 그들은 죽기까지 자기들의 생명을 아끼지 아니하였도다. 그러므로 하늘과 그 가운데에 거하는 자들은 즐거워하라 그러나 땅과 바다는 화 있을진저 이는 마귀가 자기의 때가 얼마 남지 않은 줄을 알므로 크게 분 내어 너희에게 내려갔음이라 하더라"

⬆ 본문 이해를 위한 길잡이

1) 하늘의 전쟁

하늘에서 전쟁이 있었습니다. 그 전쟁은 하나님의 군대 장관인 미가엘과 그의 군대와 사탄과 사탄을 따르는 타락한 천사들 사이에서 벌어졌습니다. 그 전쟁은 미가엘과 그의 군대의 승리로 끝났고 사탄과 타락한 악령의 무리는 하늘에 더 머무르지 못하고 땅으로 쫓겨났습니다.

사탄은 다른 이름으로는 마귀라고 하고 옛 용 혹은 옛 뱀이라고 하는데 천하를 거짓으로 꾀어 넘어지게 하는 자이며 항상 하나님 앞에서 성도들을 중상모략하며 참소하는 자입니다.

옛 뱀이라는 말은 간교한 지혜를 가진 자라는 뜻이고 마귀는 이간질하고 갈라놓는 자라는 뜻입니다. 사탄은 적대자라는 뜻으로 하나님과 성도들을 대적하는 자라는 뜻입니다.

온 세상을 꾀는 자라는 말은 온 세상에 사는 사람들을 타락시키는 자라는 뜻입니다. 곧 바른 진리의 길이 아닌 잘못된 길로 인도하고 넘어지거나 실족하게 하며 미혹하여 죄를 짓게 하는 자라는 뜻입니다.

2) 하늘에서 울리는 찬양

사탄이 땅으로 내어 쫓기면서 하늘에서 찬양이 터져 나옵니다. "이제 우리 하나님의 구원과 능력과 나라와 또 그의 그리스도의 권세가 나타났다."

그리고 계속해서 찬양합니다. "우리 형제들이 어린 양의 피와 자기들이 증언하는 말씀으로써 그를 이겼으니 그들은 죽기까지 자기들의 생명을 아끼지 아니하였도다."

이 찬양은 계속 "하늘에 사는 사람들아 기뻐하고 즐거워하라"는 권면으로 이어집니다. 오늘 우리는 영에 속한 사람들이요 하늘에 사는 사람들입니다.

3) 마귀를 이기는 네 가지 무기

하늘에 속한 사람들은 항상 (1) 찬양 (2) 어린 양의 피 (3) 자기들이 증언하는 말씀 곧 예수 그리스도는 나의 주님이시라는 고백 (4) 순교자의 믿음으로 사탄을 이깁니다. 시시때때로 찾아오는 마귀를 이기기 위해 이 네 가지 무기를 항상 가지고 다니시기 바랍니다.

그러나 땅과 바다는 화가 있습니다. 왜냐하면, 하늘에서 쫓겨난 마귀가 세상에 내려와 역사하기 때문입니다. 지금 이 시대는 세상에서 내려온 마귀가 귀신들과 함께 강하게 역사하는 시대입니다.

그러므로 우리는 진리의 말씀을 붙들고 성령의 능력으로 무장해야 합니다. 그리고 마귀의 역사를 분별하여 잘 이겨야 합니다. 지면 마귀의 종이 되고 마귀가 들어가는 불 못에 던져집니다.

⬆ 적용

- 마귀의 다른 이름은 사탄 그리고 옛 용, 옛 뱀입니다. 여러 이름을 가졌다는 것은 그만큼 거짓에 능하고 변신을 잘한다는 것입니다. 그래서 마귀는 다양한 방법으로 우리들의 가장 약한 것을 파고들어 공격합니다. 당신의 가장 약한 것은 무엇입니까? 돈, 명예, 권력, 정욕, 게으름 등 무엇입니까?

  _____

  _____

  _____

- 마귀를 이기는 가장 강력한 네 가지 무기는 무엇입니까?

  _____

  _____

  _____

  _____

• 땅으로 쫓겨난 마귀는 자기의 때가 얼마 남지 않은 줄을 알고 이 땅에 화(재앙, 혹 재난)를 일으킵니다. 이 땅에서 마귀가 일으키는 화 가운데 대표적인 세 가지 화는 무엇입니까?

_____

_____

_____

_____

_____

_____

_____

_____

_____

_____

_____

_____

_____

오늘의 QT(12:13-17)

교회와 성도들에 대한 사탄의 핍박

찬송과 기도 : 찬송가 354장(주를 앙모하는 자)

❏ 마음 열기 | 넘어가게 하시는 은혜

유명한 복음전도자 니도슝倪柝聲목사의 체험담은 지극히 감격적입니다. 니도슝 목사는 '워치만 니Watchman Nee' 라는 이름으로 잘 알려져 있는 인물입니다. 그는 20대에 폐결핵과 협심증으로 인해 살 소망을 잃게 되었습니다. 그래서 전능하신 하나님께 병을 고쳐달라고 기도하다가 잠이 들었습니다.

꿈에 나룻배를 타고 양쯔강을 건너는데, 강 한가운데서 배가 큰 바위에 걸려 요지부동입니다. 그는 꿈속에서 "하나님, 배가 지나가도록 도와주소서" 라고 간절히 기도합니다.

그때 "내가 바위를 옮겨줄까, 아니면 물이 불어나게 하여 배가 바위 위로 지나가게 해줄까?" 라는 하나님의 음성이 들려왔습니다. 워치만 니는 말합니다. "물이 불어나게 하여 주십시오." 그러자 순식간에 물이 불어나 바위에 걸린 배가 쉽게 지나가게 되었습니다. 꿈을 깬 후에 워치만 니에게 깨달음이 왔습니다.

"하나님은 병을 고칠 수도 있으시고, 또는 극복하도록 은혜를 넘치게 하실 수도 있다. 그런데 어느 것을 택하겠느냐고 내게 물으시는구나."

그는 다시 엎드려 기도합니다. "하나님, 비록 폐병과 협심증이 있지만 극복하여 더 큰 일을 하도록 은혜를 주시면 낫는 쪽보다 오히려 질병을 택하겠습니다." 이후에 그는 병으로 인해 고생은 했지만, 하나님의 은혜에 감사하는 마음으로 주신 사명을 감당하게 되었습니다. 그리하여 중국뿐 아니라 전 세계를 복음화 시키는 사역을 69세까지 건강하게 잘 감당할 수 있었습니다.

✝ 본문 읽기

"용이 자기가 땅으로 내쫓긴 것을 보고 남자를 낳은 여자를 박해하는지라 그 여자가 큰 독수리의 두 날개를 받아 광야 자기 곳으로 날아가 거기서 그 뱀의 낯을 피하여 한 때와 두 때와 반 때를 양육 받으매 여자의 뒤에서 뱀이 그 입으로 물을 강 같이 토하여 여자를 물에 떠내려가게 하려 하되 땅이 여자를 도와 그 입을 벌려 용의 입에서 토한 강물을 삼키니 용이 여자에게 분노하여 돌아가서 그 여자의 남은 자손 곧 하나님의 계명을 지키며 예수의 증거를 가진 자들과 더불어 싸우려고 바다 모래 위에 서 있더라"

⬆ 본문 이해를 위한 길잡이

1) 교회를 박해하는 사탄

땅으로 내어 쫓긴 사탄은 예수 그리스도와 성도들을 탄생시킨 교회를 핍박합니다. 그 핍박을 피해 교회는 큰 능력이 있는 천사의 도움을 받아 광야의 준비된 곳으로 피신합니다.

큰 독수리의 두 날개는 하나님의 절대적인 보호와 인도에 대한 상징적인 표현입니다. 하나님께서는 고난을 당하는 교회를 버려두지 않습니다. 안전한 곳으로 인도하십니다. 그리고 보호하십니다.

하나님이 준비하신 피난처인 그곳에서 교회는 한 때와 두 때와 반 때 곧 마흔 두 달 혹은 1,260일이라고 말하는 큰 환난의 시대를 지내게 됩니다.

마지막 때 여자가 피난처에서 보호를 받는 것처럼 우리들에게도 하나님께서 준비해 두신 피난처가 있어야 합니다. 그곳이 어디일까요? 진리의 말씀이 살아 역사하는 하나남의 교회요 예수 그리스도의 품입니다.

하나님과 어린 양의 보좌에서는 사람들의 생명을 살리는 생명수가 나옵니다. 그러나 마귀 사탄 곧 옛 뱀의 입에서는 사람들을 죽이는 독이 나옵니다. 이것은 위협과 핍박입니다. 세상에 속한 온갖 좋은 것으로 유혹하는 것입니다.

사탄은 온갖 이단 사설과 세상의 철학과 인본주의 사상과 사탄 숭배와 같은 다양한 것으로 강물과 같은 큰 물줄기를 만들어 교회를 공격합니다. 인본주의 문명과 문화의 극치인 사치와 향락과 음란으로 교회를 유혹하고 그 유혹에 응하지 않을 경우에 계속해서 핍박하고 위협을 가합니다.

그러나 그 모든 것은 땅에 속한 사상이요 땅에서 온 것이기 때문에 천지 만물을 창조하신 하나님께서 땅을 동원하여 그 모든 것을 땅으로 흡수해 버립니다. 하나님은 창조주이십니다. 하나님은 전능자이십니다. 하나님은 영원히 살아계신 주님이십니다. 우리의 주님을 마음껏 찬양합시다.

자기의 계획이 수포로 돌아간 용은 여자에게 화를 냅니다. 그리고 여자의 남은 자손들 곧 모든 신실한 하나님의 자녀와 하나님의 백성을 무너뜨리려고 바다 모래 위에 서 있습니다.

2) 여자의 남은 자손들
사탄은 그 여자의 남은 자손 곧 하나님의 계명을 지키며 예수의 증거를 가진 자들과 더불어 싸우려고 바다 모래 위에 서 있습니다. 사탄은 교회를 무너뜨리지 못하자 신자 개개인을 핍박하기 위해 바다 모래 위에 서 있는 것입니다.

사탄이 남은 자와 싸우기 위해 서 있는 바다 모래 위는 교회를 핍박하고 성도들을 순교의 자리에까지 몰아넣는 강력한 세력을 지닌 적그리스도가 다스리는 국가와 세상입니다.

여자의 남은 자손은 십계명을 비롯한 하나님의 계명을 지키는 성도입니다. 예수님을 믿는 증거를 가진 자입니다. 예수님이 주님이심을 증언하는 자입니다.

여자가 모든 그리스도인의 공동체인 교회라면 그 여자의 남은 자손은 그 공동체 가운데 어떤 환난이 다가와도 끝까지 믿음을 지키는 주의 종과 성도입니다. 어떤 고난과 유혹과 핍박이 와도 믿음을 지켜야 합니다. 하나님은 세상 끝날 때까지 항상 우리와 함께 하시는 임마누엘의 하나님이십니다.

⬆ 적용

• 마귀는 항상 교회와 성도를 괴롭힙니다. 사탄이 여자(교회)를 공격하는 무기는 무엇입니까?

_____

_____

• 독수리의 두 날개를 받아 여자가 찾아간 곳은 광야입니다. 왜 낙원이 아닌 광야일까요?

_____

_____

• 사탄의 공격 대상이 되는 성도의 특징은 무엇입니까?

_____

_____

_____

_____

_____

_____

_____

_____

_____

_____

_____

_____

_____

_____

_____

두 짐승(적그리스도와 거짓 선지자)과
짐승의 표 666

11장에서 두 증인의 예언 사역과 부활과 휴거가 이루어지고 12장에서 하나님의 백성들이 큰 환난의 기간에 그 환난을 피하여 예비되어 있는 장소로 들어가게 되는데 그 기간이 마흔두 달의 큰 환난 기간입니다.

이 시대를 통치하는 인물이 바로 바다에서 나온 짐승이요 권력을 가진 적그리스도입니다. 12장에서는 붉은 용으로 상징된 사탄이 어디서 왔으며 교회를 왜 없애려 하는지 또 교회를 어떻게 핍박하는지를 보여주었습니다.

13장은 말세에 등장하게 될 적그리스도의 모습과 그가 어떤 방법으로 이 세상에 등장하여 온 세상의 권좌에 앉게 되는지 그리고 지금 온 세상이 두려워하는 짐승의 표인 666이라는 것이 어떤 것이고 그 표를 어떤 모양으로 받게 되는가에 대한 해답을 줍니다.

13장의 서론은 12장 마지막 절인 17절입니다. 12장에서 여자를 핍박하고 멸망시키려고 했던 사탄은 그 계획이 수포로 돌아가자 화를 내면서 자신을 도와 교회를 망하게 할 권력과 거짓 선자자의 무리 두 세력을 동원합니다.

따라서 13장은 사탄이 어떤 세력을 이용하여 교회를 핍박하는지와 사탄에게 이용당하는 세력이 어떤 방법으로 교회를 핍박하는지를 보여줍니다.

13장에는 사탄이 교회를 없애기 위해 이용하는 세력이 둘로 구분되어 나타납니다. 1절부터 10절에는 바다에서 올라온 짐승인 권력을 가진 적그리스도가 나오고 11절에서 18절에는 땅에서 올라온 짐승인 거짓 선지자가 나옵니다.

이 둘의 관계는 17장의 음녀와 18장의 바벨론이 둘이면서 하나인 것처럼 공생의 관계이고 결국 그 뿌리가 사탄에게 함께 있기 때문에 사탄과 적그리스도와 거짓 선지자는 하나입니다.

666풀이

헬라어는 그 알파벳이 숫자로 풀 수 있도록 되어 있습니다. 따라서 이 숫자의 코드에 맞추어 보면 666에 해당하는 국가는 어디인지와 그 숫자가 의미하는 인물이 누구인지 바로 드러납니다.

666이라는 숫자는 로마를 파해하여 더한 수입니다. 네로의 이름도 히브리어로 음역한 뒤 히브리 철자에 매겨진 숫자를 모두 합하면 666입니다.

헬라어 : α-1, β-2, γ-3, δ-4, ε-5, ζ-7, η-8, θ-9, ι-10, κ-20, λ-30, μ-40, ν-50, ξ-60, ο-70, π-80, ρ-100, σ-200, τ-300, υ-400, φ-500, χ-600, ψ-700, ω-800

헬라어로 로마λατεινος자를 파해하여 그 숫자를 더하여 보면 로마는 30+1+300+5+5+10+50+70+200이므로 합하여 666이 됩니다. 라틴Ευανθας도 5+400+1+50+9+1+200이므로 합하여 666이 됩니다. 또한 네로(네론 카이사의 히브리 음)도 라틴어로 계산하면 N R O N(50+200+6+50)=306(네론), K S R(100+60+200)=360(카이사르) 합하여 666입니다.

그러므로 666의 원래적인 의미는 네로 황제이고 계시록이 쓰일 당시에는 도미티안 황제입니다. 그리고 오늘날에는 하나님을 떠난 모든 문명과 문화의 중심에서 하나님을 대적하는 적그리스도 구가와 그 나라의 통치자입니다.

666을 이마나 오른 손에 표로 받게 하는 것은 사상과 행동의 통일을 요구하는 것입니다. 이마에 표를 받게 하는 것은 이념과 사상과 생각의 일치를 요구하는 것이고, 손에 표를 받게 하는 것은 적그리스도가 추구하는 삶의 방식과 표를 받은 사람의 행동이 일치할 것을 요구하는 것입니다.

마지막 때에 적그리스도는 거짓 선지자를 통해 자신의 이념을 주입시켜 그가 다스리는 모든 나라와 지역에서 모든 사람에게 사상과 행동의 일치를 요구할 것입니다.

오늘날 뉴에이지 운동은 문화와 문명과 예술과 과학과 교육과 정치와 경제와 군사와 종교 등 모든 분야에서 하나님 없이 인간 스스로 영원한 행복을 얻으려 하는 인본주의 운동입니다. 인간 스스로의 수행이나 노력으로 신이 될 수 있다는 종교 진화론입니다.

포스트모더니즘의 한 형태로 나타나는 종교다원주의는 하나님께 대한 절대적인 신앙을 약화시키는 역할을 하고 있습니다. 말세에는 종교적인 구원의 진리를 인본주의 사상으로 바꾸어 적그리스도의 이상과 신념을 가지고 살도록 요구하는 운동이 절정에 달하게 될 것입니다.

이 모든 것들이 666의 현대적 표상으로 나타나고 있습니다. 그러므로 성도들은 거짓된 은사주의나 화려한 현대적 사상의 탈을 쓰고 교회 안에까지 파고 들어오는 이것들을 잘 분별해야 합니다.

666이란 수의 기원은 사탄의 삼위일체에서 나온 것인데 큰 환난의 시기는 실제로 그들이 땅과 바다 곧 세상을 지배하는 시대입니다.

붉은 용이 땅으로 내려오고 붉은 짐승이 권좌에 앉고 땅에서 올라온 어린 양을 흉내 내는 거짓 선지자가 큰 이적으로 사람들을 미혹하여 짐승과 붉은 용을 경배하게 하는 일이 동시에 일어나게 될 것입니다.

　시대를 분별하고 사상을 분별하고 인물을 분별해야 합니다. 우리는 하나님의 인을 받아야지 짐승의 표를 받으면 안 됩니다. 짐승의 표를 받으면 지옥에 들어가게 됩니다. 믿음을 확실히 해야 합니다.

오늘의 QT(13:1-10)
바다에서 올라온 짐승 : 권력을 가진 적그리스도
찬송과 기도 : 찬송가 391장(오 놀라운 구세주)

↑ 마음 열기 | 가짜

세상에는 가짜가 많습니다. 그래서 남대문 시장에 있는 어떤 참기름 가게에 가면 이러한 간판이 붙어있다고 합니다. "정말로 진짜 순 참기름만 판매합니다."

참기름이라는 단어 자체에 이미 "참"자가 붙어있습니다. 그런데 그것도 부족해서 그 앞에 수식어가 세 개나 더 붙어있습니다. "정말로, 진짜, 순" 오죽이나 가짜가 많으면 그러한 간판이 붙어 있겠습니까? 세상에는 가짜가 많은 것이 항상 문제입니다.

미국의 어느 마을에 장난감가게 하나가 있었습니다. 장사가 잘 되기로 소문난 가게였습니다. 그러던 어느 날 그 가게의 바로 왼쪽에 새로운 장난감 가게가 문을 열었습니다.

그 가게는 큰 간판을 내걸었습니다. "Best Quality Guaranteed." 최고의 품질을 보장한다는 뜻이었습니다.

그로부터 며칠이 지난 뒤였습니다. 이번에는 본래 있던 장난감가게의 오른편에 또 다른 장난감 가게가 문을 열었습니다. 그 가게도 큰 간판을 내걸었습니다. "Lowest Price Guaranteed." 최저의 가격을 보장한다는 뜻입니다.

그러니 본래 가게의 주인은 그 틈바구니에 끼여서 얼마나 마음속으로 고민을 많이 했겠습니까? 한쪽은 최고의 품질을 보장한다고 하지, 한쪽은 최저의 가격을 보장하지, 그는 이러지도 저러지도 못하게 되었습니다.

그는 며칠 밤을 새우면서 고민하던 끝에 자기 가게에도 큰 간판을 내걸었습니다. 그 간판에는 이렇게 쓰여 있었습니다. "The Main Entrance."

주 출입구라는 뜻입니다. 그러니까 그곳에 있는 여러 장난감 가게의 주 출입구는 자기 쪽이니까 이쪽저쪽으로 눈 돌리지 말고 다 자기 가게로 오라는 것입니다. 세상에는 진짜 같은 가짜가 너무 많이 있습니다.

🔖 본문 읽기

"내가 보니 바다에서 한 짐승이 나오는데 뿔이 열이요 머리가 일곱이라 그 뿔에는 열 왕관이 있고 그 머리들에는 신성 모독 하는 이름들이 있더라. 내가 본 짐승은 표범과 비슷하고 그 발은 곰의 발 같고 그 입은 사자의 입 같은데 용이 자기의 능력과 보좌와 큰 권세를 그에게 주었더라. 그의 머리 하나가 상하여 죽게 된 것 같더니 그 죽게 되었던 상처가 나으매 온 땅이 놀랍게 여겨 짐승을 따르고 용이 짐승에게 권세를 주므로 용에게 경배하며 짐승에게 경배하여 이르되 누가 이 짐승과 같으냐! 누가 능히 이와 더불어 싸우리요 하더라. 또 짐승이 과장되고 신성 모독을 말하는 입을 받고 또 마흔두 달 동안 일할 권세를 받으리라 짐승이 입을 벌려 하나님을 향하여 비방하되 그의 이름과 그의 장막 곧 하늘에 사는 자들을 비방하더라. 또 권세를 받아 성도들과 싸워 이기게 되고 각 족속과 백성과 방언과 나라를 다스리는 권세를 받으니 죽임을 당한 어린 양의 생명책에 창세 이후로 이름이 기록되지 못하고 이 땅에 사는 자들은 다 그 짐승에게 경배하리라 누구든지 귀가 있거든 들을지어다. 사로잡힐 자는 사로잡혀 갈 것이요 칼에 죽을 자는 마땅히 칼에 죽을 것이니 성도들의 인내와 믿음이 여기 있느니라."

▣ 본문 이해를 위한 길잡이

1) 바다에서 올라오는 권력을 가진 적그리스도

한 짐승이 땅과 함께 세상을 상징하는 바다에서 올라옵니다. 11장에 나오는 짐승은 무저갱에서 올라오는데 이 짐승은 바다에서 올라옵니다. 바다의 역사는 인류의 역사보다 더 오래된 것입니다.

악의 세력이 얼마나 오래 된 것인지를 보여줍니다. 이 짐승은 사탄의 대리자로 온 세상의 모든 국가와 모든 문화와 모든 종족을 다스리는 적그리스도입니다.

이 짐승은 12장에 나온 사탄처럼 머리가 일곱이요 뿔이 열인데 그 머리에는 하나님을 모독하는 이름들이 있고 그 뿔에는 권세를 상징하는 왕관들이 있습니다. 머리에 하나님을 모독하는 이름들이 있다는 것은 그들이 하나님의 자리에 앉아 자신을 하나님이라고 부르게 했다는 의미입니다. (살전2:4)

모든 적그리스도들의 가장 큰 특징 가운데 하나는 하나님의 자리까지 자신을 높인다는 것입니다. 그것은 바로 사탄이 그들의 본체요 악마적인 속성이 그들에게 있다는 것을 보여줍니다.

2) 짐승의 모양

그 짐승은 표범 같고 그 발이 곰의 발 같고 그 입은 사자의 입과 같습니다. 표범은 헬라를 상징하고 곰은 메데 파사를 상징하고 사자는 바벨론을 상징합니다. 이 짐승은 이스라엘을 정복하고 다스리던 이 세 나라의 모든 악한 것들을 다 가지고 있는 로마입니다.

사탄은 이 짐승에게 자신이 가지고 있는 모든 능력과 보좌와 큰 권세를 그에게 주었습니다. 큰 권세라는 말은 사탄이 가지고 있는 권세의 모든 것이라는 의미입니다.

그 짐승이 가지고 있던 일곱 머리 가운데 하나가 죽게 되었다가 다시 살아났습니다. 이것은 그 당시 로마가 망할 것처럼 흔들리다가 다시 안정을 되찾은 것을 의미하기도 하고, 죽은 네로가 도미티안으로 환생했다고 하는 네로 환생 설을 반영하는 것이기도 합니다.

나라가 다시 안정을 되찾게 되자 온 세상이 다 그 짐승을 따르고 그와 같은 권세를 준 사탄과 권력을 가진 적그리스도를 하나님처럼 경배합니다.

로마 시대에 그랬던 것처럼 마지막 시대는 온 세상에서 사탄과 적그리스도가 하나님대신 경배를 받는 세상입니다.

또 이 권력을 가진 적그리스도는 하나님의 이름을 모독하고 성도들을 핍박하고 비방하며 마흔두 달 동안 세상을 통치합니다. 온 세상이 적그리스도의 세상이 되고 온 세상에서 짐승에게 경배하지 않는 자들은 추방되거나 죽임을 당합니다.

3) 짐승이 통치하는 시대

그래서 창세 이후 어린 양의 생명책에 그 이름이 기록되지 못한 자들은 누구든지 그 짐승을 경배하게 되는 세상이 옵니다. 핍박의 현장에 남아있는 교회는 그 엄청난 고난과 핍박 속에서 순교자들이 속출하고 광야의 피난처로 피난한 교회는 그곳에서 마흔두 달을 보내게 됩니다.(히11:35-38)

그러므로 우리는 이 마지막 시대의 징조를 미리 알아야 합니다. 적그리스도가 하나님의 자리에 앉아 자신을 하나님이라고 말하고 사탄의 권세를 휘두르는 시대가 찾아올 때 끝까지 믿음을 지키고 마귀의 권세를 이겨야 합니다.

어린 양의 생명책에 새겨진 그 이름이 지워지지 않도록 죽음이 찾아온 다고 해도 인내하며 순결한 믿음을 지켜야 합니다. 이기는 자가 되어야 합니다.

📑 적용

• 바다에서 올라온 짐승의 정체는 무엇이며 그 짐승이 가진 권세는 누가 준 것입니까?

_____

_____

_____

• 그 짐승이 하는 일은 무엇입니까?

_____

_____

_____

_____

• 말세에 온전한 구원을 이루려면 생명책에 있는 당신의 이름이 지워지면 안 됩니다. 그러기 위해 당신에게는 성도의 믿음과 인내가 필요합니다. 당신은 사탄의 핍박 중에도 어떻게 믿음을 지키며 인내하시겠습니까?

묵상노트

오늘의 QT(13:11-18)
땅에서 올라온 짐승(거짓 선지자)과 짐승의 표 666
찬송과 기도 : 찬송가 400장(험한 시험 물속에서)

⊞ 마음 열기 | 666, 사탄에게 영혼을 파는 행위

독일의 문호 〈괴테〉의 대작 『파우스트』를 아실 것입니다. 떠돌이 학자 〈파우스트〉가 〈메피스토펠레스〉와 계약을 맺습니다. 메피스토펠레스가 파우스트의 종이 되어 그가 하고 싶은 모든 일을 하도록 도와주는 대신, 만약 파우스트가 어떤 것에 집착하여 〈멈추어라! 너 정말 아름답구나!〉라 고 말하는 순간, 그 영혼을 메피스토펠레스에게 넘기기로 약속합니다.

그는 욕망을 위해 영혼을 판 것입니다. 그 후 파우스트는 하고 싶은 대로 다 합니다. 젊고 아름다운 여인 〈그레헨〉과 결혼하여 자식을 낳기도 하고, 트로이 목마 이야기에 나오는 파리스의 연인 〈헬레나〉와 결혼하기 도 합니다. 자신의 왕국까지 세우게 됩니다.

그러다가 그 나라에 아름다운 수로를 만드는 것을 보다가 자신도 모르 게 〈멈추어라! 너 정말 아름답구나!〉라고 감탄사를 발합니다. 그 순간 그 의 영혼이 메피스토펠레스에게 넘어가게 됩니다.

이 작품 속의 주인공 파우스트는 우리의 자화상입니다. 아담과 하와가 하나님의 엄명에도 불구하고 선악을 알게 하는 나무의 열매를 따먹은 것 자체가 사람이 사탄에게 영혼을 파는 행위였습니다.

그 후 지금까지 사람들은 욕망을 추구해 왔고, 사탄이 악을 자행하도록 자극하고 도왔습니다. 사람들은 사탄의 도움으로 성공해 보려고 안간 힘을 썼습니다. 그것이 비극적인 인류의 역사입니다.

🔟 본문 읽기

"내가 보매 또 다른 짐승이 땅에서 올라오니 어린 양 같이 두 뿔이 있고 용처럼 말을 하더라. 그가 먼저 나온 짐승의 모든 권세를 그 앞에서 행하고 땅과 땅에 사는 자들을 처음 짐승에게 경배하게 하니 곧 죽게 되었던 상처가 나은 자니라. 큰 이적을 행하되 심지어 사람들 앞에서 불이 하늘로부터 땅에 내려오게 하고 짐승 앞에서 받은바 이적을 행함으로 땅에 거하는 자들을 미혹하며 땅에 거하는 자들에게 이르기를 칼에 상하였다가 살아난 짐승을 위하여 우상을 만들라 하더라. 그가 권세를 받아 그 짐승의 우상에게 생기를 주어 그 짐승의 우상으로 말하게 하고 또 짐승의 우상에게 경배하지 아니하는 자는 몇이든지 다 죽이게 하더라. 그가 모든 자 곧 작은 자나 큰 자나 부자나 가난한 자나 자유인이나 종들에게 그 오른손에나 이마에 표를 받게 하고 누구든지 이 표를 가진 자 외에는 매매를 못하게 하니 이 표는 곧 짐승의 이름이나 그 이름의 수라 지혜가 여기 있으니 총명한 자는 그 짐승의 수를 세어 보라 그것은 사람의 수니 그의 수는

338

육백육십육이니라"

■ 본문 이해를 위한 길잡이

1) 땅에서 올라오는 거짓 선지자

앞에서 나온 짐승은 바다에서 올라왔는데 또 하나의 짐승은 땅에서 올라왔습니다. 그 두 번째 짐승은 예수님을 흉내 내려고 두 뿔을 가지고 있으나 그 속성이 사탄의 것이기 때문에 용 곧 사탄처럼 말을 합니다.

바다에서 올라온 짐승이 교회 밖에서 세상 권력으로 교회를 핍박하는 세력이라면, 땅에서 올라온 짐승은 교회 안에서 거짓 교리와 교훈으로 교회를 타락시키고 성도들을 미혹하는 세력입니다.

바다에서 올라온 짐승이 권력을 가진 적그리스도라면 땅에서 올라온 이 짐승은 양의 탈을 쓴 거짓 선지자입니다. 이 짐승은 사탄의 영적 대행자이며 사탄의 삼위 중 하나로 거짓된 영적인 가르침으로 권력을 등에 업고 세상을 지배하는 존재입니다.

오늘날에도 거짓 선지자는 양의 옷을 입고 의의 일꾼으로 가장하고 이적과 기사로 할 수만 있으면 택한 백성까지 미혹하고 있습니다. 거짓 선지자는 사탄의 대언자이며 진리를 왜곡하고 적그리스도를 하나님으로 경배하게 합니다.

2) 거짓 선지자의 역할

거짓 선지자는 적그리스도의의 모든 권세를 위임받아 행하면서 땅 곧 온 세상과 세상에 사는 사람들에게 적그리스도를 신으로 숭배하게 합니다. 또한 첫째 짐승에게 준 사탄의 능력을 이어받아 거짓 표적과 이적을 행하면서 땅에 사는 사람들을 미혹하며 적그리스도의 형상을 새긴 우상을 만들게 합니다.

심지어 그 우상에게 기운을 불어넣어 말하게 하고 우상에게 경배하지 않는 자들은 누구든지 죽이게 함으로써 온 세상이 공포에 떨게 하고 적그리스도의 권력을 누구도 도전하지 못하는 절대 권력으로 세우는 역할을 합니다.

3) 짐승의 표

또한 모든 구성원들을 절대적으로 통제하는 수단으로 짐승의 표를 만들고 적그리스도가 다스리는 나라의 모든 구성원에게 오른손이나 이마에 표를 받게 함으로써 생각과 행동을 통제합니다.

그리고 그 짐승의 표를 받지 않는 자들은 전혀 사회활동이나 경제활동을 하지 못하게 하고 신분이 쉽게 노출되게 하여 잡아 죽이거나 그 공동체에서 재산을 몰수하고 옥에 가두거나 추방하는 만행을 저지릅니다.

이 짐승의 표는 권력을 가진 적그리스도인 그 짐승에게 속해 있고 그의 가르침과 그의 권력에 절대적으로 순종하겠다는 서약의 표시입니다. 이러한 상징적인 의미를 담은 짐승의 표는 그 사람의 이름입니다. 권력을 가진 첫째 짐승입니다. 적그리스도인 그 사람의 이름을 숫자로 풀어 합하면 666입니다.

히브리어나 헬라어나 영어는 각각의 알파벳이 약속된 어떤 특정한 숫자를 나타냅니다. 그래서 성경 본문에서는 총명한 자는 그 수를 세어보라, 그 수는 그 사람의 이름이나 그 이름의 수니 666이라고 말씀하는 것입니다.

그는 누구일까요? 그 당시로 보면 네로입니다. 로마 시내에 불을 지르고 그 죄를 기독교인들에게 뒤집어 씌워 수많은 기독교인을 무참하게 살해하고 짐승의 밥이 되게 하고 재산을 몰수하여 추방한 인물입니다.

요한 사도는 자신을 "만왕의 왕이요 만주의 주"라고 부르게 하고, 자신의 위치를 하나님의 자리에까지 올리고, 거짓 선지자를 통해 각처에 우상을 만들어 그를 하나님으로 경배하며 섬기게 한, 그 시대 로마의 통치자요 절대 권력자 도미티안을 네로에 빗대어 첫째 짐승으로 설명하고 있습니다.

그 시대 이후 오늘날까지 계속해서 나타난 666으로 상징되는 적그리스도는 누구일까요? 하나님을 부인하고 자신의 권력을 하나님의 자리에까지 올려 절대화시킨 세계 각처에서 나타난 독재자들이 바로 그들입니다.

그 상징성을 더 확대시켜보면 사탄의 영향을 받아 하나님을 떠난 인본주의 문화와 문명의 중심에서 절대 권력을 휘두르는 자입니다.

그래서 우리는 이 666의 실체를 잘 분별하고 우리 시대의 적그리스도를 하나님으로 경배하는 어리석은 자가 되지 말아야 합니다. 오직 하나님만을 섬기며 주님을 경배하고 찬양하는 주의 종과 성도가 되어야 합니다.

⬆ 적용

• 땅에서 올라온 짐승은 누구입니까? 그가 하는 일은 무엇입니까?

_____

_____

_____

• 거짓 선지자는 큰 이적과 은사와 표적을 많이 행합니다. 오늘날에도 거짓 은사주의를 예수님의 이름을 빙자하여 표방하는 종교단체들이 많이 있습니다. 속으면 안 됩니다. 그 은사가 하나님께로부터 온 것인지 사탄의 것인지를 잘 분별하려면 어떻게 해야 합니까?

_____

_____

_____

• 첫째 짐승인 적그리스도를 나타내는 666은 그 사람의 이름이며 그

이름을 풀어 합한 수입니다. 그 시대의 짐승은 누구이며 오늘날에는 누구라고 할 수 있습니까? 잘 분별하여 짐승을 경배하는 일이 없어야 합니다.

_____

_____

_____

묵상노트

_____

_____

_____

_____

_____

_____

_____

_____

_____

_____

십사만 사천의 주의 종들과
영원한 복음 그리고 두 가지 추수
(성도의 구원과 악인들에 대한 심판)

7장에서 하나님의 인(印)을 받은 14만 4천명의 주의 종들은 8장과 9장의 큰 환난을 거치면서도 그 고난을 이기고 10장과 11장에서 보는 것처럼 말세지말에 하나님의 말씀을 증언하는 사명을 온전히 감당했습니다.

그리고 12장과 13장에 나타난 것 같이 사탄의 맹렬한 공격에도 불구하고 그 시험과 시련을 잘 이겨냈습니다. 이제 이들은 14장에서 이긴 자들로 시온 산에 어린 양이신 예수님과 함께 우뚝 선 모습으로 나타납니다.

계시록이 쓰일 당시는 네로 황제의 통치(54년-68년) 때 특히 64년부터 시작된 로마 정부의 극심한 박해가 계속 되고, 도미티안의 황제 통치시기(81년-96년)에 시작된 황제 숭배 강요와 더불어 그 박해는 점점 더 강해지고 더 잔인하게 나타나는 상황이었습니다.

도미티안이 통치하던 시절에 교회가 거의 사라질 정도의 엄청난 핍박 가운데 있었던 교회와 성도들은 당시 그들이 당하고 있는 고난과 더불어 조만간 미래에 닥칠 더 큰 고난을 바라보면서 극심한 공포와 절망과 좌절 가운데 있었습니다.

절망과 공포 속에서 믿음을 버리고 교회를 떠나는 배도자가 속출하고 또 한편에서는 순교자들이 많이 나오면서 교회가 점차 사라져가는 시기였습니다.

그때 믿음으로 세상을 이기고자 했던 그들에게 이 계시가 주어집니다. 12장과 13장을 넘어 14장의계시 가운데 보인, 시온 산에 서 있는 어린 양과 십사만 사천의 주의 종들의 승리한 모습은 고난 중에 있던 그들에게 큰 위로와 격려가 되었을 것입니다.

마찬가지로 오늘날 세상의 거센 도전 가운데 바른 믿음을 지키기 힘든 신앙의 위기 속에 있는 성도들에게도 이 말씀은 큰 힘과 용기를 주는 하나님의 말씀입니다.

주님은 이렇게 말씀하십니다. "보라 너희가 다 각각 제 곳으로 흩어지고 나를 혼자 둘 때가 오나니 벌써 왔도다. 그러나 내가 혼자 있는 것이 아니라 아버지께서 나와 함께 계시느니라. 이것을 너희에게 이르는 것은 너희로 내 안에서 평안을 누리게 하려 함이라 세상에서는 너희가 환난을 당하나 담대하라 내가 세상을 이기었노라"(요16:32-33)

오늘의 QT(14:1-5)
시온 산의 어린 양과 십사만 사천의 주의 종들
찬송과 기도 : 찬송가 412장(내 영혼의 그윽히 깊은 데서)

✟ **마음 열기** | 우리는 승리하리라

미국의 흑인 민권운동가 마틴 루터 킹 목사의 민권운동 주제가인 '우리는 승리하리라'를 작사한 감리교회 흑인 목사 찰스 앨버트 틴들리는 노예로 태어났으며 그의 부모는 교회에 간다는 이유로 주인의 매질 때문에 죽임을 당했습니다.

조실부모한 그는 유리방황하다가 남북전쟁 후 해방되어 필라델피아 한 작은 교회의 청소부로 있으면서 야간 학교를 나왔습니다. 그는 보스턴 신학교 통신과정을 마치고 목사가 되어 그가 청소부로 있던 교회에서 12명으로 목회를 시작했습니다.

교회는 곧 1,000명이 넘게 부흥됐고 매일 600여 명의 가난한 자들에게 숙식을 제공했습니다. 교회 지하에 목욕탕을 설치하는 등 소외당한 자들에게 사랑을 베풀었습니다.

어느 날 젊은 술주정뱅이가 찾아와 인적 사항을 확인해보니 바로 자기 옛 농장주의 손자였습니다. 그는 너무나 기뻐서 극진한 사랑으로 보살펴 주고 주께로 인도했습니다. 사랑의 힘은 승리의 원천이요 동력입니다.

"마지막으로 말하노니 너희가 다 마음을 같이하여 체휼하며 형제를 사랑하며 불쌍히 여기며 겸손하며 악을 악으로, 욕을 욕으로 갚지 말고 도리어 복을 빌라. 이를 위하여 너희가 부르심을 입었으니 이는 복을 유업으로 받게 하려 하심이라"(베드로전서3:8~9)

⬆ 본문 읽기

"또 내가 보니 보라 어린 양이 시온 산에 섰고 그와 함께 십사만 사천이 서 있는데 그들의 이마에는 어린 양의 이름과 그 아버지의 이름을 쓴 것이 있더라. 내가 하늘에서 나는 소리를 들으니 많은 물소리와도 같고 큰 우렛소리와도 같은데 내가 들은 소리는 거문고 타는 자들이 그 거문고를 타는 것 같더라 그들이 보좌 앞과 네 생물과 장로들 앞에서 새 노래를 부르니 땅에서 속량함을 받은 십사만 사천 밖에는 능히 이 노래를 배울 자가 없더라. 이 사람들은 여자와 더불어 더럽히지 아니하고 순결한 자라 어린 양이 어디로 인도하든지 따라가는 자며 사람 가운데에서 속량함을 받아 처음 익은 열매로 하나님과 어린 양에게 속한 자들이니 그 입에 거짓말이 없고 흠이 없는 자들이더라"

1) 십사만 사천의 주의 종들

교회와 성도들이 순교를 강요당하는 엄청난 고난 속에 고통을 당하는 모습을 본 다음 요한은 또 다른 환상을 보게 되었습니다. 그것은 바로 하늘의 시온 산에 있는 어린 양과 구원받은 십사만 사천 명의 주의 종들의 모습입니다.

성경에서 시온산은 메시아가 오셔서 구원받은 자기 백성들을 모으는 장소로 나타납니다. 어린 양이신 예수님은 이미 승리하신 모습으로 그 시온 산에서 그 모습을 드러내십니다.

시온 산은 하나님이 계신 하나님 나라에 대한 상징입니다. 하나님의 인침을 받은 주의 종들 십사만 사천 명이 어린 양과 함께 시온 산에 서 있는 그 모습은 종말에 하나님의 택함을 받은 백성들이 큰 환난에도 불구하고 반드시 승리하게 될 것을 확실하게 보여주는 광경입니다.

어린 양이 시온 산에 서 있는 모습은 12장에서 용이 바다 모랫가에 서 있는 모습과 확실하게 대비되는 모습입니다.

예수님과 함께 시온 산에 서 있는 십사만 사천의 주의 종들의 이마에는 짐승의 표가 아닌 그들의 소속을 분명하게 밝혀주는 예수님과 하나님 아버지의 이름이 있습니다. 그것이 7장에서 천사가 이마에 친 인의 내용입니다.

아버지의 이름을 쓴 것은 그들은 하나님의 자녀이기 때문이고 어린 양의 이름이 새겨진 것은 그들이 이긴 자로서 어린 양에게 속한 주의 종들이기 때문입니다. 그들은 온전히 전인격적으로 하나님을 경외하는 주의 종들입니다.

그때 하늘에서 우렁차게 부르는 찬양 소리가 들렸습니다. 그 소리는 주님의 음성처럼 많은 물소리 같기도 하고 또 천사들의 합창 같은 큰 우렛소리 같기도 한데 그 찬양 소리는 네 생물이 가지고 있던 거문고를 연주하는 것과 같은 감미롭고 신비한 노래였습니다.

2) 새 노래

이 노래는 십사만 사천의 주의 종들이 하나님의 보좌와 네 명의 천사장과 이십사 장로 앞에서 부르는 새 노래였습니다. 이 노래는 예수님의 보혈로 구원받은 사람들이 부르는 노래이기 때문에 주님의 은혜로 죄 사함 받고 인침을 받아 주의 종이 된 십사만 사천 외에는 배울 자가 없습니다.

그들 외에 배울 자가 없다는 말씀은 이것이 이단들이 말하는 것처럼 그 찬양이 감추어진 이단의 비밀 교리가 아니라, 십사만 사천 그들이 하나님과 어린 양에게 속한 첫 열매이기 때문에 첫 열매인 그들이 먼저 배우고 그들을 통해 믿음을 가진 모든 이들에게 전파되기 때문입니다.

십사만 사천의 주의 종들은 누구입니까? 7장에서 보는 것처럼 온 세상에 퍼져 있는 성도들 가운데 뽑힌 선지자인 주의 종입니다. 천사에 의해 살아계신 하나님의 인침을 받고 복음 전파의 사명자로 세움을 받은 자들입니다.

그들은 11장에서 보는 것처럼 1,260일의 큰 환난의 시기에 두 증인 되어 성결한 모습으로 목숨을 걸고 복음을 증언하다가 순교했습니다. 삼일 반 후에 주님의 은혜로 부활하여 들려 올림 받아 승천한 자들입니다.

그들은 여자와 더불어 더럽히지 않은 자들입니다. 거짓된 가르침이나 우상숭배와는 전혀 상관이 없는 순결한 주의 종들입니다. 그리고 예수님이 어디로 가든지 절대적으로 아멘 하며 순종하고 죽음의 자리까지 따라간 순교자들입니다.

그들은 하나님과 어린 양 예수님께 속해 있으며 죄 용서 받고 하나님의 자녀가 되어 신앙을 가진 모든 이들의 모범이 되는 첫 열매입니다. 그들은 예수님을 부인하지 않습니다. 거짓말하지 않고 생활 속에 흠이 없는 자들입니다.

그래서 19장을 보면 그들에게는 어린 양의 혼인 잔치에 참여하도록 그리스도의 신부의 자격이 주어지고 흰 옷을 입도록 허락됩니다.

20장에서 첫째 부활에 참여하여 천년왕국의 주인공이 되는 축복을 누리고 새 하늘과 새 땅이 이루어질 때 영원한 천국의 주인공이 됩니다. 그들이 지금 영원한 승리를 상징하는 시온 산에 어린 양이신 예수님과 함께 있습니다.

하나님의 보좌 앞에는 네 생물이 있고 이십사 장로가 있으며 허다한 천군과 천사들이 있습니다. 그리고 바로 그 자리에 어린 양과 함께 십사만 사천의 주의 종들이 있고, 온 세상에서 구원받은 흰옷 입은 큰 무리가 있습니다. 그러나 마귀와 짐승과 거짓 선지자와 그를 따르는 무리는 불 못에 던져집니다.

앞으로 다가오는 영혼의 때에 당신은 어디에 있을 것입니까?

⬆ 적용

• 시온 산에 어린 양과 함께 서 있는 십사만 사천은 누구입니까?

_____

_____

_____

• 그들이 부르는 새 노래는 어떤 내용인가요? 이단들은 이 새 노래가 그들이 배우는 이단 교리라고 합니다. 성경과 맞는 주장입니까? 억지입니까?

_____

_____

_____

• 거짓이 없고 흠이 없다는 뜻이 무엇입니까? 당신은 어떻습니까?

오늘의 QT(14:6-13)
영원한 복음과 주안에서 죽는 자의 복
찬송과 기도 : 찬송가 435장(나의 영원하신 기업)

⊞ 마음 열기 | 마지막이 아니라 시작입니다

1945년 4월 8일 주일 아침입니다. 본회퍼Dietrich Bonhoeffer 목사가 교도소에서 아침기도를 드리고 있을 때 교도관들이 사형장으로 끌고 가려고 들어왔습니다. "본회퍼, 같이 가자."

함께 갇혔던 영국 군인은 본회퍼가 사형장으로 간다는 것을 알고 비통한 목소리로 인사합니다. "목사님, 이제 마지막이군요. 안녕히 가십시오."

그 순간 본회퍼는 미소를 지으며 평안한 얼굴로 대답했습니다.

"아니오. 마지막이 아니라 이제 시작입니다." 성도의 임종 순간은 영원한 생명이 시작되는 순간임을 믿어야 합니다. 본회퍼는 부활을 믿었기에 임종의 시간이 평안과 소망의 시간으로 바뀐 것입니다.

"또 보니 다른 천사가 공중에 날아가는데 땅에 거주하는 자들 곧 모든 민족과 종족과 방언과 백성에게 전할 영원한 복음을 가졌더라. 그가 큰 음성으로 이르되 하나님을 두려워하며 그에게 영광을 돌리라 이는 그의 심판의 시간이 이르렀음이니 하늘과 땅과 바다와 물들의 근원을 만드신 이를 경배하라 하더라. 또 다른 천사 곧 둘째가 그 뒤를 따라 말하되 무너 졌도다 무너졌도다 큰 성 바벨론이여 모든 나라에게 그의 음행으로 말미 암아 진노의 포도주를 먹이던 자로다 하더라. 또 다른 천사 곧 셋째가 그 뒤를 따라 큰 음성으로 이르되 만일 누구든지 짐승과 그의 우상에게 경배 하고 이마에나 손에 표를 받으면 그도 하나님의 진노의 포도주를 마시리 니 그 진노의 잔에 섞인 것이 없이 부은 포도주라 거룩한 천사들 앞과 어린 양 앞에서 불과 유황으로 고난을 받으리니 그 고난의 연기가 세세토 록 올라가리로다. 짐승과 그의 우상에게 경배하고 그의 이름표를 받는 자 는 누구든지 밤낮 쉼을 얻지 못하리라 하더라. 성도들의 인내가 여기 있나 니 그들은 하나님의 계명과 예수에 대한 믿음을 지키는 자니라. 또 내가 들으니 하늘에서 음성이 나서 이르되 기록하라 지금 이후로 주 안에서 죽는 자들은 복이 있도다 하시매 성령이 이르시되 그러하다 그들이 수고 를 그치고 쉬리니 이는 그들의 행한 일이 따름이라 하시더라"

■ 본문 이해를 위한 길잡이

1) 첫째 천사(영원한 복음)

요한은 십사만 사천의 주의 종들이 시온 산에 어린 양이신 예수님과 함께 있는 모습을 본 후에 또 다른 환상을 보았습니다. 그것은 세 천사가 계속해서 공중을 날아가면서 선포하는 모습이었습니다.

첫째 천사는 땅에 거주하는 모든 사람에게 전할 영원한 복음을 가지고 있었습니다. 성경에는 복음에 대해 여러 가지로 설명합니다. 그 대표적인 것이 하나님의 복음을 듣고 믿어 구원을 받은 구원의 복음(엡1:13)이요 삶의 모든 문제에 대한 해답을 주는 은혜의 복음(행20:24)이며 모든 인류의 영원한 구원과 심판을 전하는 영원한 복음(계14:6)입니다.

영원한 복음은 변하지 않는 진리이기에 믿지 않는 자들에게는 언제나 심판의 선언입니다. 그러나, 참된 믿음을 가진 성도들에게는 언제나 어디서나 변하지 않는 소망을 주는 복음입니다.

영원한 복음을 가진 천사는 하나님께서 이 세상 모든 만물을 창조하셨고 주님의 심판 시간이 다가왔으니 하나님을 두려워하며 하나님께 영광을 돌리고 주님께 경배하라고 선포합니다.

2) 둘째 천사(바벨론 멸망 선언)

그 뒤를 이어 날아가는 천사는 이제 곧 닥칠 큰 성 바벨론의 멸망을 선언합니다. 바벨론은 그 시대의 로마요 오늘날 하나님을 떠난 세속도시입니다. 사탄이 배후에 있고 적그리스도가 다스리는 나라, 온갖 사탄의 사상과 인본주의 문화와 문명으로 하나님을 대적하고 떠나게 하는 나라는 반드시 멸망합니다.

3) 셋째 천사(짐승의 표를 받은 자들이 당할 고난)

셋째 천사가 그 뒤를 이어 날아가며 선언합니다. 짐승과 그 우상에게 경배하고 그 오른손이나 이마에 표를 받은 자들에게 화가 있을 것을 선언합니다. 이들이 겪는 고난은 불과 유황으로 타는 불 못의 형벌입니다.

그들은 잠깐 살기 위해 짐승을 섬겼지만, 그 대가는 영원한 죽음과 형벌의 장소인 불 못에 던져지는 것입니다. 그곳에서 그들은 영원히 쉼이 없는 고통을 당할 것입니다.

4) 성도의 죽음

그래서 성도들은 고난 중에도 믿음을 지키기 위해 인내해야 합니다. 끝까지 승리해야 합니다. 이 믿음을 지키는 사람들은 계시록 12장 17절에서 마귀가 싸워 무너지게 하려 했던 여자의 남은 자손들입니다. 그들은 하나님의 계명과 예수님에 대한 믿음의 증거를 끝까지 지키는 자들입니다.

그들은 믿음을 지키기 위해 순교했습니다. 그들에게 성령께서 말씀하십니다. "지금 이후로 주안에서 죽는 자들은 복되도다." 이 복이 계시록이 말씀하는 두 번째 복입니다.(계14:13)

죽음은 이별이요 아픔이요 고통이며 슬픔입니다. 그러나 주님 안에서 죽는 죽음은 복된 죽음입니다. 그들은 그들이 믿음을 지킨 행위 때문에 죽음 이후에 오히려 영원한 안식을 얻습니다. 세상 어디에서도 얻지 못하는 영원한 안식이 있기에 주안에서 죽는 죽음은 복 있는 죽음입니다.

성도들에게는 분명한 믿음의 결단이 있어야 합니다. 그 믿음의 결단은 우리들의 삶을 영원한 평화의 나라로 이끌어 갑니다. 세상 문화와 문명에 취해 살면 안 됩니다. 그 나라는 반드시 망합니다. 역사 속에 수많은 나라가 존재했지만 오늘날까지 존재하고 있는 나라는 없습니다. 하나님의 나라만 영원합니다.

잠깐 살기 위해 하나님이 아닌 다른 것들을 신으로 섬기면 안 됩니다. 그 대가는 지옥과 불 못의 형벌이요 잠깐의 안식도 없는 영원한 고통입니다. 천지 모든 만물을 창조하시고 영원한 복음을 주신 하나님만 경배하며 찬양합시다.

⬆ 적용

• 첫 번째 천사가 전하는 영원한 복음은 어떤 내용입니까?

• 두 번째 천사는 왜 바벨론이 심판을 받는다고 선포합니까?

_____

_____

_____

_____

• 짐승과 그 우상에게 경배한 자들이 받는 벌은 무엇이며 주 안에서 죽는 자들이 누구입니까? 그들이 받는 복은 무엇이며 우리는 어떻게 살아야 합니까?

_____

_____

_____

_____

_____

_____

_____

_____

오늘의 QT(14:14-20)

두 가지 추수

찬송과 기도 : 찬송가 495장(익은 곡식 거둘 자가)

✝ 마음 열기 | 15분

15분이라는 연극이 있습니다. 유망한 청년이 30세에 대학원을 마치고 결혼을 앞두고 있습니다. 하지만 박사학위 논문을 제출해 놓고 그 결과를 기다리고 있던 그는 그만 병이 들어 의사로부터 15분 후면 죽는다는 선고를 받게 됩니다.

그는 불안과 초조함에 떨며 몸부림치기 시작합니다. 시간은 자꾸 흘러갑니다. 10분이 남았을 그때 "편지요." 하는 소리와 함께 편지가 배달됩니다. 내용은 억만장자 삼촌이 돌아가셨다는 소식으로 그 삼촌의 재산 상속자가 청년이라고 하는 변호사의 통보였습니다.

그러는 사이 시간은 또 흘러 시계는 이제 청년의 생명이 10분, 9분, 8분이 남았음을 가리킵니다. 그때 다시 "편지요." 하면서 또 한 통의 편지가 배달되었습니다. 내용은 박사학위 논문이 통과되었다는 소식이었습니다.

시간은 생명이 7분, 6분, 5분이 남았음을 가리킵니다. 그때 또 "편지요." 하면서 한 통의 편지가 배달됩니다. 사랑하는 사람의 부모님이 결혼을 승낙했다는 애인의 편지였습니다. 그러나 시계는 멈추지 않고 3분, 2분, 1분이 지나면서 마침내 청년이 숨을 멈추는 것으로 연극은 끝이 납니다.

억만장자의 유산 상속도, 박사 학위도, 결혼 승낙도 그 청년에게는 별 의미가 없게 되었습니다. 여기서 15분은 15개월일 수도 있고 15년이 될 수도 있고 그 두 배인 30년이 될 수도 있습니다. 그러나 영원한 가치를 붙잡지 못하고 살다가 죽는다면 15분이든, 15년이든 의미가 없기는 똑같지 않습니까?

■ 본문 읽기

"또 내가 보니 흰 구름이 있고 구름 위에 인자와 같은 이가 앉으셨는데 그 머리에는 금 면류관이 있고 그 손에는 예리한 낫을 가졌더라. 또 다른 천사가 성전으로부터 나와 구름 위에 앉은 이를 향하여 큰 음성으로 외쳐 이르되 당신의 낫을 휘둘러 거두소서. 땅의 곡식이 다 익어 거둘 때가 이르렀음이니이다 하니 구름 위에 앉으신 이가 낫을 땅에 휘두르매 땅의 곡식이 거두어지니라 또 다른 천사가 하늘에 있는 성전에서 나오는데 역시 예리한 낫을 가졌더라. 또 불을 다스리는 다른 천사가 제단으로부터 나와 예리한 낫 가진 자를 향하여 큰 음성으로 불러 이르되 네 예리한 낫을 휘둘러 땅의 포도송이를 거두라 그 포도가 익었느니라 하더라. 천사가 낫을 땅에 휘둘러 땅의 포도를 거두어 하나님의 진노의 큰 포도주 틀에 던지매 성 밖에서 그 틀이 밟히니 틀에서 피가 나서 말굴레에까지 닿았고 천육백 스다디온에 퍼졌더라"

🔟 본문 이해를 위한 길잡이

1) 알곡(성도들)을 추수하시는 예수님

마지막 때가 되면 모든 사람은 그가 살아온 인생의 결론을 내려야 합니다. 그것을 성경은 하나님의 심판이요 추수라고 말씀합니다.

인자의 모습으로 나타나신 예수님은 흰 옷을 입고 흰 구름 위에 금 면류관을 쓰신 모습으로 나타나셨습니다. 9장에서 악한 영들인 황충이 나타날 때 그 황충들의 머리에는 금관과 같은 것이 있었습니다.

진짜를 흉내 내는 가짜입니다. 사탄의 역사입니다. 그런데 본문에 추수하러 나타나신 예수님은 하나님의 영광 가운데 승리자의 표시인 진짜 금 면류관을 쓰고 계십니다.

하나님의 성전에서 천사가 나와 곡식들이 익었으니 낫을 휘둘러 그 곡식들을 거두라고 주님께 요청합니다. 그러자 주님은 쥐고 계시던 예리한 낫인 천사들 곧 추수 꾼들을 보내 알곡들은 거두어 천국에 들어가게 하시고 쭉정이는 거두어 불로 태우십니다.

이 추수의 장면은 마태복음 13장 36절부터 40절에 잘 나와 있습니다.

"이에 예수께서 무리를 떠나서 집에 들어가시니 제자들이 나아와 이르되 밭의 가라지의 비유를 우리에게 설명하여 주소서 대답하여 이르시되 좋은 씨를 뿌리는 이는 인자요 밭은 세상이요 좋은 씨는 천국의 아들들이요 가라지는 악한 자의 아들들이요 가라지를 뿌린 원수는 마귀요 추수 때는 세상 끝이요 추수 꾼은 천사들이니 그런즉 가라지를 거두어 불에 사르는 것 같이 세상 끝에도 그러하리라"

그러므로 우리는 익은 알곡이 되어야 합니다. 그래야 주님이 추수하실 때 천국으로 들어갈 수 있습니다. 가라지는 불에 태워집니다.

2) 포도송이(악인들)을 추수하는 천사

또 다른 천사가 성전에서 나오는데 그도 역시 예리한 낫을 가졌습니다. 제단의 불을 다스리는 천사가 말합니다. "그 낫을 휘둘러 포도송이들을 거두어라." 그러자 그가 낫을 휘두르니 포도송이들이 거두어졌습니다.

포도송이들은 누구입니까? 하나님을 믿지 않고 예수님을 부인하며 교회를 무너뜨리고 사탄을 숭배한 자들입니다. 알곡도 익었고 포도송이도 익었습니다. 알곡 추수는 주님이 하십니다. 믿는 자의 구원이 우선입니다. 그리고 포도송이 추수는 천사가 대신합니다. 믿지 않는 자들에 대한 심판입니다.

그래서 믿는 자들이 들려 올림 받는 것과 어린 양의 혼인 잔치와 천년왕국이 먼저이고, 흰 보좌 앞에서 죽은 자들이 심판받는 것이 그다음입니다.

하나님께는 하나님 자녀들의 구원이 우선입니다. 그것이 하나님의 사랑입니다.

천사는 포도송이들을 거두어 그들을 하나님의 진노의 큰 포도주 틀에 던집니다. 포도송이가 던져진 그 틀은 하나님의 도성 밖에서 짜게 되는데 그 틀에서 그들이 흘리는 피가 말의 몸통에까지 닿을 정도로 가득합니다.

그 모습은 마치 주 후 70년에 유대가 로마에 망하고 유대 온 땅을 피로 물들였던 것을 연상하게 합니다. 그 땅의 길이 1,600 스타디온은 하나님을 떠나 멸망당하는 온 세상을 상징합니다.

마지막 때는 분명한 추수의 때가 있습니다. 먼저는 알곡 추수입니다. 주님은 믿음을 지킨 주의 종들과 성도들을 먼저 구원하십니다. 그리고 남은 쭉정이들은 불 못에 던져집니다.

포도송이처럼 그 안에 죄악이 꽉 찬 자들은 심판을 받아 성밖에 버려지고 피 흘리는 고통과 아픔과 슬픔에서 벗어나지 못하고 불 못에 던져져 잠깐의 쉼도 얻지 못합니다.

18장을 보면 바벨론은 성안에서 무고한 성도들과 선지자들의 피를 흘리게 했습니다. 그러나 이제 추수 때가 되면 선지자들과 성도들의 피를 흘리게 했던 그들이 조금도 남김없이 그들의 피를 쏟아내야 합니다. 하나님의 심판은 이렇게 공정합니다. 억울하게 흘린 피 값을 갚으시는 것이 하나님의 추수입니다.

↑ **적용**

• 마지막 때에는 알곡과 포도송이의 두 가지 추수가 있습니다. 각각의
  추수는 누가 합니까? 그 대상은 어떻게 다릅니까?

• 인자 같은 이가 앉아 있는 그 구름은 무엇일까요? 또 예리한 낫을 가진
  천사가 나온 성전은 어디에 있는 것입니까?

• 마지막 시대 마지막 추수 때에 포도송이처럼 성 밖에 버림받지 않고
  알곡 되어 성안에 있기 위해 오늘 당신이 할 일을 생각해 보고 실천하
  십시오.

승리의 노래와 증거 장막 성전

계시록에 나타나는 세 가지 큰 재앙은

1) 일곱 인 가운데 두 번째부터 여섯 번째 인까지의 재앙입니다. 이 재앙은 인류 역사가 시작된 때로부터 특히 주님의 승천 이후 주님이 재림하실 때까지 이 세상에 계속될 모든 재앙의 모습을 다 보여줍니다.

2) 일곱 번째 인을 뗄 때로부터 시작되는 일곱 나팔의 재앙 가운데 여섯 나팔의 재앙입니다. 이 재앙은 예수님의 재림이 가까이 오면서 하나님을 떠난 인간들의 죄악 때문에 자연계에 임하는 재앙을 네 나팔로 먼저 보여줍니다.

이어 다섯 번째 나팔로 무저갱에서 풀려난 악령들에 의한 고통의 시대를 그리고 여섯 번째 나팔은 믿지 않는 자들만이 아니라 믿음을 지키는 주의 종들이 당하는 엄청난 수난과 고통과 순교의 시대를 보여줍니다.

3) 일곱 번째 나팔 속에 포함된 일곱 대접 재앙입니다. 이 재앙은 하나님을 대적하고 하나님을 떠난 음녀로 상징되는 종교와 문화 그리고 하나님을 대적하는 바벨론으로 상징되는 문명 그리고 정치와 경제에 대한 심판입니다.

여섯 인 재앙은 6장에 여섯 나팔 재앙은 8장과 9장에 일곱 대접 재앙은 16장에 기록되어 있습니다.

15장은 16장에 나오는 일곱 대접 재앙과 17장의 음녀에 대한 심판 그리고 18장의 바벨론에 대한 심판을 예고하는 내용입니다.

증거 장막 성전

1. 성막은 하나님의 명령에 따라 모세가 광야에서 만든 성소입니다.

하나님께서는 모세에게 이렇게 말씀하셨습니다. "내가 그들 중에 거할 성소를 그들을 시켜 나를 위하여 짓되 무릇 내가 네게 보이는 대로 장막의 식양과 그 기구의 식양을 따라 지을지니라."(출 25:8-9) 성막의 설계도는 하나님께서 모세에게 주신 것입니다. 성막은 하늘에 있는 성전의 모형과 그림자입니다.(히8:5)

2. 성막은 십자가의 복음을 계시합니다. 성막은 예수 그리스도의 모형입니다.(요5:39, 히10:20)

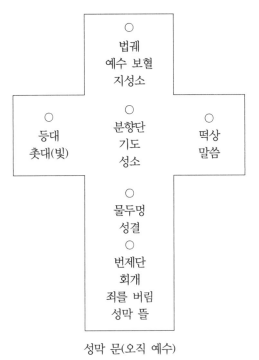

성막 문(오직 예수)

3. 성막 문에서 지성소까지 가는 길은 하나님을 만나러 가는 길입니다.

성막 문은 동쪽에 있는데 들어올 때는 서쪽에 있는 지성소를 보고 어둠과 우울함의 그늘에서 질병과 인생의 문제를 들고 옵니다. 그러나 나갈 때는 문이 있는 동쪽을 향해 밝은 빛 가운데에서 기쁨과 감사를 안고 건강을 되찾고 문제가 해결된 모습으로 나갑니다.

하나님께서는 이렇게 말씀하셨습니다. "거기서 내가 너와 만나고 속죄소 위 곧 증거궤 위에 있는 두 그룹 사이에서 내가 이스라엘 자손을 위하여

네게 명할 모든 일을 네게 이르리라."(출 25:22)

4. 성막은 죄인들을 구원하는 장소입니다.

성막은 하나님께서

1) 죄인을 만나주시는 장소입니다.(출25:22)
2) 자신을 계시하시는 장소입니다.(출25:22)
3) 죄인들과 말씀하시는 장소입니다.(출29:42)
4) 죄인을 받아주시는 장소입니다.(레1:4)
5) 죄인을 용서해 주시는 장소입니다.(엡1:7)

하나님께서는 성막과 성전에서 제사와 예배와 말씀을 통해 우리를 사랑하시는 다양한 증거들을 보여주십니다. 그래서 우리는 증거막(민1:53), 장막, 회막, 성막, 성전의 이름을 합하여 성경 본문 말씀대로 증거 장막 성전이라고 합니다.

오늘의 QT(15:1-4)
승리의 노래와 악한 자들에 대한
마지막 심판을 위한 진노의 준비
찬송과 기도 : 찬송가 542장(구주 예수 의지함이)

⬛ 마음 열기 | 가장 귀한 보배

"주 예수보다 더 귀한 것은 없네" 우리가 즐겨 부르는 찬송 102장은 G.B. Shea라는 분이 작곡한 것입니다. 그는 어렸을 때 예수를 믿었습니다. 교회 학교에도 열심히 나갔습니다. 그런데 세상에서 출세하고 돈을 벌면서 점점 이 사람의 마음속에서 예수님이 멀어지기 시작했습니다.

그는 시카고 방송국의 연출가였고, 인기 절정의 가수였습니다. 그러나 그는 돈은 많이 벌면서도 마음이 늘 허전했습니다. 출세하면서도 마음속에 불안이 떠나지 않았습니다. 그런데 어느 날 성경을 읽다가 갑자기 어릴 때 믿던 예수님에 관한 추억과 향수가 되살아나기 시작했습니다.

'나는 지금 인생을 낭비하고 있구나'하는 생각이 그를 사로잡았습니다. 이런 생각에 사로잡혀 있을 때 어느 성회에 참석하게 되고, 거기서 예수님께 대한 헌신을 다짐하게 되었습니다. 그리고 집으로 돌아왔을 때 방송국에서 전화가 걸려 왔습니다. 다시 전속계약을 하면 지금까지보다 몇 배의 출연료를 주겠다는 내용의 전화였습니다.

G.B. Shea는 "나는 이제부터 내 모든 재능을 하나님의 영광만을 위해 쓰기로 작정했습니다."라고 하며 방송국의 계약 청원을 거절했습니다. 그 때부터 G.B. Shea의 마음속에서 멜로디가 흘러나오기 시작했습니다.

그래서 어머니가 그녀의 친구인 밀러 여사에게서 가져왔던 시에 작곡했습니다. "주 예수보다 더 귀한 것은 없네! 이 세상 부귀와 바꿀 수 없네! 영 죽을 내 대신 돌아가신 그 놀라운 사랑 잊지 못해 세상 즐거움 다 버리고 세상 자랑 다 버렸네! 주 예수보다 더 귀한 것은 없네 예수밖에는 없네."

내 모든 것을 다 버리고서라도 소유해야만 하는 보물이 있습니다. 그 보물이 바로 예수님이십니다.

🔼 본문 읽기

"또 하늘에 크고 이상한 다른 이적을 보매 일곱 천사가 일곱 재앙을 가졌으니 곧 마지막 재앙이라 하나님의 진노가 이것으로 마치리로다 또 내가 보니 불이 섞인 유리 바다 같은 것이 있고 짐승과 그의 우상과 그의 이름의 수를 이기고 벗어난 자들이 유리 바다 가에 서서 하나님의 거문고를 가지고 하나님의 종 모세의 노래, 어린 양의 노래를 불러 이르되 주 하나님 곧 전능하신 이시여 하시는 일이 크고 놀라우시도다 만국의 왕이시여 주의 길이 의롭고 참되시도다 주여 누가 주의 이름을 두려워하지

아니하며 영화롭게 하지 아니하오리이까 오직 주만 거룩하시니이다 주의
의로우신 일이 나타났으매 만국이 와서 주께 경배하리이다 하더라"

1 본문 이해를 위한 길잡이

1) 마지막 재앙

계시록에는 세 가지 이적의 모습이 나옵니다. 12장에 두 가지가 나오는
데 첫째는 해를 옷처럼 입은 여자의 등장이고 둘째는 붉은 용의 등장입니
다. 그리고 세 번째가 오늘 본문에 나오는 일곱 천사가 일곱 대접을 받는
내용입니다.

이 일곱 대접의 재앙은 하나님을 떠난 문화와 문명에 대한 최종적인
심판의 재앙이기 때문에 마지막 재앙입니다. 이것으로 하나님의 진노가
끝나게 됩니다.

성경에서 주님이 말씀하시는 환난의 시대는 크게 셋으로 구별됩니다.
그 첫째는 환난이 시작되는 시대요(마24:8) 둘째가 큰 환난의 시대(마
24:21)이며 셋째가 본문이 말씀하는 마지막 재앙의 시대입니다.

주의 종들과 성도들은 큰 환난의 시대를 통과합니다.(7:14) 그러나 마지
막 재앙은 주의 종들과 성도들을 향한 것이 아닙니다. 이것은 하나님을
떠난 자들에 대한 혹독한 심판의 재앙입니다. 이 내용이 16장부터 18장까
지의 내용입니다.

마친다는 것은 완성하다, 이루었다는 뜻입니다. 이제 마지막입니다. 이 재앙 이후에는 예수님의 재림과 함께 짐승과 거짓 선지자에 대한 심판이 있고 천년왕국이 이루어집니다. 그 후에 마귀도 불 못에 던져지고 모든 죽은 자들이 하나님의 보좌 앞에서 천국과 지옥으로 나뉘는 최후의 심판만이 있을 뿐입니다.

2) 유리 바닷가의 찬양

마지막 재앙에 대한 심판의 선언이 있은 다음에 심판이 불빛이 비추어지는 하나님의 보좌 앞 유리 바닷가에서 짐승과 그 우상에게 경배하지 아니하고, 그 이름의 수를 이기고 벗어난 자들의 찬양이 있습니다. 하나님은 찬양 중에 거하시는 분입니다.

그들은 네 생물 곧 천사장들이 가졌던 것과 같은 하나님의 거문고를 가지고 있습니다. 그리고 그들은 그 심판의 불이 비추어지는 유리 바닷가에 서서 하나님께 찬양합니다. 십사만 사천의 주의 종들은 어린 양과 함께 시온 산에 있는데, 이들은 하나님의 보좌 앞 유리 바닷가에 있습니다.

그들의 찬양은 하나님의 종 모세의 노래요 어린 양의 노래입니다. 그 내용은 먼저 주님의 전능하심을 찬양하는 것입니다. 하나님의 전능하심은 우리 사람들 생각의 한계를 초월하기 때문에 크고 놀라우신 것입니다.

그리고 그들은 모든 나라를 다스리시는 주님의 하시는 일들이 의롭고 참되신 것을 찬양합니다. 주님의 길은 의로운 길입니다. 불의가 없습니다.

참된 길입니다. 거짓이 없습니다. 진실합니다.

또한, 그들은 하나님의 거룩하심을 찬양합니다. 주님의 거룩하심 앞에서 모든 사람은 자신들의 죄를 봅니다. 그리고 주님의 보혈에 의해 죄를 씻김 받은 자에게 베푸시는 하나님의 은총을 봅니다. 주님은 거룩하신 하나님이십니다.

마지막으로 그들은 하나님께서 의롭게 심판하시는 것을 보고 하나님께 경배할 것을 권면하며 찬양합니다.

십사만 사천의 주의 종들과 이 성도들처럼 마지막 때에 하나님께서는 악한 세상을 심판하시기 전에 믿음으로 산 주의 종들과 성도들을 먼저 구원하십니다. 바로 여기에 신앙의 인내가 있는 우리의 보람이 있고 우리의 소망이 있습니다.

우리의 소망은 영혼의 닻과 같은 것입니다. "하나님은 약속을 기업으로 받는 자들에게 그 뜻이 변하지 아니함을 충분히 나타내시려고 그 일을 맹세로 보증하셨나니 이는 하나님이 거짓말을 하실 수 없는 이 두 가지 변하지 못할 사실로 말미암아 앞에 있는 소망을 얻으려고 피난처를 찾은 우리에게 큰 안위를 받게 하려 하심이라 우리가 이 소망을 가지고 있는 것은 영혼의 닻 같아서 튼튼하고 견고하여 휘장 안에 들어가나니 그리로 앞서 가신 예수께서 멜기세덱의 반차를 따라 영원히 대제사장이 되어 우리를 위하여 들어 가셨느니라"(히6:17-20)

믿음을 지키다가 고난 중에 있습니까? 하나님의 보좌 앞 유리 바닷가에서 찬양하는 구원받은 성도들의 모습을 마음에 그려보십시오. 그리고 믿음과 소망을 가지십시오. 바로 우리 눈앞에는 영원한 안식처인 천국이 기다리고 있습니다.

⬆ 적용

• 일곱 대접이 쏟아지는 재앙의 심판으로 하나님의 진노가 끝이 납니다. 그 심판의 대상은 누구이며 유리 바닷가에서 찬양하는 무리는 누구입니까?

_____

_____

_____

_____

• 거문고를 들고 찬양하는 내용은 무엇입니까?

_____

_____

_____

_____

• 승리한 성도만이 하나님 앞에서 찬양할 수 있습니다. 오늘도 짐승이나 그 우상에게 경배하지 않는 승리하는 하루가 되시기 바랍니다.

오늘의 QT(15:5-8)
하나님의 진노가 가득 담긴 일곱 대접 심판을 위해
증거 장막 성전이 열림
찬송과 기도 : 찬송가 546장(주님 약속하신 말씀 위에서)

⬆ 마음 열기 | 너는 어떤 사람이냐?

요리사가 직업인 주방장에게 중학생인 사랑하는 딸이 있습니다. 그 딸이 아버지에게 모든 일이 뜻대로 되지 않는다고 푸념을 합니다. 말없이 딸을 주방으로 데리고 가더니 세 개의 솥을 가지고 와서 물을 붓고 끓이기 시작하면서 각각 당근과 계란, 그리고 곱게 갈아 놓은 커피를 넣었습니다.

한 20분쯤 지났을까, 아버지는 불을 끄더니 당근과 계란을 각각 그릇에 담고 커피는 잔에 부었습니다. 딸에게 당근을 만져보라, 계란을 깨 보라고 했습니다. 처음 솥에 넣을 때보다 당근은 말랑말랑해져 있고, 계란 껍데기를 벗겨보니 속이 단단히 잘 익어 있었습니다. 마지막으로 아버지는 커피를 한 모금 마신 뒤 만족스러운 미소를 지었습니다.

"이 당근과 계란, 커피는 모두 똑같이 뜨거운 물에 들어가 역경을 겪었다. 하지만 그 결과는 모두 다르게 나타났지. 넌 어느 쪽인지 생각해 봐라."

묵묵히 생각에 잠긴 딸에게 아버지는 따뜻한 눈빛으로 바라보며 다시 말을 이었습니다. "본래 강했지만, 고통이 닥치자 스스로 몸을 움츠리고 아주 약해져 버린 당근이냐? 아니면 본래 연약하고 불안했지만, 시련을 겪고 난 뒤 더욱 강인해지는 계란이냐? 그도 아니면 자신에게 고통을 주었던 뜨거운 물을 변하시키고 좋은 향기를 내는 커피냐?

네가 커피가 될 수 있다면 힘든 상황에서도 현명해지고 희망을 품게 될 것이며, 주변의 상황을 변화시킬 수 있을 것이다."

🗓 본문 읽기

"**또 이 일 후에** 내가 보니 하늘에 증거 장막의 성전이 열리며 일곱 재앙을 가진 일곱 천사가 성전으로부터 나와 맑고 빛난 세마포 옷을 입고 가슴에 금띠를 띠고 네 생물 중의 하나가 영원토록 살아 계신 하나님의 진노를 가득히 담은 금 대접 일곱을 그 일곱 천사들에게 주니 하나님의 영광과 능력으로 말미암아 성전에 연기가 가득 차매 일곱 천사의 일곱 재앙이 마치기까지는 성전에 능히 들어갈 자가 없더라"

🗓 본문 이해를 위한 길잡이

1) 증거 장막 성전

이제 본격적인 마지막 재앙이 시작되기 전에 먼저 하늘에 있는 증거 장막 성전이 열립니다. 바로 여기에서부터 계시록의 여섯 번째 사건이 시작됩니다. 그 내용은 일곱 대접의 재앙과 음녀에 대한 심판입니다.

성막은 성소와 지성소로 나뉘는데 지성소에는 십계명을 새긴 두 돌 판과 만나 항아리와 아론의 싹이 난 지팡이 이 세 가지가 들어있는 언약궤가 있습니다.

변함이 없는 하나님의 언약과 인간의 죄악에도 불구하고 끊임없이 우리를 사랑하시는 하나님의 사랑과 하나님의 권위를 상징하는 그 세 가지가 들어있는 언약궤의 뚜껑이 속죄소입니다. 이 세 가지가 들어 있는 언약궤를 다른 말로는 증거궤라고 합니다. 그래서 성전을 증거 장막 성전이라고 하는 것입니다.

지성소로 들어가는 그 길은 주님께서 우리들의 구원을 위해 열어 주신 것입니다. "그러므로 형제들아 우리가 예수의 피를 힘입어 성소에 들어갈 담력을 얻었나니 그 길은 우리를 위하여 휘장 가운데로 열어 놓으신 새로운 살길이요 휘장은 곧 그의 육체라. 또 하나님의 집 다스리는 큰 제사장이 계시매 우리가 마음에 뿌림을 받아 악한 양심에서 벗어나고 몸은 맑은 물로 씻음을 받았으니 참 마음과 온전한 믿음으로 하나님께 나아가자."(히10:19-22)

그런데 이렇게 예수님에 의해 구원을 위해 열렸던 지성소로 가는 길이 이제 악한 자들에 대한 마지막 심판의 재앙을 위해 다시 열리게 되었습니다.

이단들은 이 증거 장막 성전이 자기들의 집단이라고 합니다. 증거 장막 성전이 열린 것이 그들의 이단 집단이 시작된 것이라고 합니다. 전혀 터무니없는 왜곡된 성경 해석입니다.

2) 성전에서 나오는 일곱 천사

증거 장막 성전이 열리면서 일곱 천사가 밝고 빛나는 세마포 옷을 입고 성전에서 나오는데 그들은 가슴에 금띠를 띠고 있습니다. 이 모습은 계시록 1장에 나오신 예수님과 닮은 모습입니다.

예수님을 닮은 그들의 모습은 이들이 포도송이를 추수하는 천사들처럼 악한 자들을 심판하는 일을 주님께 위임받았음을 의미합니다. 그들이 입은 밝고 빛나는 세마포 옷은 승리자의 옷입니다.

19장을 보면 예수님이 재림하실 때 흰 말을 타고 주님을 따르는 큰 무리가 바로 이 밝고 빛나는 세마포 옷을 입고 있습니다.

이들에게 네 천사장 가운데 하나가 하나님의 진노가 가득 담긴 금 대접 일곱을 나누어 줍니다. 그러자 솔로몬의 성전에 구름이 가득하고 하나님의 영광이 가득했던 것처럼(왕상8:10-11) 하나님의 영광과 능력이 나타나며 성전에 연기가 가득합니다.

대접에 세세토록 살아계신 하나님의 진노가 가득 담긴 것은 하나님께서 아담 이후 죄악 가운데 살아온 인류의 전 세대에 대해 가지셨던 진노를 마지막으로 모두 담았다는 뜻입니다.

그 진노는 아담 이후 하나님의 택함을 받지 못한 사람들이 사탄의 노예가 되어 하나님을 대적하고 그리스도를 반대하고 교회와 성도를 핍박한 모든 죄에 대한 진노입니다.

하나님의 진노가 다 마치기까지는 아무도 성전에 들어갈 수가 없습니다. 이것은 하나님의 마지막 심판의 재앙이 그만큼 엄중하고 신속하게 이루어져야 할 일이라는 것입니다. 다시는 더 미루거나 돌이킬 수 없는 것이라는 의미입니다.

그러므로 오늘 우리는 우리가 누군가를 위하여 기도할 수 있을 때 더 많이 기도해야 합니다. 전도할 수 있을 때 바로 그 즉시 전도해야 합니다. 누군가를 위하여 기도하는 것도 전도하는 것도 다 허락된 시간이 있습니다.

🔼 적용

- 하늘에 있는 증거 장막 성전이 열렸습니다. 왜 그냥 성전이라 하지 않고 증거 장막 성전이라고 합니까?

- 본문에서 말씀하는 하나님의 진노는 누구를 향한 것입니까? 그것을 무엇이라 합니까?

_____

_____

- 이제 시간이 별로 없습니다. 가까이 다가온 하나님의 진노에서 벗어나려면 어떤 삶을 살아야 할지를 생각해 보고 실천합시다.(기도, 성결, 헌신 등)

_____

_____

_____

묵상노트

_____

_____

_____

_____

_____

_____

_____

일곱 대접의 재앙

16장에 나오는 일곱 대접 재앙의 구조는 앞에 나왔던 일곱 인 재앙(6장)과 일곱 나팔 재앙(8장-9장)과 마찬가지로 4+2+1의 구조로 되어 있습니다.

1) 일곱 인 재앙은 첫 번째에서 네 번째까지 흰 말, 붉은 말, 검은 말, 청황색 말 등 같은 시대에 땅에서 있을 일련의 사건과 재앙의 모습들을 보여줍니다.

다섯 번째에서 여섯 번째까지는 시대의 흐름 속에서 생겨나는 순교자들의 영혼이 주님의 제단 아래에서 피 값을 갚아달라고 호소하며 기도하는 것과 천재지변입니다.

그리고 8장 1절에서 일곱 번째 인을 뗄 때 성도들의 기도가 하나님 앞에 상달되면서 다음 일곱 나팔의 재앙이 시작되는 것으로 구성되어 있습니다.

2) 일곱 나팔 재앙도 첫 번째에서 네 번째까지는 먼저 땅과 바다와 강과 천체의 삼분의 일씩 파괴되는 자연계에서 일어나는 재난을 말합니다.

그리고 다섯 번째에서 여섯 번째까지는 황충 재앙과 세계적인 전쟁의 모습을 통해 인간계에 직접 일어나는 재앙을 말합니다.

그리고 일곱 번째 나팔이 울리면서 하나님의 진노로 악한 자들을 심판하는 일곱 대접의 재앙이 시작되는 구조로 되어 있습니다.

그런 구조는 일곱 대접 재앙에서도 동일하게 나타납니다.

3) 대접 재앙도 첫 번째에서 네 번째까지는 나팔 재앙처럼 땅과 바다와 강과 천체에 내리는 재앙이 나오고(1절-9절), 다섯 번째에서 여섯 번째까지는 짐승의 보좌에 내리는 재앙과 아마겟돈 전쟁의 모습입니다.(10절-16절)

그리고 하나님을 떠난 악한 세상에 대한 심판의 완성으로, 17장과 18장으로 이어지는 음녀와 바벨론에 대한 심판의 모습입니다.(17절-21절)

오늘의 QT(16:1-9)
자연을 이용한 악인들을 향한 네 대접 재앙
찬송과 기도 : 찬송가 370장(주 안에 있는 나에게)

✝ 마음 열기 | 철조망 병

2차 세계대전 당시 연합군 포로수용소에서 근무하던 군의관들이 명명한 새로운 질병이 있습니다. '철조망 병Barbed Wire Sickness'으로, 증세는 극도의 우울증, 식욕도 없고 먹어도 살이 찌지 않고 나중에는 쇠약해져서 누워있기만 하는 것입니다.

이 병은 원인도 잘 밝혀지지 않았고, 당연히 치료법도 알려지지 않았는데 가시철조망, 즉 수용소 안에 갇혀 있을 때 생긴 일종의 '절망 병'이었습니다.

나중에 여러 사람을 통해 입증된 자료를 보면, 그때 같은 수용소 안에 있었지만, 가시철조망을 보고 한탄하는 대신에 고개를 들어 푸른 하늘을 바라보고 고향을 그리며 희망을 품은 사람들은 그 병에 걸리지 않았다고 합니다.

몸과 마음까지 철조망에 갇혀 구속되었던 사람들은 병에 걸렸지만, 마음까지 구속되지 않았던 사람들은 그 병에 걸리지 않은 것입니다. 그 철조망이 우리에게도 있습니다. 보이지 않는 철조망 속에서 살아가고 있습니다.

넘어갈 수 없는 현실의 철조망에 가로막혀 있습니다. 질병이라는 철조망이 있고, 실패라는 철조망이 있습니다. 능력의 한계라는 철조망도 있습니다. 혹시 '철조망 병'의 증세가 있는 것은 아닙니까? 실망하고 좌절하고 포기한 채 살아가십니까? 그렇다면 당신은 절대 희망이신 예수님을 만나야 합니다.

🔲 본문 읽기

"또 내가 들으니 성전에서 큰 음성이 나서 일곱 천사에게 말하되 너희는 가서 하나님의 진노의 일곱 대접을 땅에 쏟으라 하더라 첫째 천사가 가서 그 대접을 땅에 쏟으매 짐승의 표를 받은 사람들과 그 우상에게 경배하는 자들에게 악하고 독한 종기가 나더라 둘째 천사가 그 대접을 바다에 쏟으매 바다가 곧 죽은 자의 피 같이 되니 바다 가운데 모든 생물이 죽더라. 셋째 천사가 그 대접을 강과 물 근원에 쏟으매 피가 되더라. 내가 들으니 물을 차지한 천사가 이르되 전에도 계셨고 지금도 계신 거룩하신 이여 이렇게 심판하시니 의로우시도다 그들이 성도들과 선지자들의 피를 흘렸으므로 그들에게 피를 마시게 하신 것이 합당하니이다 하더라. 또 내가 들으니 제단이 말하기를 그러하다 주 하나님 곧 전능하신 이시여 심판하시는 것이 참되시고 의로우시도다 하더라. 넷째 천사가 그 대접을 해에 쏟으매 해가 권세를 받아 불로 사람들을 태우니 사람들이 크게 태움에 태워진지라 이 재앙들을 행하는 권세를 가지신 하나님의 이름을 비방하며 또 회개하지 아니하고 주께 영광을 돌리지 아니하더라"

🖥 본문 이해를 위한 길잡이

이제 하늘의 성전에 계신 하나님께서 마지막 재앙이 담긴 일곱 대접을 땅에 쏟으라고 말씀합니다. 항상 심판의 첫째 대상은 땅입니다. 그러므로 우리는 언제나 하늘 백성으로 살아야 합니다.

1) 첫째 대접(땅)

첫째 천사가 대접을 땅에 쏟았습니다. 그러자 고칠 수 없는 악하고 독한 종기(암) 같은 것들이 짐승의 표를 받은 자들과 그 우상에게 경배한 자들에게 생겼습니다. 마지막 때에는 고치지 못할 질병으로 사람들이 죽어가는 시대입니다.

2) 둘째 대접(바다)

둘째 천사가 대접을 바다에 쏟았습니다. 바다가 피가 되고 바다 가운데 있던 모든 생물이 죽게 되었습니다.

두 번째 나팔 재앙은 바다의 삼분의 일에 임한 재앙이었습니다. 바다의 삼분의 일이 피가 되고 배 삼분의 일이 깨지고 바다 생물의 삼분의 일이 죽는 제한적인 것이었습니다. 그러나 이제 두 번째 대접 재앙은 온 바다에 임하는 전면적인 재앙입니다.

3) 셋째 대접(강과 물 샘)

셋째 천사가 대접을 강과 물의 근원인 샘들에 쏟았습니다. 그러자 모든 물이 피가 되었습니다. 세 번째 나팔 재앙은 강과 솟아오르는 물들의 삼분의 일이 마시지 못할 쓴 물이 되게 하는 것이었습니다. 그러나 이제 세 번째 대접 재앙은 모든 물이 피가 되게 하는 재앙입니다.

강은 인류 문명의 근원지입니다. 그러므로 이 재앙을 통해 인류의 모든 문명의 생명력이 고갈되어 버립니다. 물의 근원이 피로 변한 것은 목마름이나 굶주림의 고통을 넘는 죽음의 고통입니다. 물이 포도주로 변하는 것은 하나님의 축복이지만 물이 피가 되는 것은 저주입니다.

마실 물도 없고 곡식을 재배할 물도 없으니 땅에 살아 있는 모든 생물과 사람에게 죽음의 고통이 있게 됩니다. 그때 사람들은 목말라 견디다 못해 그 피를 마시고 죽어갈 것입니다. 마지막 때의 마지막 대접의 재앙들의 특징은 피의 재앙입니다.

그때 물을 다스리는 천사가 영원히 살아계신 하나님께 그 심판이 의로우신 심판임을 찬양합니다. 피의 심판을 받는 그들은 선지자들과 성도들의 피를 흘리게 하였으므로, 그들도 피를 마시고 피를 흘리는 것이 마땅합니다. 심은 대로 거두고 행한 대로 갚아주시고 심판하시는 것이 하나님의 공의입니다.

하나님의 악인들에 대한 심판의 완성은 마지막에 반드시 이루어집니다. 그러므로 오늘 우리가 사는 현실에서 악인들이 잠시 득세하는 것 때문에 시험에 들어서는 안 됩니다.(시73편) 오늘 이 세상에는 악과 선이 섞여 있고 때로 악이 선을 이기지만 결국 최후 승리는 예수 그리스도를 믿는 성도들의 것입니다.

그때 제단에서 "그러하다. 주 하나님 곧 전능하신 이시여 심판하시는 것이 참되시고 의로우시도다"라는 음성이 들립니다. 하나님의 심판은 공정합니다.

4) 넷째 대접(태양)

네 번째 천사가 대접을 해에 쏟았습니다. 태양이 뜨거워지면서 사람들을 불로 태웠습니다. 인의 재앙 중에는 태잉이 어두워졌습니다. 진리가 왜곡되고 비진리가 빛을 발하는 것처럼 보이는 시대였습니다. 그러나 이제 네 번째 대접의 재앙은 사악한 자들을 불로 태우는 재앙입니다.

이 재앙을 당하는 사람들이 하나님을 비방합니다. 그들의 행위를 회개하지 않습니다. 하나님께 영광을 돌리지 않습니다.

이들은 성령의 인침을 받지 않은 자, 어린 양의 피에 씻지 않은 자, 땅에서 구원을 받지 않은 자, 예수 믿는 믿음이 없고 하나님의 계명의 말씀을 지키지 않는 자, 짐승에게 경배하고 짐승의 우상에게 절하고 짐승의 표를 받은 자들입니다.

마지막 시대는 회개가 없는 시대입니다. 오히려 하나님의 이름이 모독을 당하는 시대입니다. 하나님께 영광을 돌리는 사람들이 없는 악인들의 시대입니다. 그러니 어찌 하나님께서 그 세상을 심판하지 않으시겠습니까?

↑ 적용

• 일곱 대접의 재앙은 일곱 인의 재앙과 일곱 나팔의 재앙과 어떤 차이를 보입니까? 일곱 대접의 재앙을 받을 자들은 누구이며 일곱 대접의 재앙은 어떤 의미를 가지고 있습니까?

_____

_____

_____

_____

• 첫 번째부터 네 번째까지 임하는 대접 재앙의 결과를 써보십시오.

_____

_____

_____

_____

• 마지막 시대는 회개가 없는 시대입니다. 당신은 일상적인 죄에서 벗어나기 위해 어떻게 회개합니까? 어떤 믿음의 실천을 하고 있습니까? 또 죄를 지을 때마다 회개합니까? 아니면 그 죄를 덮어두거나 잊어버립니까?

_____

_____

_____

묵상노트

_____

_____

_____

_____

_____

_____

_____

_____

_____

_____

오늘의 QT(16:10-21)
악인들이 다스리는 나라와 악령들에 대한 심판의 재앙
찬송과 기도 : 찬송가 390장(예수가 거느리시니)

⬆ **마음 열기** | 공의로우신 하나님

어떤 랍비의 아내가 하녀와 심한 말다툼을 벌였습니다. 귀한 그릇이 하나 깨졌는데 랍비의 아내는 하녀에게 그 책임을 뒤집어씌워 손해를 변상하라고 요구했습니다. 하녀는 자기가 깨지 않았기 때문에 변상할 수 없노라고 맞서자 랍비의 아내는 소송을 걸었습니다.

재판 날이 되어 랍비의 아내가 법정에 가기 위해 옷을 갈아입었습니다. 이 모습을 보던 랍비도 옷을 갈아입었습니다. 왜 옷을 갈아입느냐고 아내가 묻자, 랍비는 자기도 함께 가려는 것이라고 대답했습니다.

그 말을 들은 아내가 말했습니다. "당신은 이런 일에 적합하지 않아요. 재판에서 어떻게 해야 하는 것 정도는 나도 알고 있다고요"

그러자 랍비가 아내에게 대답했습니다. "물론 당신은 잘 알 것이오. 하지만 내가 변호를 해 주려고 하는 불쌍한 과부인 하녀는 재판에서 어떻게 해야 하는지를 모르오. 나밖에 그녀를 위해 변호를 해 줄 사람이 또 어디 있겠소?"

하나님 나라에서는 정의가 단순히 세워질 뿐 아니라 온전히 실행됩니다. 법은 성실히 집행되며, 집행자는 입법자와 마찬가지로 의롭습니다.

🔼 본문 읽기

"또 다섯째 천사가 그 대접을 짐승의 왕좌에 쏟으니 그 나라가 곧 어두워지며 사람들이 아파서 자기 혀를 깨물고 아픈 것과 종기로 말미암아 하늘의 하나님을 비방하고 그들의 행위를 회개하지 아니하더라. 또 여섯째 천사가 그 대접을 큰 강 유브라데에 쏟으매 강물이 말라서 동방에서 오는 왕들의 길이 예비되었더라 또 내가 보매 개구리 같은 세 더러운 영이 용의 입과 짐승의 입과 거짓 선지자의 입에서 나오니 그들은 귀신의 영이라 이적을 행하여 온 천하 왕들에게 가서 하나님 곧 전능하신 이의 큰 날에 있을 전쟁을 위하여 그들을 모으더라. 보라 내가 도둑 같이 오리니 누구든지 깨어 자기 옷을 지켜 벌거벗고 다니지 아니하며 자기의 부끄러움을 보이지 아니하는 자는 복이 있도다. 세 영이 히브리어로 아마겟돈이라 하는 곳으로 왕들을 모으더라. 일곱째 천사가 그 대접을 공중에 쏟으매 큰 음성이 성전에서 보좌로부터 나서 이르되 되었다 하시니 번개와 음성들과 우렛소리가 있고 또 큰 지진이 있어 얼마나 큰지 사람이 땅에 있어 온 이래로 이같이 큰 지진이 없었더라. 큰 성이 세 갈래로 갈라지고 만국의 성들도 무너지니 큰 성 바벨론이 하나님 앞에 기억하신바 되어 그의

400

맹렬한 진노의 포도주 잔을 받으매 각 섬도 없어지고 산악도 간 데 없더라. 또 무게가 한 달란트나 되는 큰 우박이 하늘로부터 사람들에게 내리매 사람들이 그 우박의 재앙 때문에 하나님을 비방하니 그 재앙이 심히 큼이 러라"

1) 다섯 번째 대접(짐승의 보좌)

일곱 번의 대접 재앙 가운데 다섯 번째는 짐승의 보좌에 쏟아지는 재앙입니다.

악한 권력의 가장 핵심이 무너지니 곧 그 나라가 어두워집니다. 짐승의 보좌라는 말은 그 나라의 본질이 사탄의 어둠 가운데 있었다는 것을 보여 줍니다.

그들을 영원히 보호해 줄줄 알았던 권력자요 적그리스도인 짐승이 쫓겨나고 사탄의 실체가 드러나면서 그들에게는 참을 수 없는 고통이 찾아옵니다. 각종 악성 질병들과 마음의 고통 때문에 어려움을 당하면서도 그들은 그들의 행위를 회개하지 않고 하나님을 대적하고 훼방합니다.

이 모습을 성경은 이렇게 말씀합니다. "하나님을 알되 하나님으로 영화롭게도 아니하며 감사하지도 아니하고 오히려 그 생각이 허망하여지며 미련한 마음이 어두워졌나니 스스로 지혜 있다 하나 우준하게 되어 썩어지지 아니하는 하나님의 영광을 썩어질 사람과 금수와 버러지 형상의 우상으로 바꾸었느니라"(롬1:21-23)

2) 여섯 번째 대접(아마겟돈 전쟁)

여섯 번째 대접 재앙은 아마겟돈에서 벌어지는 세계적인 전쟁입니다. 그들이 가는 길을 막고 있던 유브라데 강물이 마르고 동방의 왕들이 연합군을 이루어 큰 전쟁이 준비되면서 사탄의 모든 세력이 총집결합니다.

아마겟돈 전쟁이 준비되는 이 본문에 사탄의 삼위일체가 나오는데 그들은 사탄과 짐승과 거짓 선지자이고 그들의 입에서는 거짓 영인 귀신이 나옵니다.

이것들이 이적을 행하면서 천하의 모든 왕들을 거짓으로 꾀어 하나님의 큰 심판의 날에 있을 전쟁을 위해 그들을 모읍니다. 말세는 하나님을 대적하기 위해 세상에 있는 모든 사탄의 세력이 하나 되는 시대입니다.

그들이 모이는 곳을 아마겟돈이라고 합니다. 그 장소는 팔레스틴 지역에서는 가장 전략적인 요충지로 구약시대부터 국제적인 큰 전쟁이 자주 있었던 곳입니다.

주님은 이 엄청난 파국과 전쟁이 오는 것을 말씀하시면서 성도들에게 그 전쟁에 빠져들지 않고 미리 구원받으려면 깨어 자기 옷 곧 성결함과 믿음을 지켜야 한다고 말씀합니다. 그러므로 우리는 아무도 모르는 시간 누구도 예상하지 못할 때 주님이 도적같이 오시더라도 맞이할 수 있도록 늘 깨어 기도합시다.

깨어 있으면서 주님을 맞이하는 복이 계시록의 세 번째 복입니다.(16:15)

3) 일곱 번째 대접(공중)

일곱 번째 대접 재앙은 악인들에 대한 하나님의 진노가 마치는 마지막 재앙입니다. 이 재앙의 구체적인 내용은 17장과 18장에 상세하게 나타납니다. 일곱 번째 대접은 공중에 쏟아집니다. 공중은 사탄의 거처인데 그 사탄의 거처가 하나님의 심판으로 무너지고 그 하수인 노릇을 하던 바벨론이 망하게 됩니다.

그 대접이 쏟아지자 하나님께서 되었다고 하십니다. 심판의 재앙이 완성되었다고 하십니다. 성경에서 하나님께서는 창조의 완성(창2:1), 속죄의 완성(요19:30), 심판의 완성(계16:17), 천국에서의 구원의 완성(계21:7)의 네 가지 완성을 말씀하시는데 이 본문은 심판의 완성을 선언하시는 말씀입니다.

그러자 번개와 음성과 우렛소리와 큰 지진이 일어나는데 땅이 있어 온 이래로 이처럼 큰 지진이 없었습니다. 항상 영원할 줄 알았던 바벨론 성도 무너지고 섬과 산들도 사라져 버립니다. 그리고 무게가 한 달란트 곧 34kg이 넘는 우박이 쏟아져 심판이 완성되는 모습이 나타납니다.

이 모습은 여섯 번째 인을 뗄 때와 11장 19절에서 하나님의 성전이 열리면서 나타났던 현상들이 결합하여 심판이 완성된 모습입니다. 마지막 재앙은 이처럼 처절한 모습입니다. 그런데도 악인들은 다 망하고 다 죽어도 끝까지 회개하지 않습니다. 말세는 죽어도 회개하지 않는 절대 악이 지배하는 시대입니다.

🔼 적용

• 왜 하나님께서는 짐승의 나라를 심판하실까요? 그리고 오늘날 그 짐승의 나라는 어디일까요?

_____

_____

• 사탄의 삼위일체는 무엇이며 그들의 입에서 나오는 개구리 같은 세 영의 정체는 무엇입니까?

_____

_____

• 되었다는 선언은 무엇을 의미합니까? 그리고 내가 성령 안에서 주님을 위해 이룬 것은 무엇일까요?

_____

_____

_____

• 말세의 심판은 다양한 현상으로 나타납니다. 오늘 이 시대는 어떤 종류의 심판이 진행되고 있는 것을 보여주고 있습니까? 늘 깨어 있어서 옷을 지켜 다시 오실 주님을 기쁨으로 맞이할 수 있게 되시기 바랍니다.

묵상노트

음녀(타락한 거짓 종교와 문화)에 대한 심판과 큰 음녀의 멸망

17장과 18장은 16장의 일곱 대접 재앙 가운데 일곱 번째 대접 재앙의 내용을 구체적으로 설명하는 내용입니다.

17장은 이 세상이 사탄에 미혹된 인본주의 문화 곧 음녀와 더불어 행한 음행, 사탄을 섬기는 거짓 종교와 우상 숭배와 하나님을 대적하는 인간들의 사상과 철학 때문에 멸망하게 되는 것을 보여줍니다.

18장은 이 세상이 하나님을 대적하는 인본주의 문명 곧 하나님을 대적하는 정치적인 교만과 사람들의 영혼까지 사고파는 타락한 경제 체제와 살인을 일상화 하는 죄 때문에 멸망하게 된다는 점을 밝혀주고 있습니다.

이렇게 17장은 멸망하는 세상의 종교와 문화의 성격을 밝혀주고 있고, 18장은 멸망하는 세상의 문명 곧 정치 경제의 면모를 보여줍니다.

음녀와 바벨론은 동전의 양면 같이 둘이면서 하나이고 하나이면서 둘입니다.

오늘의 QT(17:1-5)
큰 음녀와 그 이름의 의미
찬송과 기도 : 찬송가 405장(주의 친절한 팔에 안기세)

🔟 마음 열기 | 정욕

어떤 부자가 숨을 거두자 그의 아들은 아버지의 비석에 글을 쓰려고 한 시인을 찾아갔습니다. 그 시인은 아들에게 아버지가 어떤 인생을 살았는지 물었습니다. "저의 아버지는 조용히 편안하게 사시다가 편안하게 돌아가셨습니다."라고 대답했습니다. 시인은 그에게 사흘 후에 오라고 했는데 그때 내어준 비명은 너무 간단했습니다. 그것은 '태어나다. 먹다. 죽다'였습니다. 아무것도 한 일이 없으니 그 글이 틀리지는 않는 것입니다.

🔟 본문 읽기

"또 일곱 대접을 가진 일곱 천사 중 하나가 와서 내게 말하여 이르되 이리로 오라 많은 물 위에 앉은 큰 음녀가 받을 심판을 네게 보이리라 땅의 임금들도 그와 더불어 음행하였고 땅에 사는 자들도 그 음행의 포도주에 취하였다 하고 곧 성령으로 나를 데리고 광야로 가니라 내가 보니 여자가 붉은 빛 짐승을 탔는데 그 짐승의 몸에 하나님을 모독하는 이름들이 가득하고 일곱 머리와 열 뿔이 있으며 그 여자는 자주 빛과 붉은 빛 옷을 입고 금과 보석과 진주로 꾸미고 손에 금잔을 가졌는데 가증한 물건과 그의 음행의 더러운 것들이 가득하더라. 그의 이마에 이름이 기록되었으니 비밀이라, 큰 바벨론이라, 땅의 음녀들과 가증한 것들의 어미라 하였더라"

⬛ 본문 이해를 위한 길잡이

1) 음녀

오늘 본문에는 많은 물 위에 앉아 있는 큰 음녀가 등장합니다. 음녀는 구약에서 성적으로 타락한 여인이나 하나님을 배반하고 우상을 숭배한 이스라엘을 가리킬 때 혹은 하나님을 대적한 배교한 도시를 가리킬 때 사용되었습니다.

그 음녀는 그 시대에는 로마의 타락한 종교지도자와 종교 체제이고 문화이며 오늘날에는 하나님을 대적하는 사탄에 사로잡힌 인본주의 종교와 사탄의 문화이고 가증하고 음란한 세력들입니다.

그 음녀는 큰 음녀입니다. 많은 물 위에 앉은 자입니다. 많은 물은 온 세계 국가와 그 백성입니다. 따라서 큰 음녀는 우상을 숭배하며 영적으로 육적으로 간음하는 인간의 집단들로 구성된 가장 큰 종교 집단이며 그 지도자이고 그가 자리 잡고 있는 나라나 도시입니다.

그러므로 그 큰 음녀는 오늘 이 시대에도 미래에도 시공간을 초월하여 하나님을 떠난 종교와 문화에 대한 대표성과 상징성을 가집니다.

그 큰 음녀는 땅의 임금들과 땅에 거하는 자들에게 그가 가지고 있거나 그와 하나가 된 온갖 가증한 이단 사설과 거짓 종교와 음란한 것들을 동원하여 사탄을 경배하게 하는 자입니다. 우상을 섬기도록 하며 음행하게 하는 자입니다.

그들을 음행하도록 미혹하는 도구는 포도주입니다. 음행이 우상을 숭배하는 행위를 가리키는 말이라면, 여기서 포도주는 이단의 교리와 하나님을 떠나게 하고 인본주의적인 쾌락을 추구하게 하는 문화와 종교를 상징합니다.

성령께서 요한을 광야로 이끌고 가셨습니다. 12장에서 요한은 붉은 용인 사탄을 피해 광야로 간 여자 곧 교회를 보았습니다. 그곳에서 뱀의 모습으로 등장한 사탄은 그 교회를 없애려고 그 입으로 온갖 이단 사설을 담은 사상을 강물 같이 흘려보냈습니다.

그런데 피신한 교회가 있고 교회를 핍박하던 뱀이 있던 바로 그 광야에서 요한은 다시 일곱 머리와 열 뿔을 가진 붉은 빛 짐승을 타고 있는 여자를 보고 있습니다. 그 짐승의 몸에는 하나님을 모독하는 이름들이 가득했습니다.

이 짐승은 13장에서 바다에서 나온 짐승과 같은 짐승이고 사탄에 사로잡힌 적그리스도인 권력자입니다. 그러므로 그 짐승의 머리와 몸에는 하나님을 모독하는 이름들이 가득합니다.

짐승을 타고 있는 음녀는 자주 빛과 붉은 빛 옷을 입고 있었습니다. 이것은 음녀가 복음의 빛이나 의의 세마포로 옷 입은 것이 아니라, 겉은 화려하지만 그 속에는 생명이 없는 사탄의 사상, 적그리스도의 거짓 종교로 옷 입은 영적 상태를 말합니다.

그 여자는 아주 사치스런 모습으로 자신을 꾸미고 그 손에 금잔을 가졌는데 그 안에는 가증한 물건과 그의 음행의 더러운 것들이 가득하였습니다.

2) 음녀의 이름

그 여자의 이마에는 이름이 기록되어 있는데 "비밀이라, 큰 바벨론이라 땅의 음녀들과 가증한 것들의 어미"라 하였습니다. 이름은 본질과 속성을 말합니다. 그러므로 음녀의 이름이 비밀이라고 하는 것은 음녀는 계획과 사고와 사상을 겉으로 드러나지 않는 거짓된 성품을 가지고 있다는 뜻입니다.

그러나 그 큰 음녀의 이름이 큰 바벨론이라고 함으로써, 그 음녀가 구약 시대에 존재하던 하나님을 대적하던 바벨론의 모든 제도와 영적인 속성은 그대로 이어 받았으나, 그 바벨론의 제도나 통치영역과 영적인 타락에서는 그 정도를 훨씬 뛰어넘는 그 시대의 로마인 것을 보여주고 있습니다.

로마가 바벨론이라고 불리는 것은 이미 베드로 전서 5장 13절에서 밝혀져 있는 것처럼 그 시대의 성도들에게는 공개된 비밀입니다.

"택하심을 함께 받은 바벨론에 있는 교회가 너희에게 문안하고 내 아들 마가도 그리하느니라"(벧전5:13)

분명히 바벨론이 교회가 아니라 바벨론에 있는 교회입니다. 그러므로 바벨론은 이단들이 말하는 것처럼 타락한 기존 교회나 교단이 아닙니다. 교회를 핍박하고 성도들에게 고통을 주는 권력을 가진 적그리스도요 그 세력입니다. 이점을 분명히 구별할 줄 알아야 계시록을 해석하는데 오류에 빠지지 않습니다.

계시록에는 본문 말씀이 큰 글자로 쓰인 것이 두 곳에 있습니다. 하나는 본문 17장 5절의 "**큰 바벨론, 땅의 음녀들과 가증한 것들의 어미**"이고 하나는 19장 16절의 "**만왕의 왕이요 만주의 주**"입니다.

대문자로 쓰인 이 두 개의 대조되는 본문에서 보여주는 것은 마지막 시대의 마지막 전쟁은 모든 악이 총 집결된 큰 바벨론인 음녀의 세력과 부활하시고 승천하시고 재림하시는 예수 그리스도의 세력 사이에서 일어난다는 것입니다.

그 전쟁의 최후 승자는 누구입니까? 예수님이십니다. 그리고 예수님을 따르는 성도들입니다. 그러므로 오늘 우리는 이와 같은 전쟁 상황 속에 우리가 있는 것을 알고 영적으로 깨어 무장하여 마귀를 대적해야 합니다. 마귀를 물리쳐 승리해야 합니다. 악한 영들을 예수 이름으로 물리쳐야 합니다.

↑ 적용

- 많은 물은 무엇이며 그 위에 앉아 있는 음녀는 누구입니까?

  _____

  _____

- 5절에 있는 말씀은 계시록에 나오는 대문자로 쓰인 두 본문 가운데 하나입니다. 왜 이 본문이 대문자로 쓰여 있을까요?

  _____

  _____

- 이 세상은 음녀로 인한 음행의 포도주가 넘쳐나는 시대입니다. 음행의 포도주인 이단의 가르침이나 인본주의 철학의 유혹에 넘어가지 않으려면 어떻게 해야 합니까?

  _____

  _____

오늘의 QT(17:6-13)
큰 음녀와 일곱 머리 열 뿔 가진 짐승의 비밀
찬송과 기도 : 찬송가 369장(죄짐 맡은 우리 구주)

🔝 마음 열기 | 악마의 세 가지 도끼

악마들이 모두 모여 인간을 무너뜨리기 위한 전략회의를 열었습니다. 회의 결과 악마들은 인간을 붕괴시키는 특수무기를 만들기로 합의했습니다. 드디어 연구진은 세 개의 특수 도끼를 완성했습니다.

우두머리는 도끼를 들어 보이며 만족한 표정을 지었습니다. "세 도끼 중 하나만 사용해도 대부분 인간을 파멸시킬 수 있다. 세 도끼를 모두 사용하면 넘어지지 않을 인간은 하나도 없다." 악마들은 낄낄거렸습니다.

그들이 만든 첫 번째 무기는 붉은 도끼. 이것은 인간의 가슴속에 움트는 믿음을 찍어내는 것이었습니다. 두 번째는 파란 도끼. 이것은 마음속 희망을 잘라내는 것이었습니다. 세 번째는 까만 도끼. 이것은 인간의 마음속에서 자라고 있는 사랑의 줄기를 베어내는 것이었습니다.

사람은 영적인 존재입니다. 인간은 '믿음 희망 사랑'을 잃으면 곧바로 삶에 대한 의미를 잃어버리고 절망합니다. 절망은 죽음에 이르는 병입니다.

▮ 본문 읽기

"또 내가 보매 이 여자가 성도들의 피와 예수의 증인들의 피에 취한지라 내가 그 여자를 보고 놀랍게 여기고 크게 놀랍게 여기니 천사가 이르되 왜 놀랍게 여기느냐 내가 여자와 그가 탄 일곱 머리와 열 뿔 가진 짐승의 비밀을 네게 이르리라 네가 본 짐승은 전에 있었다가 지금은 없으나 장차 무저갱으로부터 올라와 멸망으로 들어갈 자니 땅에 사는 자들로서 창세 이후로 그 이름이 생명책에 기록되지 못한 자들이 이전에 있었다가 지금은 없으나 장차 나올 짐승을 보고 놀랍게 여기리라 지혜 있는 뜻이 여기 있으니 그 일곱 머리는 여자가 앉은 일곱 산이요 또 일곱 왕이라 다섯은 망하였고 하나는 있고 다른 하나는 아직 이르지 아니하였으나 이르면 반드시 잠시 동안 머무르리라 전에 있었다가 지금 없어진 짐승은 여덟째 왕이니 일곱 중에 속한 자라 그가 멸망으로 들어가리라 네가 보던 열 뿔은 열 왕이니 아직 나라를 얻지 못하였으나 다만 짐승과 더불어 임금처럼 한동안 권세를 받으리라 그들이 한 뜻을 가지고 자기의 능력과 권세를 짐승에게 주더라"

▮ 본문 이해를 위한 길잡이

1) 음녀의 정체

이 음녀는 많은 성도와 예수님을 증언하는 증인들의 피를 흘리게 한 자입니다. 이 음녀는 13장에서 바다에서 올라온 짐승의 권세를 등에 업고 숱하게 많은 기독교인을 죽인 땅에서 올라온 짐승인 거짓 선지자와 같습니다.

그래서 여자(교회)가 피해 있던 광야에서까지 성도들과 선지자들의 피에 취해 짐승을 타고 있는 음녀의 모습을 본 요한 사도는 깜짝 놀랐습니다.

그러자 그를 광야로 이끌어온 천사가 그에게 놀라지 말라고 하면서 그 여자와 그 여자가 타고 있는 일곱 머리 열 뿔 가진 짐승의 비밀을 풀어줍니다.

이 비밀이 계시록에 나오는 세 가지 비밀 가운데 하나입니다. 첫째는 교회의 비밀입니다.(1:20) 둘째는 구원과 심판의 비밀입니다.(10:7) 그리고 본문에 나오는 사탄의 비밀이 세 번째 비밀입니다.(17:7)

2) 짐승의 비밀

이 짐승의 본 모습은 국가로 보면 바벨론으로 묘사된 로마이며 황제로 보면 1세기 초대 교회에서 짐승으로 불린 네로 황제입니다. 그는 54년부터 로마를 다스리다가 68년에 죽었습니다. 그가 통치하던 시기인 67년에 바울이 순교했고 68년에 베드로가 순교했습니다.

계시록이 쓰일 당시 그때 있던 짐승은 누구일까요? 악한 영들의 계보에서 네로의 뒤를 이은 도미티안 황제입니다. 그는 81년부터 96년까지 다스렸습니다.

네로와 도미티안 둘 다 초대교회 시대 가장 대표적인 적그리스도입니다. 그런데 도미티안 시대에는 짐승의 다섯 머리에 속한 네로는 이미 사라지고 없어졌기 때문에 전에 있다가 지금은 없다고 하는 것입니다.

요한 사도가 계시록을 쓸 때는 도미티안의 시대입니다. 그래서 다섯은 없고 하나는 있다고 하는 것입니다. 그러나 시간의 흐름에 따라 짐승의 여섯 번째 머리인 도미타안은 사라지게 됩니다.

그리고 그 뒤를 이어 짐승의 일곱 번째 머리인 일곱 번째 황제가 세워지게 되지만 그도 역시 시간이 흐르면서 사라지게 될 것입니다.

이렇게 일곱 번째 황제의 시대까지 지나가게 되면 그 앞에 있던 일곱 머리의 특성을 모두 가진 여덟 번째 짐승의 나라가 세워지게 될 것입니다. 그 나라의 통치자는 사탄의 영을 받은 네로나 도미티안보다 더 악한 왕이 될 것입니다.

그는 그 앞에 있던 일곱 황제의 모든 악을 갖춘 여덟 번째 황제의 모습으로 나올 것입니다. 그가 일곱 중에 속한 자라는 말은 그의 모든 행태나 속성이 그 앞에 있던 황제들처럼 사탄의 대행자요 악마와 같다는 뜻입니다.

그리고 그는 특히 초대 교회에서 사탄이나 적그리스도와 동일시되는 네로와 가장 비슷한 자이기에 죽은 자들의 처소인 음부가 아니라, 사탄이나 악령들의 처소인 무저갱에서 올라와 멸망으로 들어갈 자라고 하는 것입니다.

여기서 멸망은 불 못 곧 지옥입니다.(20:10)

장차 예수님이 재림하시기 전에 일곱 번째 짐승의 시대가 지나가고 나면, 지상에 존재했던 모든 악한 나라와 그 나라를 다스리던 모든 악한 황제의 특성을 모두 갖추고 일곱 머리와 열 뿔의 권세를 모두 가진 일곱 머리 열 뿔 가진 짐승의 시대 곧 여덟 번째 짐승의 시대가 찾아옵니다.

그때가 되면 네로나 도미티안 시대처럼 땅에 있는 자들 가운데 어린 양의 생명책에 그 이름이 없는 무리는 모두 다 무저갱에서 올라온 그 짐승이 행하는 표적과 권세에 놀라 그 짐승을 따라가게 될 것입니다.

이 내용을 인물들로 풀어서 설명하면 다음과 같습니다.

이 짐승은 분명히 전에 이 역사 속에 존재했었습니다. 그러나 도미티안 당시에는 없습니다. 그는 장차 귀신들의 처소인 무저갱에서 나와서 하나님을 대적하고 교회를 무너뜨리다가 멸망하게 됩니다. 불 못에 던져지게 됩니다.

일곱 머리를 가진 짐승의 일곱 머리가 일곱 왕을 상징한다고 보면, 먼저 그 일곱 머리는 이태리에 있는 로마 도성을 둘러싸고 있던 일곱 개의 산과 같이 견고한 왕권을 가지고 로마를 다스리던 일곱 황제입니다.

다섯은 없고 하나는 있고 하나는 아직 이르지 아니하였으나 이르면 잠시 머물 것이라고 합니다. 이 말씀에 비추어 보면 네로는 짐승의 다섯 머리 중에 속한 자이고 도미티안은 짐승의 여섯 번째 머리입니다.

그러므로 다섯은 없으며 하나는 있습니다. 그런데 여섯 번째인 도미티안을 이을 황제는 아직 등장하지 않았기 때문에 그가 짐승의 일곱 번째 머리입니다.

그러나 그는 도미티안을 이어 등장한다고 해도 그는 잠시 머문다고 했으니 그가 다스리는 날들은 그렇게 길지 않을 것입니다.

세상에는 이렇게 많은 악한 권력자가 등장하고 사라집니다. 그러나 그 누구도 영원히 세상을 통치할 수 없습니다. 모두 네로나 도미티안이나 일곱 번째 왕처럼 잠깐입니다.

오직 하나님의 나라만 영원합니다. 도미티안의 뒤를 이어 또 다른 악한 왕이 등장해도 그가 오랜 시간이 아니라 잠깐 머문다는 말씀이 그래서 우리에게 위로가 되고 소망이 됩니다.

3) 여덟 번째 짐승(나라 혹은 통치자)

마지막 여덟 번째 황제는 그동안 이 역사 속에 존재했던 모든 악의 화신입니다. 사탄이 사람의 몸을 빌어 직접 나타날 것입니다.

사탄에 사로잡혀 온갖 악을 행한 네로와 도미티안 같은 짐승의 일곱 머리 곧 그 앞에 있던 일곱 황제의 모든 거짓과 악독함과 그들이 가지고 있던 모든 권세를 다 가지고 등장할 것입니다.

그리고 그는 열 뿔로 상징되는 땅의 모든 권력자 전부를 모아 자기를 중심으로 온 세상을 하나로 만들어 하나님을 대적하고 교회를 무너뜨릴 것입니다. 그리고 마지막 심판을 받고 멸망하여 불 못에 던져지게 될 것입니다.

이 내용을 나라들로 풀어서 다시 설명해 보겠습니다.

이 짐승의 일곱 머리를 긴 역사의 흐름에서 나타난 나라들로 보면 이것은 각 시대에 이스라엘을 괴롭히고 하나님을 대적한 대표적인 나라들입니다. 다섯은 에굽, 앗수르, 바벨론, 메데 바사. 그리고 헬라입니다. 여섯째는 로마입니다.

계시록이 쓰일 당시에는 앞의 다섯 나라는 사라졌습니다. 그 시대는 로마의 시대입니다. 그러므로 다섯은 없고 하나는 있는 것입니다. 그리고 그 로마는 바벨론과 같은 존재로 동일시되고 바벨론으로 상징하기 때문에 전에 있었으나 지금은 없다고 하는 것입니다.

이 말씀을 깊이 묵상해 보세요. 지금은 어떤 시대일까요? 역사적으로 시간의 흐름에 따라 살펴보면 지금은 로마의 시대는 아닙니다. 그 시대는 지나갔습니다.

그러므로 지금은 일곱 머리를 가진 짐승의 일곱 번째 머리의 시대입니다. 일곱 번째 황제의 시대입니다. 이 시대를 영적으로 분별해 보면 지금은 로마를 이은 일곱 번째 적그리스도의 나라가 존재하는 시대입니다.

아직 예수님의 재림이 이루어지지 않았기 때문에 여러 가지 역사적인 정황으로 볼 때 지금은 가장 악한 나라인 여덟 번째 나라나 그 나라를 다스리는 적그리스도인 짐승은 아직 나타나지 않았습니다.

4) 우리 시대에 대한 분별

그러면 지금 21세기는 어떤 시대입니까? 로마 시대에 한 황제 밑에서 각 지역을 나누어 다스리던 왕들이 있던 것처럼 사탄이 음녀의 모습으로 짐승을 타고 온 세상을 통치하는 일곱 번째 짐승의 나라입니다.

지금은 세계 각 곳에 세워진 일곱 번째 머리에서 솟아난 열 뿔이 온 세상을 나누어 다스리는 시대입니다. 일곱 머리 열 뿔 가진 짐승은 이 모든 악이 모인 여덟 번째 나라요 그 나라의 최고 권력자입니다.

그러므로 성도들은 우리가 사는 이 시대가 기본적으로 음녀가 짐승을 타고 하나님을 대적하는 일곱 번째 짐승의 시대인 줄 알아야 합니다. 지금 역사하고 있는 악령들과 적그리스도와 거짓 선지자들의 정체를 바로 알아야 합니다.

그들은 언제나 교회를 무너뜨리고 성도들을 핍박합니다. 그러나 우리는 세상에서 어떤 핍박과 고난이 와도 이겨야 합니다. 왜냐하면, 이 시대는 잠깐이기 때문입니다.

그 어떤 악한 짐승이 다스리는 나라도 영원하지 못합니다. 짐승이 다스리는 시대는 환난의 시대입니다. 그러나 그 고난의 시대는 영원한 하나님의 나라에 비해 잠깐입니다.

우리는 어떤 환난과 고난이 와도 순결한 믿음으로 신부 단장하고 주님을 기다려야 합니다. 끝까지 믿음을 지키다가 순교해도 주님이 다시 오셔서 우리를 하늘로 불러올리시고 천년왕국의 주인공이 되도록 하실 것입니다.

우리를 구원하시고 영원한 천국으로 인도하실 주님께 대한 확실한 믿음을 가집시다. 굳센 믿음으로 악한 영들이 무제한으로 역사하고 있는 이 세상을 이깁시다.

• 요한 사도가 짐승과 음녀를 보고 크게 놀란 이유는 무엇입니까?

_____

_____

_____

• 계시록의 세 가지 비밀이 무엇이며 짐승의 일곱 머리는 무엇입니까?

_____

_____

_____

• 일곱 번째 왕과 여덟 번째 왕의 정체는 무엇이며 열 뿔은 어떤 의미입니까? 그리고 그들은 무슨 일을 합니까? 지금은 악한 영들이 무제한으로 역사하는 시대입니다. 시대를 바로 분별하고 신부 단장합시다. 마태복음 25장을 읽어보시고 주님의 재림을 대비해서 준비할 것 세 가지를 기록해 보십시오. 오늘도 준비합시다.

_____

_____

_____

오늘의 QT(17:14-18)
이긴 자와 이기는 자 그리고 큰 음녀의 멸망
찬송과 기도 : 찬송가 93장(예수는 나의 힘이요)

♱ 마음 열기 | 일어나는 모습이 예쁘구나

1984년 미국 LA 올림픽에서 중국 여자 선수가 다이빙에서 금메달을 딴 후 인터뷰를 했습니다. "당신은 동양 여자로 몸집도 아주 왜소한데, 어쩌면 그렇게 부드러운 동작과 침착한 모습으로 고공에서 아름답게 다이빙을 연출할 수 있었습니까?"

그러자 그 선수는 이렇게 대답했습니다. "저는 어렸을 때부터 100m 경주를 좋아했습니다. 근데 경주에 나가면 자주 엎어지고 넘어졌죠. 그래서 항상 거의 맨 뒤로 들어오던 제게 어머니는 늘 이렇게 얘기해 주셨어요. '사랑하는 딸아, 나는 네가 1등 하는 것 보다 넘어졌다가 일어나는 모습이 더 아름다웠어. 나는 네가 일어나는 모습이 너무 아름다워 견딜 수가 없단다. 너는 아름다운 내 딸이야.'

"다이빙을 시작하면서 실수도 하고 사고도 났지만 그때마다 저의 어머니는 같은 말씀을 해 주셨어요. 그런 어머니를 생각하면 다이빙 스탠드에서도 모든 두려움이 사라지고 마음이 편해집니다."

저는 그녀의 인터뷰를 들으면서 하나님을 생각했습니다. 맞아! 내 하나님도 그러실 거야. 내가 넘어졌을 때, 내가 쓰러졌을 때, 내가 죄 속에 빠졌을 때도 나를 버리지 않으시고 내가 일어날 때 빙그레 웃으시면서 이렇게 말씀하시는 하나님. '그래, 내게는 네가 일어나는 모습이 너무나 아름답구나!'

그렇습니다. 내가 1등 하지 못해도, 내 인생이 화려한 스타 인생이 아니어도 주님은 나를 보고 이렇게 말씀하실 겁니다. "사랑하는 아들아! 사랑하는 딸아! 네가 존재하는 것이 내게는 기쁨이란다."

▮ 본문 읽기

"그들이 어린 양과 더불어 싸우려니와 어린 양은 만주의 주시요 만왕의 왕이시므로 그들을 이기실 터이요 또 그와 함께 있는 자들 곧 부르심을 받고 택하심을 받은 진실한 자들도 이기리로다. 또 천사가 내게 말하되 네가 본 바 음녀가 앉아 있는 물은 백성과 무리와 열국과 방언들이니라. 네가 본 바 이 열 뿔과 짐승은 음녀를 미워하여 망하게 하고 벌거벗게 하고 그의 살을 먹고 불로 아주 사르리라 이는 하나님이 자기 뜻대로 할 마음을 그들에게 주사 한 뜻을 이루게 하시고 그들의 나라를 그 짐승에게 주게 하시되 하나님의 말씀이 응하기까지 하심이라 또 네가 본 그 여자는 땅의 왕들을 다스리는 큰 성이라 하더라"

🔝 본문 이해를 위한 길잡이

1) 이긴 자와 이기는 자

짐승과 열 뿔이 하나 되어 어린 양이신 예수님과 싸우게 됩니다. 이 싸움에서 "만왕의 왕 만주의 주"라는 이름을 가진 주님과 함께 있는 자들 곧 부르심을 받고 택하심을 받은 진실한 성도들도 그들을 이기게 될 것입니다.

여기서 부르심을 받은 것은 성부 하나님의 만세 전에 택하여 정하신 은혜를 말합니다. 택하심을 받았다는 것은 죄의 종노릇 하던 자리에서 구출되었다는 의미로 성자 하나님의 구원 사역을 말합니다. 진실한 자는 성령님의 거룩하게 하시는 성화聖化의 사역을 뜻하는 것입니다. 그러므로 이 본문은 성도들을 향한 성 삼위 하나님의 구원의 협력 사역을 나타내고 있습니다.

그런데 이단에 속한 자들은 이 본문의 택하심을 받았다는 말씀을 개역한글판의 빼내심을 받은 자들이라는 번역을 악용하여, 그들이 말하는 음녀요 바벨론인 교회 곧 추수 밭인 기성 교회에 침투해서 선량한 교인들을 자기 집단으로 빼가는 것이 정당한 것처럼 주장하고 있습니다. 크게 잘못된 일입니다.

음녀는 짐승의 권력을 배경으로 하고 있습니다. 그리고 그 짐승은 어린양을 대적하면서 주님을 따르는 자들을 박해합니다. 그러나 결국 그 짐승은 멸망하고 어린 양과 그를 따르는 자들이 승리한다는 사실을 우리는 늘 기억해야 합니다.

1절에 보면 음녀는 많은 물 위에 앉은 큰 음녀인데 그 음녀의 앉은 물은 백성과 무리와 열국과 방언들입니다. 음녀는 온 세상에 그 영향을 끼치는 사탄의 영에 사로잡힌 강력한 세속주의 문화를 대표하면서 정신적으로나 종교적으로 세상 전체를 통치하는 권세를 가진 자입니다.

2) 짐승과 열 뿔의 반란
어린 양과의 전쟁에서 지게 된 짐승과 열 뿔은 자기들을 정신적으로 지도하던 이 음녀를 미워하여 망하게 합니다. 벌거벗겨 수치를 당하게 하고 죽이고 그 살을 먹습니다. 그 살을 먹는 다는 것은 그가 가진 모든 것을 몰수한다는 것입니다. 그리고 불로 태워 아주 멸망을 시킵니다.

하나님을 대적하는 종교 권력과 타락한 문화로 온 세상을 통치하던 음녀는 일곱 머리 열 뿔 달린 짐승에 의해 미움을 받아 공격을 당하고 약탈을 당하고 결국 아주 망하게 됩니다.

그 당시의 음녀가 권력의 핵심인 로마의 종교 세력을 가리킨다면 짐승은 로마 제국을 가리키고 일곱 머리는 로마의 황제들을 가리키고 열 뿔은 제국 내의 분봉 왕이나 총독 같이 지역을 나누어 다스리는 통치자들을 말합니다.

사탄이 역사하는 세상의 권력자들은 언제나 자신들의 이익을 위해 연합하지만, 언제든지 자신들의 유익을 위해 분리하고 대적하고 상대를 공격합니다. 세상은 항상 협력과 배신이 상존합니다. 결국, 하나님을 떠난 세상의 권력과 종교와 문화와 문명은 자기들끼리 서로 싸워 결국 모두 다 멸망하게 됩니다.

짐승은 음녀를 이용하여 세상을 지배하고 전 세계 인류에게 짐승의 표를 주는데 성공했습니다. 그러나 결국 이 음녀는 짐승에 의해 영원히 망하게 됩니다.

미워하고 망하게 하고 벌거벗게 하고 그 살을 먹고 불로 태운다는 것은 짐승과 열 왕들의 음녀를 향한 적대적인 마음들이 점차 하나가 되어 결국 음녀를 완전히 망하는 데까지 이르게 되는 과정을 적나라하게 보여줍니다.

열 뿔이 짐승에게 한 뜻으로 충성하고 음녀를 멸망시킨 것은 하나님께서 그들에게 그렇게 할 마음을 주었기 때문입니다. 하나님께서 그들을 음녀를 멸망시키기 위해 도구로 사용하신 것입니다. 악을 통하여 악을 망하게 하시는 여기에 우리가 다 알 수 없는 오묘하신 하나님의 섭리가 있습니다.

큰 음녀인 그 큰 성은 상징적으로는 큰 바벨론이요 그 당시로는 인본주의와 악령들로 가득한 우상 숭배의 도시 로마입니다. 바벨론과 로마는 비도덕성과 성전 파괴와 우상숭배와 사치와 방탕 그리고 성도를 핍박했다는 점에서 공통의 특성이 있습니다. 황제 숭배를 강요하며 하나님을 대적하던 바벨론과 로마는 결국 모두 멸망했습니다. 우리는 이 점을 명심해야 합니다.

⬛ 적용

- 이긴 자는 누구이고 이기는 자는 누구이며 그들의 세 가지 특성은 무엇입니까? 음녀가 앉은 많은 물은 무엇일까요?

_____

_____

- 사탄의 권세는 하나님의 주권과 섭리 아래 허락된 제한적인 것입니다. 그래서 악이 아무리 타오르는 횃불처럼 강해 보여도 결국에는 선이 이기는 것입니다. 이 사실에 대해 어떻게 생각하십니까?

_____

_____

- 악이 선을 이기는 것처럼 보이는 세상입니다. 그런 일을 겪을 때마다 하나님의 정의나 하나님의 공평하심에 대해 의심해 본 적은 없습니까? 그 해답은 무엇입니까? 마지막 심판과 천국에 대해 말씀해보십시오.

_____

_____

바벨론(하나님을 대적하는 세상의 정치와 경제체제)의 멸망

계시록은 전체를 아홉 부분으로 나눌 수 있습니다. 그 방법은 "이일 후에"라는 특징적인 용어를 중심으로 나누는 것입니다. 계시록 18장은 바벨론 멸망을 구체적으로 설명한 부분으로 계시록의 일곱 번째 사건의 내용입니다.

17장에서 음녀가 망하는 이유는 음행 곧 우상 숭배가 그 주된 원인입니다. 곧 하나님을 떠난 종교적인 성향을 가진 바벨론의 멸망이 음녀의 멸망입니다.

그 음녀의 다른 이름은 바벨론입니다. 음녀가 로마의 문화와 종교적 성향을 뜻하는 상징이라면 바벨론은 로마의 정치 경제와 문명을 상징하는 것입니다.

18장은 로마가 바벨론과 같이 음행과 사치와 교만과 같은 것들로 인해 멸망하게 되었다는 점을 밝히고 있습니다. 이것은 정치와 경제의 측면에서 그 시대의 바벨론인 로마가 멸망하게 되는 원인을 밝혀주는 것입니다.

18장은

1절부터 8절은 정치 경제적인 측면에서 바벨론 멸망의 이유와 바벨론인 로마가 순식간에 망하는 모습을 보여 주고 있고 9절부터 24절은 바벨론 멸망으로 인해 애통하는 사람들의 모습과 사람들의 영혼을 비롯한 그들이 취급하던 상품들과 바벨론인 로마가 멸망한 이후의 모습 그리고 하나님의 공의로우신 심판에 대한 또 다른 세 가지 이유를 보여주고 있습니다.

오늘의 QT(18:1-8)
바벨론이 망하는 이유

찬송과 기도 : 찬송가 420장(너 성결키 위해)

⬆ 마음 열기 | 욕심이 지나치면

어느 날 한 처녀가 길에서 요술 램프를 주웠습니다. 혹시나 해 램프를 문지르니 램프의 요정이 나타나 말했습니다. "아가씨! 소원을 말씀하세요. 한 가지만 들어주겠습니다."

이제 고민이 되었습니다. 너무 소원이 많았기 때문입니다. 돈도 가지고 싶고, 남자도 사귀고 싶고, 결혼도 하고 싶었습니다. 그런데 갑자기 기발한 아이디어가 생겼습니다. "한꺼번에 말하자!" 그래서 램프의 요정에게 말했습니다. "돈, 남자, 결혼!" 그러자 요정이 소원을 들어줘서 그 처녀는 정신이 돈 남자와 결혼하게 되었다고 합니다.

⬆ 본문 읽기

"**이 일 후에** 다른 천사가 하늘에서 내려오는 것을 보니 큰 권세를 가졌는데 그의 영광으로 땅이 환하여지더라. 2.힘찬 음성으로 외쳐 이르되 무너졌도다 무너졌도다 큰 성 바벨론이여 귀신의 처소와 각종 더러운 영이 모이는 곳과 각종 더럽고 가증한 새들이 모이는 곳이 되었도다. 그 음행의 진노의 포도주로 말미암아 만국이 무너졌으며 또 땅의 왕들이 그와 더불어 음행하였으며 땅의 상인들도 그 사치의 세력으로 치부하였도다 하더라. 또 내가 들으니 하늘로부터 다른 음성이 나서 이르되 내 백성아, 거기서 나와 그의 죄에 참여하지 말고 그가 받을 재앙들을 받지 말라 그의 죄는 하늘에 사무쳤으며 하나님은 그의 불의한 일을 기억하신지라 그가 준 그대로 그에게 주고 그의 행위대로 갑절을 갚아 주고 그가 섞은 잔에도 갑절이나 섞어 그에게 주라 그가 얼마나 자기를 영화롭게 하였으며 사치하였든지 그만큼 고통과 애통함으로 갚아 주라 그가 마음에 말하기를 나는 여왕으로 앉은 자요 과부가 아니라 결단코 애통함을 당하지 아니하리라 하니 그러므로 하루 동안에 그 재앙들이 이르리니 곧 사망과 애통함과 흉년이라 그가 또한 불에 살라지리니 그를 심판하시는 주 하나님은 강하신 자이심이라"

1 본문 이해를 우한 길잡이

한 천사가 하늘에서 내려왔습니다. 큰 권세를 가진 그의 영광으로 인해 땅이 환해졌습니다. 하늘의 영광은 그 빛으로 땅을 환하게 합니다. 그는 권세 있는 음성으로 큰 성 바벨론의 멸망을 선포합니다.

1) 영적인 타락
천사가 선포하는 바벨론 멸망의 이유는 여러 가지가 있습니다. 그 가운데 첫 번째는 영적인 타락입니다. 바벨론은 종교적으로 순결한 도시가 아닙니다. 사탄이 그 가장 중심에 자리를 잡고 황제 숭배를 빗대어 사탄 숭배를 강요하고 있고, 세계 각처에 있던 모든 종교가 다양한 문화와 함께 모여 들었습니다.

하나님을 떠난 사탄 숭배와 종교 혼합주의가 만연하고 모든 귀신들이 모여들고 각종 더러운 영들의 역사가 나타났습니다. 그 악령들의 역사는 자연히 바벨론 곧 로마를 망하게 합니다.

2) 우상 숭배
영적인 타락은 자연히 우상 숭배로 이어지고 우상숭배는 음행으로 이어집니다. 정상적이지 않은 온갖 음란한 행위들이 각종 신전에서 종교의 이름으로 행해지면서 이교의 가르침인 음행의 포도주를 마신 그들은 기독교인들을 모질게 핍박했고 추방하고 죽였습니다. 음행이 그들이 망한 두 번째 이유입니다.

3) 사치
세 번째는 사치입니다. 그 당시 기독교인들에게 바벨론으로 불리던 로마에는 세계 각국과의 무역을 통해 물산이 넘쳐났습니다. 온 세계의 좋은 것이 열 개가 있다면 그 가운데 아홉 개는 로마에 있다고 할 정도로 로마는 부가 넘쳐나고 물산이 넘쳐나는 도시였습니다.

각처에 생활필수품인 먹을 양식조차 부족한 시대에 그들은 엄청난 사치와 방탕을 일삼았습니다. 심지어 사람들을 노리개로 삼기 위해 멀쩡한 노예들을 기형아로 만들 정도로 잔인했습니다. 자연히 영적인 타락과 음행과 사치와 방탕과 복술과 살인 같은 엄청난 죄악을 쌓아가게 했고 그 죄악이 넘치면서 하나님께서 그 바벨론을 심판하신 것입니다.

그러나 아직 소돔 성에 있던 롯과 같이 그곳에 머물러 있던 하나님의 자녀들이 있었습니다. 그들을 향해 주님이 말씀하십니다.

"내 백성아, 거기서 나와 그의 죄에 참여하지 말고 그가 받을 재앙들을 받지 말라 그의 죄는 하늘에 사무쳤으며 하나님은 그의 불의한 일을 기억하신지라 그가 준 그대로 그에게 주고 그의 행위대로 갑절을 갚아 주고 그가 섞은 잔에도 갑절이나 섞어 그에게 주라"

우리는 죄가 넘치는 자리에서 벗어나야 합니다. 죄짓는 자와 함께 있으면 함께 죄짓게 되고 벌 받을 자와 함께 있으면 함께 벌을 받게 되어 있습니다.

바벨론에 대한 하나님의 심판은 혹독합니다. 그 죄는 하늘에까지 사무쳤고 그 악행을 하나님이 다 보고 계셨습니다. 하나님께서는 그가 준대로 갚아주고 그 행위는 갑절로 갚아주라고 하십니다.

4) 교만
그 자신을 스스로 영화롭게 하고 사치한 바벨론은 자신의 위치를 여왕의 위치에까지 올려놓았습니다. 바벨론이 망하는 네 번째 이유는 교만입니다. 그 교만의 대가는 철저하게 부서지고 망하는 것입니다. 하루 사이에 사망과 흉년과 애통함이 임합니다. 그리고 불에 태워져 순식간에 사라져 버립니다.

영원할 줄 알았는데 갑자기 죽음이 찾아오고, 영원히 풍요로울 줄 알았는데 흉년이 찾아왔습니다. 언제나 사치와 쾌락 속에서 웃을 줄만 알았고 눈물을 흘리는 일이 없을 줄 알았는데 비통함과 애통함이 찾아왔습니다.

하나님의 심판은 오래 걸리지 않습니다. 죄가 하늘에 사무치고 악행을 하나님께서 기억하시는 바로 그 순간 그 즉시 찾아옵니다. 바로 그 죄에 대한 심판이 우리에게도 지금일 수 있습니다. 그래서 우리는 기회가 있을 때 회개하고 돌아서야 하고 기회가 있을 때 구원받아야 합니다.

🔼 적용

• 바벨론이 망하는 네 가지 이유는 무엇이고 음행의 포도주는 무엇입니까?

• 이단들은 이 바벨론이 타락한 기성교회라고 합니다. 그래서 교회에서 나와 자기들에게 와야 구원받는다고 합니다. 이들의 거짓된 주장에 대해 어떻게 생각하십니까?

_____

_____

• 우리가 살아가는 세상은 하나님을 떠난 문화와 문명으로 가득합니다. 정말 당신이 하나님 중심으로 살기 원한다면 바로 지금 이 순간부터 어떻게 살아야 합니까?

_____

_____

묵상노트

_____

_____

_____

_____

_____

_____

_____

오늘의 QT(18:9-19)
바벨론의 멸망을 애통해 하는 사람들
찬송과 기도 : 찬송가 424장(아버지여 나의 맘을)

⬆ 마음 열기 | 울어야 삽니다

　성균관 의대 암 전문의인 이병욱 박사는 '울어야 산다'라는 책을 썼습니다. 살고 싶으면 많이 울어야 합니다. 전에는 웃음 치료라고 '많이 웃어야 한다.' '하루 열 번만 웃으면 그 사람 병원 갈 필요가 없다'고 합니다. 모든 문제가 다 해결됩니다. 웃음치료, 이것은 과학적으로 증명된 것입니다. 웃을 수만 있으면 웃으십시오. 개똥에 구르더라도 웃으십시오.

　그런데 그 분의 이야기는 많이 울라는 것입니다. 울 기회만 있으면 만들어서 울라고 합니다. 그 분은 칠(7)무를 이야기 합니다.

　무조건 우십시오. 무차별적으로 우십시오. 무시로 우십시오. 무수히 우십시오. 무릎을 꿇고 우십시오. 이것이 중요합니다. 그냥 속상해서 울 때에는 속상한 일만 생각나는데 무릎을 꿇는 순간 다른 사람이 내게 상처 준 것도 생각나지만, 내가 다른 사람에게 상처 준 것이 생각난답니다. 놀라운 사실입니다. 무릎을 꿇는 순간 내가 다른 사람에게 말로, 행동으로 상처 준 것들이 생각난답니다. 무릎을 꿇고 우십시오.

여섯 번째, 무안을 당하더라도 우십시오. 내가 주책없이 울고 나면 나중에 사람들이 나를 보고 뭐라고 할까? 그런 것 신경 쓰지 말고 우십시오.

일곱 번째, 무엇보다 먼저 우십시오. 우는 것이 우선이라는 것입니다. 많이 울 때 건강을 회복할 수 있고, 많이 울 때 행복해질 수 있습니다.

어느 권사님 한 분이 발목을 다쳤는데 의사가 치료하고 나서 집에 가서 잘 쉬고 5주 후에 뼈가 붙으면 병원에 다시 오라고 했는데 5주 후에 병원에 갔더니 아직도 뼈가 붙지 않았답니다.

그런데 교회 목사님께서 심방을 오셨는데 목사님의 말씀에 은혜가 되고 자기 자신이 너무 서러워서 목사님을 붙들고 엉엉 울었답니다. 그런데 놀라운 사실은 울고 나서 그 다음 주 병원에 갔는데 뼈가 다 붙었답니다. 참 놀라운 일입니다. 그래서 울음의 효력을 알았습니다. 우십시오. 암 전문의가 하는 이야기입니다.

🆃 본문 읽기

"그와 함께 음행하고 사치하던 땅의 왕들이 그가 불타는 연기를 보고 위하여 울고 가슴을 치며 그의 고통을 무서워하여 멀리 서서 이르되 화 있도다 화 있도다 큰 성, 견고한 성 바벨론이여 한 시간에 네 심판이 이르렀다 하리로다. 땅의 상인들이 그를 위하여 울고 애통하는 것은 다시 그들의 상품을 사는 자가 없음이라 그 상품은 금과 은과 보석과 진주와 세마포와 자주 옷감과 비단과 붉은 옷감이요 각종 향목과 각종 상아 그릇이요 값진 나무와 구리와 철과 대리석으로 만든 각종 그릇이요 계피와 향료와 향과 향유와 유향과 포도주와 감람유와 고운 밀가루와 밀이요 소와 양과 말과 수레와 종들과 사람의 영혼들이라 바벨론아 네 영혼이 탐하던 과일이 네게서 떠났으며 맛있는 것들과 빛난 것들이 다 없어졌으니 사람들이 결코 이것들을 다시 보지 못하리로다. 바벨론으로 말미암아 치부한 이 상품의 상인들이 그의 고통을 무서워하여 멀리 서서 울고 애통하여 이르되 화 있도다 화 있도다 큰 성이여 세마포 옷과 자주 옷과 붉은 옷을 입고 금과 보석과 진주로 꾸민 것인데 .그러한 부가 한 시간에 망하였도다 모든 선장과 각처를 다니는 선객들과 선원들과 바다에서 일하는 자들이 멀리 서서 그가 불타는 연기를 보고 외쳐 이르되 이 큰 성과 같은 성이 어디 있느냐 하며 티끌을 자기 머리에 뿌리고 울며 애통하여 외쳐 이르되 화 있도다 화 있도다 이 큰 성이여 바다에서 배 부리는 모든 자들이 너의 보배로운 상품으로 치부하였더니 한 시간에 망하였도다"

🔼 본문 이해를 우한 길잡이

1) 바벨론의 멸망을 슬퍼하는 자들

악한 자들이 망한다고 모두가 기뻐하는 것은 아닙니다. 오히려 그 악한 자의 망하는 것이 자신에게 손해가 되고 자신에게 피해가 될까 봐 슬퍼하는 자들도 많이 있습니다. 그래서 우리는 더 많이 하나님을 의지하고 하나님께 집중하고 살아야 합니다. 그래야 사람들이나 환경 때문에 시험에 들지 않습니다. 오늘의 성경 본문에는 바벨론의 멸망을 애통해하는 사람들이 나옵니다.

첫째는 그와 더불어 음행하고 사치하던 땅의 왕들입니다. 그들은 바벨론 때문에 왕이 되고 바벨론 때문에 온갖 사치와 방탕을 할 수 있었던 자들입니다.

그러니 그들의 권력의 기반이요 부의 산실인 바벨론인 로마가 망했으니 그 얼마나 애통했을까요? 그런데도 그들은 자기들까지 망할까봐 가까이 가지 않습니다. 멀리 서서 단지 눈물을 흘리며 애통해 할 따름입니다. 이해관계에 따라 그때그때 달라지는 오늘날의 세상인심하고 다를 것이 뭐가 있습니까?

둘째는 그 땅의 상인들입니다. 육로를 통해 장사를 하고 그 장사를 통해 돈을 벌던 그들이 바벨론이 멸망하는 모습을 보고 울면서 애통해합니다.

그 상인들은 바벨론에 각종 보석과 옷감과 그릇과 향품과 곡물과 가축 그리고 수레와 종과 사람의 영혼까지 거래해서 돈을 벌던 자들입니다. 각종 귀금속과 의류와 장식품과 식음료와 동물과 사람들까지 사고팔면서 부를 쌓아가던 자들입니다.

이들은 돈만 된다면 무슨 짓이든 하는 사람들입니다. 그들이 사고파는 품목들을 보면 종이 있고 사람들의 영혼이 있습니다. 그 당시 로마 제국에는 600만 명 정도의 노예들이 있었습니다. 사람들의 육체와 영혼 곧 목숨이 거래되는 세상이었습니다.

이것은 과거 바벨론이나 로마에서만 이루어진 일이 아닙니다. 지금도 사람들은 돈이 되는 일이라면 자신의 육체적인 노동력뿐만 아니라 장기도 팔고 또 사람들의 목숨까지도 팔고 삽니다.

자본주의 사회는 자본이 우선인 사회입니다. 그러므로 자본주의가 극대화되고 빈부 격차가 감당할 수 없을 정도로 벌어지고 그래서 사람들이 살아남기 위해 자기들의 목숨까지 파는 사회가 되면 그 사회는 반드시 망한다는 사실을 우리는 명심해야 합니다.

바벨론의 멸망을 애통해하는 세 번째 부류는 바다를 통해 해상 무역을 하던 상인들입니다. 이들은 바다를 통해 다니는 사람들이었기 때문에 많은 위험도 감수해야 했지만 그 위험만큼 큰돈을 버는 사람들이었습니다.

그런데 바벨론이 불타고 망하게 되면서 그들의 돈줄이 마르게 되었습니다. 그들이 눈물을 흘리는 이유는 바벨론이 망해서 우는 것이 아닙니다. 성경 본문 말씀처럼 그들이 큰돈을 벌 길이 막혔기 때문입니다. 사업이 부도가 나고 배를 가지고 당장 할 일이 없어졌기 때문입니다.

죄악과 쾌락과 향락과 부패의 도시, 사람들의 영혼까지 사고파는 도시,

그 견고하던 큰 성 바벨론은 하나님의 심판으로 순식간에 망했습니다.

⬆ 적용

- 악한 세상이 망하는 것을 슬퍼하는 자들이 있습니다. 그들이 슬퍼하며
  애통해하는 이유를 써보십시오.

    1) 왕들 : _____

       _____

    2) 상인들 : _____

       _____

    3) 뱃사람들 : _____

       _____

- 오늘날의 경제체제도 지구가 자본주의로 하나가 된 단일 경제권이라
  고 볼 수 있습니다. 이 체제는 영원할까요?

    _____

    _____

    _____

    _____

• 하나님을 떠난 정치와 경제는 반드시 망하게 되어 있습니다. 그 이유
는 무엇일까요?

오늘의 QT(18:20-24)
의로우신 하나님의 심판과 바벨론의 완전한 멸망
찬송과 기도 : 찬송가 486장(이 세상에 근심된 일이 많고)

🚪 마음 열기 | 1센트짜리 동전

헨리 나우웬이란 사람이 쓴 책 가운데 "마음의 문을 열고"라는 책이 있습니다. 거기에 이런 이야기가 실려 있습니다.

정신과 의사에게 한 부인이 찾아왔습니다. 그런데 그녀는 들어오자마자 발작을 하면서 기물을 파괴하고 혈기를 부렸습니다. 간호사 두 사람을 불러서 가까스로 진정을 시킨 후에 진료를 시작하려던 의사는 환자가 오른손 주먹을 꽉 쥐고 있는 것을 발견했습니다.

그 손을 펴려고 아무리 애를 써도 펼 수가 없어서 간호사의 도움을 받아서 손가락을 하나둘 펴기 시작했습니다. 마지막으로 새끼손가락을 펴니까 땡그랑 하고 밑에 떨어지는 것이 있었습니다. 그것은 퍼렇게 녹이 슨 1센트짜리 동전이었습니다.

그 환자는 자기 존재를 1센트짜리 동전과 동일시했던 것입니다. 동전을 잃어버리면 자기 존재가 전부 없어져 버린다고 생각했기 때문에 누가 와서 칼로 찌르고 이것을 **빼앗아**가지 않을까, 이걸 **빼앗기**지 않으려면 어떻게 해야 할까 하는 두려움과 염려 속에서 매일 시달렸던 것입니다. 그래서 그녀는 있는 힘을 다해 동전을 움켜쥐고 살았던 것입니다.

이 이야기는 현대인들의 삶의 한 단면을 비유적으로 표현하고 있습니다. 물질은 우리를 잘못된 것에 집착하게 하고, 거기에 말려들게 하여 결국에는 우리의 몸과 마음과 영혼을 파괴시키는 위력을 지니고 있습니다.

🔢 본문 읽기

"하늘과 성도들과 사도들과 선지자들아, 그로 말미암아 즐거워하라 하나님이 너희를 위하여 그에게 심판을 행하셨음이라 하더라. 이에 한 힘센 천사가 큰 맷돌 같은 돌을 들어 바다에 던져 이르되 큰 성 바벨론이 이같이 비참하게 던져져 결코 다시 보이지 아니하리로다. 또 거문고 타는 자와 풍류하는 자와 퉁소 부는 자와 나팔 부는 자들의 소리가 결코 다시 네 안에서 들리지 아니하고 어떠한 세공업자든지 결코 다시 네 안에서 보이지 아니하고 또 맷돌 소리가 결코 다시 네 안에서 들리지 아니하고 등불 빛이 결코 다시 네 안에서 비치지 아니하고 신랑과 신부의 음성이 결코 다시 네 안에서 들리지 아니하리로다. 너의 상인들은 땅의 왕족들이라 네 복술로 말미암아 만국이 미혹되었도다. 선지자들과 성도들과 및 땅 위에서 죽임을 당한 모든 자의 피가 그 성 중에서 발견되었느니라 하더라"

⬛ 본문 이해를 위한 길잡이

1) 바벨론의 멸망을 기뻐하는 사람들

바벨론이 망하는 것을 보면서 슬퍼하는 사람들이 있는가 하면 바벨론의 멸망을 기뻐하는 사람들이 있습니다. 그들은 하늘과 성도들과 사도들과 선지자들입니다. 여기서 하늘은 하나님의 교회입니다. 이들은 바벨론에 의해 죽임을 당하고 고통을 당했습니다.

그런데 하나님께서 그들을 위하여 바벨론을 심판하셨습니다. 바벨론이 망한 결정적인 이유는 바로 이것입니다. 하나님께서 하나님 백성들의 억울함을 풀어 주신 것입니다.

크고 견고한 성 바벨론은 영원히 무너지지 않을 줄 알았습니다. 그러나 그 성은 하루 사이에 불타 없어지고, 하나님의 견고한 성 새 예루살렘이 그들을 위해 하늘에서 내려옵니다.(계20:2) 심판과 구원을 동시에 행하시는 하나님의 오묘한 섭리를 찬양합시다.

한 힘센 천사가 나타납니다. 계시록에서 힘센 천사는 5장에서 하나님의 보좌 옆에서 일곱 인으로 봉인한 책을 예수님께 전할 때 처음 등장했고, 그와 다른 힘센 천사는 10장에서 사도 요한이 다시 증언해야 할 책을 먹도록 가져다주는 천사로 나타났습니다. 그리고 본문에 세 번째 힘센 천사가 나타났습니다. 이 힘센 천사들이 등장할 때마다 아주 중요한 하나님의 섭리가 이루어집니다.

이 힘센 천사는 바벨론의 멸망에 대한 상징적인 행위로 맷돌을 바다에 던집니다. 그리고 바벨론의 완전한 멸망을 선언합니다. "큰 성 바벨론이 이같이 비참하게 던져져 결코 다시 보이지 아니하리로다."

바벨론은 완전히 멸망합니다. 하나님의 말씀대로 역사 속에 존재하던 바벨론은 바사(페르시아)에 의해 완전히 멸망했습니다. 계시록이 쓰이던 당시 로마도 영원히 멸망하지 않는다고 교만해 했지만 그들도 역사 속에서 사라졌습니다.

지금 우리가 살아가고 있는 일곱 번째 짐승의 나라와 앞으로 등장하게 될 여덟 번째 적그리스도 나라와 그에게 속한 세상도 반드시 망하게 됩니다.

사탄이 배후에 있으며 하나님을 떠난 인본주의가 근본이 된 철학과 과학과 기술을 바탕으로 한 이 세상과 사람들이 만든 문화와 문명은 아무리 고도로 발달해도 결국에는 하나님의 심판으로 망하게 됩니다.

그 모든 것들은 바벨론이나 로마처럼 순식간에 망하게 되고 그 존재 자체가 완전히 사라지게 됩니다. 솔로몬의 고백처럼 하나님을 떠난 세상에서는 해 아래 있는 모든 것은 헛되고 헛된 것입니다.

2) 바벨론에서 사라지는 것들

바벨론 안에서는 음악 소리가 사라집니다. 물건들을 만들 일이 없어집니다. 음식을 만들 일이 없어지고 밤에 불을 켤 일이 없어집니다. 신랑과

456

신부의 음성이 사라집니다.

그 찬란하고 멋진 모습을 뽐내고 사람들과 물건들이 넘쳐나던 도시가 황량하게 폐허가 되어버렸습니다. 인간들이 최고의 기술로 만든 도시입니다. 최고의 아름다움과 최고의 영광을 뽐내던 도시가 한순간에 사라져 버렸습니다.

그러나 바벨론이 망한 후에 성도들에게는 하늘에서 내려오는 거룩한 성 예루살렘이 있습니다. 벽옥과 수정같이 귀한 보석의 빛으로 찬란하게 빛나고 정금으로 된 새 예루살렘이 하나님께로부터 하늘에서 내려옵니다. 그래서 우리는 하나님을 섬겨야 하고, 섬기되 천국 가는 그 날까지 끝까지 잘 섬겨야 합니다.

3) 바벨론이 망하게 된 또 다른 세 가지 이유

바벨론이 망하게 된 이유가 영적인 타락과 음행 그리고 사치와 교만 이외에도 세 가지가 더 있습니다. 그 하나는 정경유착입니다. 돈 있는 자들이 정치권력까지 장악했습니다. 정치하는 자들이 그 권력을 이용해서 큰돈을 벌었습니다.

또 하나는 복술입니다. 점을 치고 자신들의 운명을 귀신에게 물어보고, 사람들이 스스로 자신들의 운명을 결정하려 했습니다. 그리고 또 하나는 성도들과 선지자들의 피를 흘리게 한 것입니다. 6장에서 다섯 번째 인을 뗄 때 제단 앞에서 외치던 순교자들의 외침이 들리십니까? 하나님께서 억울하게 죽임을 당한 성도들의 피 값을 갚아주십니다.

지금 억울한 일을 당하십니까? 반드시 하나님께서 갚아 주실 것입니다. 믿음을 가지십시오. 용기를 내십시오. 하나님은 공의로우신 하나님이십니다.

✝ 적용

- 계시록에서 힘센 천사들이 등장할 때는 특별한 이유가 있습니다. 그 이유가 무엇이었으며 이 본문에서 힘센 천사는 왜 등장합니까?

- 본문에서 말씀하는 바벨론이 망하게 되는 또 다른 세 가지 이유에 대해 말씀해 보십시오.

• 하나님을 떠나 세속화된 도시는 반드시 망하게 됩니다. 망해버릴 세상에서 우리가 추구해야 할 것이 무엇인지를 점검해보고 실천해 봅시다.

_____

_____

_____

_____

묵상노트

_____

_____

_____

_____

_____

_____

_____

_____

_____

_____

_____

_____

예수님의 재림과 짐승과 거짓 선지자에 대한 심판

19장은 예수 그리스도의 재림에 관한 내용입니다.

17장과 18장은 음녀와 바벨론으로 상징되는 로마의 멸망을 보여줌으로써 마지막 때에 하나님을 떠난 세상이 멸망하게 되는 이유를 알려주었습니다.

19장에서는 예수 그리스도의 재림을 준비하며 부르는 찬양이 먼저 나옵니다.(1절-6절) 이어 어린 양의 혼인 잔치(7절-10절)와 지상으로 재림하시는 예수님의 모습(11절-16절) 그리고 짐승과 거짓 선지자와 그 무리를 심판하는 내용(17절-21절)이 나옵니다.

19장에 이어 20장의 1절부터 3절 상반 절에는 천년왕국이 이루어지기 전에 사탄이 무저갱에 감금되는 모습을 보여줍니다. 여기까지가 "이일 후에"라는 단어를 중심으로 계시록을 나누어 본 여덟 번째 사건에 해당하는 부분입니다.

오늘의 QT(19:1-7a)
주님의 재림을 사모하는 찬양 : 네 번의 할렐루야!
찬송과 기도 : 찬송가 176장(주 어느 때 다시 오실는지)

✝ 마음 열기 | 구두가 문제야?

어느 교회에 항상 맨 앞자리에 앉아 예배를 드리는 한 형제가 있었습니다. 이 형제는 목사님의 설교 도중 감동이 되면 언제나 큰 소리로 "할렐루야" "아멘"을 외쳤습니다. 이 형제의 소리 때문에 예배 인도와 설교를 힘들어하던 목사님은 어느 날 형제를 불러 아무리 설교가 감동적이어도 속으로만 "아멘"을 해달라고 부탁했습니다. 하지만 그 약속은 번번이 허사가 되었습니다.

그러자 목사님은 그 형제를 불러 "다음 주일 조용히 예배를 드리면 구두를 사주겠다"고 약속했습니다. 경제적으로 어려워 낡은 구두를 신고 다니던 이 형제는 심각하게 고민하더니 그렇게 하겠노라고 약속을 했습니다.

그런데 다음 주일 예배 시간 설교를 통해 주님의 은혜와 사랑의 증거가 나타나자 교회당 전체에 우렁찬 소리가 울려 퍼졌습니다. "할렐루야! 할렐루야! 구두가 문제야! 나, 구두 필요 없어! 할렐루야!"

그렇습니다. 주님의 은혜가 우리에게 와 닿는다면 구두가 문제이겠습니까?

🔼 본문 읽기

"이 일 후에 내가 들으니 하늘에 허다한 무리의 큰 음성 같은 것이 있어 이르되 할렐루야 구원과 영광과 능력이 우리 하나님께 있도다. 그의 심판은 참되고 의로운지라 음행으로 땅을 더럽게 한 큰 음녀를 심판하사 자기 종들의 피를 그 음녀의 손에 갚으셨도다 하고 두 번째로 할렐루야 하니 그 연기가 세세토록 올라가더라. 또 이십사 장로와 네 생물이 엎드려 보좌에 앉으신 하나님께 경배하여 이르되 아멘 할렐루야 하니 보좌에서 음성이 나서 이르시되 하나님의 종들 곧 그를 경외하는 너희들아 작은 자나 큰 자나 다 우리 하나님께 찬송하라 하더라. 또 내가 들으니 허다한 무리의 음성과도 같고 많은 물소리와도 같고 큰 우렛소리와도 같은 소리로 이르되 할렐루야 주 우리 하나님 곧 전능하신 이가 통치하시도다 우리가 즐거워하고 크게 기뻐하며 그에게 영광을 돌리세"

🔼 본문 이해를 위한 길잡이

1) 할렐루야!

할렐루야는 찬양하라는 할렐루와 여호와라는 이름의 단축형인 야의 합성어로 여호와를 찬양하라는 의미입니다. 이 말은 구약의 시편에 35회가 나오는데 원래는 성전에서 예배를 드릴 때 성도 전체가 하나님을 부르는 말이었습니다.

할렐루야는 주로 의식을 시작할 때 사용했으며 제사나 예배 의식에 참여하는 성도들의 합창과 이에 대한 제사장들의 화답으로 사용되었습니다.

구약에서도 시편 이외의 성경의 다른 곳에서는 전혀 나오지 않는데 신약 성경의 오늘 본문에서는 재림하시는 주님을 맞이하기 위한 성도들의 두 번의 할렐루야 찬양을 포함하여 네 번의 할렐루야 찬양이 연속해서 나오고 있습니다.

오늘 본문은 재림하시는 주님을 할렐루야로 찬양하는 내용입니다. 찬양 중에 거하시는 주님은 찬양 가운데 재림하십니다. 그러므로 우리 성도들의 마음에는 항상 주님을 행한 감사와 사모함과 기다림의 찬양이 있어야 합니다.

오늘 본문에는 네 번의 할렐루야 찬양이 나옵니다.

2) 성도들의 두 번의 할렐루야
그 첫째는 하늘에 있는 성도들이 하나님께 구원과 영광과 능력이 있음을 찬양하는 것입니다. 하나님께서 우리를 구원하셨습니다. 하나님은 영광을 받으셔야 합니다. 하나님께는 모든 만물을 통치하고 다스리실 능력이 있으십니다. 그러므로 우리는 주님을 찬양해야 합니다.

두 번째 할렐루야 찬양은 하나님의 심판이 참되고 의로우신 것을 찬양하는 것입니다. 주님은 악한 음녀를 심판하심으로 음녀에 의해 피를 흘린 성도들의 피 값을 갚아 주셨습니다.

억울한 자들의 피가 무참하게 계속 흐르는 것은 하나님의 뜻이 아닙니다. 하나님은 억울한 자의 그 억울함을 반드시 풀어주시는 공의의 하나님이십니다.

하나님께서는 믿음을 지키려고 의롭게 살다가 순교한 주의 종들의 피 값을 갚아 주셨습니다. 그래서 우리는 하나님의 정의에 대해 감사하고 찬양합니다. 두 번째 할렐루야 찬양과 함께 바벨론이 불타면서 나오는 연기가 세세토록 올라갑니다. 음녀인 바벨론이 하나님의 심판으로 완전히 망한 것입니다.

3) 네 생물과 이십사 장로들의 세 번째 할렐루야

세 번째 할렐루야 찬양은 이십사 장로와 네 생물 곧 네 천사장의 찬양입니다. 그들은 하나님께 엎드려 경배하며 할렐루야로 찬양합니다. 네 천사장과 이십사 장로는 계시록 4장에 처음 등장할 때부터 주님께 찬양했습니다.

이들은 아멘 할렐루야로 찬양합니다. 아멘은 소원, 성취, 동의, 진리(진실) 등의 의미가 있는데 지금의 아멘은 앞에서 성도들이 하나님께 찬양한 내용에 대해 동의한다는 의미에서 화답하는 것입니다.

4) 천사들의 네 번째 할렐루야

이십사 장로와 네 생물이 아멘 할렐루야 하자 보좌에서 "하나님의 종들 곧 그를 경외하는 너희들아 작은 자나 큰 자나 다 우리 하나님께 찬송하라"는 음성이 나왔습니다. 하나님의 종들이 누구입니까? 하나님을 경외하는 자들입니다.

이 음성이 권면하는 것처럼 주의 종들은 마땅히 자기기 있는 위치에서 하나님을 경외하며 찬양해야 합니다. 하나님을 경외한다는 말은 하나님을 하나님으로 인정하고 하나님을 믿고 의지하는 것입니다.

주님을 두려워하고 주님께 순종하는 것입니다. 그 소리에 맞추어 천사들이 전능하신 하나님이 통치하심을 찬양합니다. 전능하신 하나님은 어제도 오늘도 내일도 영원히 통치하십니다.

이 네 번의 찬양을 합하면 이것은 구원받은 모든 성도와 천사들과 모든 피조물의 찬양이며 과거와 현재와 영원으로 이어지는 찬양입니다. 영원히 살아 계시는 하나님께 드리는 영원한 찬양입니다.

우리는 주님께 찬양할 때마다 큰 기쁨과 즐거움으로 하나님께 영광을 돌리며 찬양해야 합니다. 하나님께서는 찬양 가운데 함께 하시며 찬양을 통해 우리를 만나주십니다.

▣ 적용

• 예수님은 찬양받으시기에 합당하신 분입니다. 예수님은 재림하실 때 찬양 가운데 재림하십니다. 두 번의 할렐루야 찬양은 성도들의 찬양입니다. 당신은 무슨 내용으로 찬양합니까?

_____

_____

_____

• 세 번째 할렐루야 찬양은 이십사 장로들과 네 생물의 화답 찬양입니다. 무슨 내용으로 찬양합니까? 네 번째 할렐루야 찬양은 천사들의 찬양입니다. 무슨 내용으로 찬양합니까?

_____

_____

• 찬양은 곡조 있는 기도입니다. 찬양은 악령을 물리치고 병을 고치며 환경을 변화시키고 묶인 것에서 벗어나게 합니다. 오늘도 많은 찬양과 깊고 맑은 영혼의 찬양 가운데 주님을 만나시기 바랍니다.

_____

_____

오늘의 QT(19:7b-10)
어린 양의 혼인 잔치
찬송과 기도 : 찬송가 175장(신랑 되신 예수께서)

⬆ 마음 열기 | 주께서 뭐라 하실까

주께서 이 날에 오셔서

그의 뜻 아닌 나의 뜻대로 행함을 보실 때

주께서 뭐라 하실까

주께서 이 날에 오셔서

식어진 사랑과 미지근한 신앙과 주를 떠남을 보실 때

주께서 뭐라 하실까

주께서 이 날에 오셔서

한 영혼에게도 영원한 나의 친구, 은혜의 구주를 말하지 않음을 보실 때

주께서 뭐라 하실까

주께서 이 날에 오시면

기쁘게 그를 맞을까

만민을 위하여 죽으신 주께서

한 영혼도 내가 얻지 못함을 보실 때

주께서 뭐라 하실까

▣ 본문 읽기

"어린 양의 혼인 기약이 이르렀고 그의 아내가 자신을 준비하였으므로 그에게 빛나고 깨끗한 세마포 옷을 입도록 허락하셨으니 이 세마포 옷은 성도들의 옳은 행실이로다 하더라. 천사가 내게 말하기를 기록하라 어린 양의 혼인 잔치에 청함을 받은 자들은 복이 있도다 하고 또 내게 말하되 이것은 하나님의 참되신 말씀이라 하기로 내가 그 발 앞에 엎드려 경배하려 하니 그가 나에게 말하기를 나는 너와 및 예수의 증언을 받은 네 형제들과 같이 된 종이니 삼가 그리하지 말고 오직 하나님께 경배하라 예수의 증언은 예언의 영이라 하더라"

▣ 본문 이해를 위한 길잡이

1) 어린 양의 혼인 잔치

찬양 가운데 주님이 재림하시면 공중에서 어린 양의 혼인 잔치가 이루어집니다. 예수님이 신랑이 되고 주의 종들과 성도들이 신부가 되어 이루어지는 어린 양의 혼인 잔치에 참여하는 것은 우리 모든 성도의 소망입니다.

어린 양의 혼인 잔치는 불러올려 데려간 백성들과 주님이 하늘에서 만나서 이루어지는 잔치입니다. 이 땅에 하나님의 진노의 일곱 대접이 쏟아져 바벨론의 심판과 멸망이 이루어지는 중에 주님은 하늘에 있는 낙원으로 이미 들어간 하나님의 백성들을 데리고 다시 오십니다.

그렇게 다시 오시는 신랑이요 하나님의 어린 양이신 예수님과 신부들 곧 오시는 주님을 영접하기 위해 그 시간에 들려 올림 받은 하나님의 백성들 사이에 감격스러운 만남과 함께 어린 양의 혼인 잔치가 이루어지게 됩니다.

"우리가 예수의 죽었다가 다시 사심을 믿을진대 이와 같이 예수 안에서 자는 자들도 하나님이 저와 함께 데리고 오시리라 우리가 주의 말씀으로 너희에게 이것을 말하노니 주 강림하실 때까지 우리 살아남아 있는 자도 자는 자보다 결단코 앞서지 못하리라 주께서 호령과 천사장의 소리와 하나님의 나팔로 친히 하늘로 좇아 강림하시리니 그리스도 안에서 죽은 자들이 먼저 일어나고 그 후에 우리 살아남은 자도 저희와 함께 구름 속으로 끌어 올려 공중에서 주를 영접하게 하시리니 그리하여 우리가 항상 주와 함께 있으리라"(살전4:14-17)

2) 신부단장
다시 오실 주님을 기다리면서 신부 된 성도들은 스스로 자신을 단장하고 준비합니다. 준비된 신부에게 밝고 빛나는 세마포 옷을 입도록 허락됩니다.

밝게 빛나는 깨끗한 세마포 옷은 구약시대에는 제사장들이 입는 옷입니다. 계시록에서는 하늘의 이십사 장로(4:4)와 천사들(15:6)과 하늘의 군대들(19:14)이 입는 옷입니다.

신부는 결혼 전에 순결해야 합니다. 계시록에서 순결함은 죽을지언정 결코 짐승과 그 우상에게 절하지 아니하며 그 짐승의 표를 받지 않는 것입니다. 세마포 옷은 흰 옷이며 이기는 자에게 증거로 주어지는 축복의 예복입니다.

어린 양의 아내가 될 자들의 옳은 행실이란 하나님을 향하여 믿음과 찬양과 성결함의 열매를 맺는 일이며 하나님의 영광을 위해 살아가는 일입니다. 또한, 죄를 회개하고 멀리하는 일이며 적그리스도나 그 우상 앞에 경배하지 않는 일입니다. 온전한 믿음으로 주님을 경외하며 사는 것입니다.

그러므로 주님의 재림을 사모하는 성도들은 믿음의 바른 행실을 통해 믿음의 증거를 가져야 합니다. 행함이 없는 믿음은 죽은 믿음입니다. 주님이 오시는 날 들려 올림 받지 못합니다.

이 혼인 잔치에 참여하는 사람들은 복이 있습니다. 이 복이 계시록에 나오는 네 번째 복입니다. 들려 올림 받아 바벨론에 쏟아지는 마지막 재앙에서 벗어나고 주님과 함께 신혼집과도 같은 천년왕국에 들어갈 자격을 얻게 됩니다.

천사는 이 말을 기록하라고 하면서 이 말은 하나님의 참되신 말씀이라고 합니다. 우리 인간의 생각과 상상을 초월하는 사건이 예수님의 재림과 어린 양의 혼인잔치입니다.

이 일은 하나님께서 말씀하시고 주의 종들을 통해 성경의 여러 곳에서 약속하신 일입니다. 반드시 이루어질 일입니다. 기대하고 사모하는 사람들이 혼인 잔치의 주인공이 됩니다. 성도의 휴거와 주님이 다시 오시는 날 공중에서 이루어질 어린 양의 혼인 잔치는 반드시 이루어집니다.

요한은 너무나 기뻐서 그 말씀을 전해주는 천사에게 경배하려 했습니다. 그러나 그 천사는 사도 요한에게 자신은 경배의 대상이 아니며 오직 하나님께만 경배하라고 권면합니다. 천사는 경배의 대상이 아닙니다.

그 천사는 예수의 영은 예언의 영이라고 말합니다. 계시록은 예언의 영이요 예수님의 영이신 성령께서 천사들과 주의 종 요한을 통하여 말씀하신 것입니다. 그러므로 이 말씀은 참으로 진실한 말씀입니다.

▣ 적용

• 다시 오실 예수님을 만나는 자리를 어린 양의 혼인 잔치라고 합니다. 당신은 어린 양의 혼인 잔치에 참여하기 위해 무엇을 준비하고 계십니까?

• 어린 양의 혼인 잔치에 청함을 받은 자의 복이 무엇입니까?

• 주님이 공중으로 재림하실 때 성도들은 들려 올림 받아 공중에서 주님을 만나게 되고 어린 양의 혼인 잔치에 참여하게 됩니다. 이 일은 하나님께서 친히 약속하신 일입니다. 성도다운 바른 행실로 세마포 옷을 입을 자격을 갖추고 성결한 신부로 단장하고 기도로 깨어 주님을 맞이할 준비 합시다.

오늘의 QT(19:11-16)
지상으로 재림하시는 예수님

찬송과 기도 : 찬송가 179장(주 예수의 강림이)

🔼 마음 열기 | 지옥에 대한 교훈

　가나안 농군학교의 창립자인 김용기 장로님의 이야기입니다. 지금은 돌아가셨지만, 이분이 살아계실 때 이런 일이 있었습니다. 가나안 농군학교에서는 닭을 오백 마리 기르고, 모피용 앙고라토끼를 이백 마리 기르고 있었습니다.

　겨울에 너무 추워서 양계장에 연탄난로를 피워 놓았는데 너무 과열되었는지 그만 불이 났습니다. 모피용 앙고라에 불이 붙었으니 얼마나 잘 탔겠습니까? 토끼가 새빨갛게 불덩어리가 되어 이리저리 뛰어다니니 야간에 포탄 날아가는 것 같고, 닭들이 죽겠다고 소리를 지르니 그야말로 생지옥이 되었습니다.

　가족들이 깜짝 놀라서 내복 바람으로 뛰어나왔고, 훈련생들도 나와 함께 불을 꺼보려고 했지만, 불길이 워낙 세어서 어떻게 해볼 도리가 없었습니다. 그 때 김용기 장로님이 "여러분 조용히 앉아서 저 광경을 바라보면서 산교육을 받읍시다."라고 말했습니다.

그 불구덩이 속에서 살려고 몸부림치는 닭과 토끼들의 모습을 보면서, 자신의 죄를 깨닫지 못하고 육신의 정욕을 좇아가는 사람들이 갑작스럽게 죽임을 당하게 되면 지옥 불 속에서 저렇게 고통 받을 것이라는 생각을 했습니다.

한참 후에 불은 꺼지고 모든 짐승이 다 죽었습니다. 새까맣게 재가 되었습니다. 김용기 장로는 훈련생들 모두를 이끌고 예배당 안으로 들어갔습니다. 누가 먼저랄 것도 없이 모두 다 울면서 기도했습니다.

"여러분 예수님을 믿지 않으면 이렇게 뜨거운 불이 타는 지옥으로 갑니다. 성경은 지옥은 꺼지지 않고 영원히 타는 불 못이라고 했습니다."

🔢 본문 읽기

"또 내가 하늘이 열린 것을 보니 보라 백마와 그것을 탄 자가 있으니 그 이름은 충신과 진실이라 그가 공의로 심판하며 싸우더라. 그 눈은 불꽃 같고 그 머리에는 많은 관들이 있고 또 이름 쓴 것 하나가 있으니 자기밖에 아는 자가 없고 또 그가 피 뿌린 옷을 입었는데 그 이름은 하나님의 말씀이라 칭하더라. 하늘에 있는 군대들이 희고 깨끗한 세마포 옷을 입고 백마를 타고 그를 따르더라. 그의 입에서 예리한 검이 나오니 그것으로 만국을 치겠고 친히 그들을 철장으로 다스리며 또 친히 하나님 곧 전능하신 이의 맹렬한 진노의 포도주 틀을 밟겠고 그 옷과 그 다리에 이름을 쓴 것이 있으니 만왕의 왕이요 만주의 주라 하였더라"

■ 본문 이해를 위한 길잡이

1) 재림하시는 주님, 그 영광의 모습!

본문에는 재림하실 주님의 영광스러운 모습이 나옵니다. 하늘 문이 다시 열리면서 요한 사도는 1장에서 보았던 주님을 다시 만나게 됩니다. 1장에서는 예수님께서 발에 끌리는 옷을 입고 가슴에 금띠를 띤 모습으로 일곱 금 촛대 사이에 계시고 하나님의 종들인 일곱 별을 붙잡고 계시는 모습으로 보였습니다.

그런데 지금 혼인 잔치를 마치고 지상으로 재림하실 예수님은 흰 말을 탄 모습입니다. 예수님의 이름은 충신과 진실입니다. 주님은 공의로 심판하십니다. 남아 있는 사탄의 세력과 악의 세력을 다 쓸어내시려고 준비하십니다.

재림하시는 주님은 흰 말을 타고 오십니다. 흰 말은 6장에서 첫째 인을 떼실 때 복음을 전하던 자가 탄 말과 같은 종류입니다. 그가 복음을 전하는 곳마다 타고 다니던 흰 말과 같은 종류의 말을 타고 예수님이 다시 오십니다. 복음이 있는 곳에 예수님이 오십니다.

예수님이 재림하시는 모습을 성경에서는 두 가지로 표현합니다. 하나는 구름을 타고 오시는 모습이고(1:7) 하나는 백마를 타고 오시는 모습 (19:11)입니다.

구름은 하나님의 영광을 상징하고 말은 전쟁을 상징하고 흰색은 의를 상징합니다. 예수 그리스도께서 흰 말을 타고 오시는 것은 악의 무리와 싸워 이기시고 공의대로 심판하시기 위해서입니다. 재림하시는 주님은 공의로 심판하시는 분이십니다.

주님의 초림은 아담 이후 모든 인류의 죄의 문제를 해결하시는 속죄를 위한 것이었기 때문에 자신을 스스로 낮추신 인간 예수의 모습입니다.

그러나 재림하시는 주님은 구원과 심판을 위해 오시기 때문에 영광스러운 승리자의 모습입니다.

주님의 불꽃같은 눈은 주님께서 각 사람의 심령을 감찰하시고 마음속 깊은 것까지 살피는 통찰력을 가지고 있음을 보여줍니다. 면류관은 상급과 권세의 표입니다. 이 영광의 면류관들은 주님께서 성취하신 일들의 결과를 보여줍니다. 부활하시고 재림하실 예수님은 승리자이신 그리스도이십니다.

왜 주님의 옷이 피뿌린 옷이 되었을까요? 재림 때에 심판주로 오시는 예수님께서 악을 행한 자들을 응징할 때에 심판당하는 그들의 피가 주님의 옷에 튀어서입니다. 그래서 피 뿌린 옷이 된 것입니다.

482

주님은 하나님의 말씀이라는 이름 외에 자기밖에 알 수 없는 이름을 가지고 있습니다. 이 이름은 새 하늘과 새 땅의 절대적인 주권자이심을 새긴 것으로 그 이름의 의미는 주님 밖에 아는 자가 없습니다.

2) 심판주의 지상 재림

하늘의 군대들 곧 하늘의 천군과 혼인 잔치에 참여한 주의 종들과 성도들도 어린 양의 혼인 잔치가 끝난 다음에 희고 깨끗한 세마포 옷을 입고 흰 말을 타고 주님을 따라 지상으로 내려옵니다.

주님은 좌우에 날 선 예리한 검으로 만국 곧 온 세상을 심판하십니다. 주님의 말씀은 천지를 창조하신 말씀이기 때문에 그 파괴력이 철장으로 질그릇을 깨뜨리는 것과 같은 권세를 나타냅니다.

주님께서 세상을 심판하시는 것은 포도즙 틀을 밟음과 같습니다. 주님께서 구원과 심판의 역사 가운데에서 대적하는 원수를 완전히 멸하실 것입니다. 이 말씀의 내용은 이미 14장에서 포도송이 추수로 보여주신 것입니다.

3) 만왕의 왕 만주의 주

재림하시는 예수님의 옷과 다리에는 이름이 쓰여 있는데 그 이름은 "**만왕의 왕 만주의 주**"입니다. 이 말씀은 온 세상을 통치하시는 분은 스스로 자신을 "만왕의 왕 만주의 주"라 부르게 하고 스스로 신의 자리에 올라 경배를 받았던 도미티안 같은 로마의 황제나 세상의 권력자가 아니라는 것입니다.

세상 모든 왕의 왕이 되시는 분은 이미 계시록 1장 5절에서 말씀하신대로 땅의 임금들의 머리가 되시는 예수님입니다. 이 말씀은 계시록에 대문자로 쓰인 또 하나의 본문인 17장 5절의 **"비밀이라, 큰 바벨론이라, 땅의 음녀들과 가증한 것들의 어미라 하였더라"**와 대조가 되어 있어 마지막 때의 전쟁이 음녀의 세력과 예수님의 세력 사이의 싸움인 것을 보여줍니다.

물론 그 싸움에서 최종적으로 이기시는 분은 예수님이십니다. 예수님이 이긴 자이고 예수님을 따르는 주의 종과 성도가 이기는 자입니다.

⬆ 적용과 실천

• 재림하시는 예수님은 어떤 모습이며 재림하시는 예수님의 이름은 무엇입니까? 또 재림하시는 예수님을 따르는 하늘의 군대는 누구입니까?

_____

_____

_____

• 예수님의 옷과 다리에 쓰인 이름은 무엇입니까? 어떤 의미일까요?

• 예수님은 분명히 재림하십니다. 신부 단장하고 신랑 되신 예수님을 맞이할 준비가 되어 있습니까? 아직 준비되지 않았다면 지금부터라도 깨어 일어나 열심히 신부단장하고 재림을 준비하시기 바랍니다.

오늘의 QT(19:17-21)
불 못에 던져지는 짐승과 거짓 선지자
찬송과 기도 : 찬송가 351장(믿는 사람들은 주의 군사니)

⬆ 마음 열기 | 내가 오늘 죽는다면 나는 어디로 갈 것인가?

수년 전에 영국 선원 한 명이 뉴욕 시의 한 선교회를 찾았습니다. 그가 마음에 별다른 감동을 받지 못한 채 선교회를 나서려 할 때 한 사역자가 현관문에서 작은 카드 하나를 그의 손에 쥐여주었습니다.

그 카드에는 다음과 같은 글이 인쇄되어 있었습니다. "내가 오늘 밤 죽는다면 나는 ○○○로 갈 것이다." 빈칸 밑에는 "여기에 갈 곳을 정직하게 써넣으시고 당신의 이름을 기록하시오."라고 되어 있었습니다.

그 선원은 카드를 읽어보지도 않고 호주머니에 집어넣고는 배를 타러 갔습니다. 영국으로 돌아가는 항해 도중 그는 갑판 위의 높은 곳에서 떨어져 다리가 부러졌습니다. 사람들이 그를 선실로 데려다주어 여러 날을 누워 있는 동안 그 카드가 눈에서 떠나지 않고 자꾸 시야에 들어왔습니다.

"내가 오늘 밤 죽는다면 나는 ○○○로 갈 것이다." "그래. 내가 정직하게 이 빈칸에 채워 넣는다면 지옥이라고 써야 할 거야. 내가 오늘 밤 죽는다면 지옥에 가게 되는 거야. 그러나 그렇게 써넣을 수는 없어."라고 그는 생각했습니다.

침대에 누운 채로 그는 예수 그리스도를 자신의 주님과 구주로 영접하고 카드에 "내가 오늘 밤 죽는다면 나는 천국으로 갈 것이다."라고 써넣었습니다. 어느 날 그는 다시 뉴욕에 왔습니다. 그는 그 선교회에 들어가 자신의 이름을 서명한 카드를 제출했습니다.

당신이 그런 카드를 가지고 있다고 상상해 보십시오. "내가 오른 밤 죽는다면 나는 ○○○로 갈 것이다." 빈칸에 무엇이라고 써넣겠습니까?

⬆ 본문 읽기

"또 내가 보니 한 천사가 태양 안에 서서 공중에 나는 모든 새를 향하여 큰 음성으로 외쳐 이르되 와서 하나님의 큰 잔치에 모여 왕들의 살과 장군들의 살과 장사들의 살과 말들과 그것을 탄자들의 살과 자유인들이나 종들이나 작은 자나 큰 자나 모든 자의 살을 먹으라 하더라. 또 내가 보매 그 짐승과 땅의 임금들과 그들의 군대들이 모여 그 말 탄 자와 그의 군대와 더불어 전쟁을 일으키다가 짐승이 잡히고 그 앞에서 표적을 행하던 거짓 선지자도 함께 잡혔으니 이는 짐승의 표를 받고 그의 우상에게 경배하던 자들을 표적으로 미혹하던 자라 이 둘이 산 채로 유황불 붙는 못에 던져지고 그 나머지는 말 탄 자의 입으로부터 나오는 검에 죽으매 모든 새가 그들의 살로 배불리더라"

🔲 본문 이해를 위한 길잡이

1) 재림 예수와 짐승의 무리와의 전쟁

한 천사가 태양 안에 서서 공중에 나는 모든 새를 향하여 큰 음성으로 외치면서 큰 잔치가 시작됩니다. 이 잔치는 어린 양의 혼인 잔치가 아닙니다. 사탄을 추종하는 세력들의 시체에 새들이 와서 먹는 잔치를 의미합니다.

하나님의 큰 잔치에 대한 이 말씀은 에스겔서를 배경으로 하고 있습니다. 에스겔서에 언급하고 있는 이 전쟁은 세상의 종말에 일어날 전쟁으로 역사 속에서 일어난 일이 없습니다. 그러므로 이 예언은 예수님의 재림으로 성취되는 것입니다.

"주 여호와께서 이같이 말씀하셨느니라. 너 인자야 나 주 여호와가 말하노라 너는 각종 새와 들의 각종 짐승에게 이르기를 너희는 모여 오라 내가 너희를 위한 잔치 곧 이스라엘 산 위에 예비한 큰 잔치로 너희는 사방에서 모여서 고기를 먹으며 피를 마실지어다. 너희가 용사의 고기를 먹으며 세상 왕들의 피를 마시기를 바산의 살진 짐승 곧 숫양이나 어린 양이나 염소나 수송아지를 먹듯 할지라. 내가 너희를 위하여 예비한 잔치의 기름을 너희가 배불리 먹으며 그 피를 취하도록 마시되 내 상에서 말과 기병과 용사와 모든 군사를 배불리 먹을지니라 하라 나 주 여호와의 말이니라"(겔 39:17-20)

고대로부터 유대인들에게는 시체가 매장되지 않아서 새나 다른 동물들에게 먹히는 것을 큰 수치와 저주로 생각했습니다. 그러므로 이 모습은 하나님을 대적한 악인들의 최후가 얼마나 비참할 것인지를 보여 주는 것입니다.

그들이 받을 심판의 참혹성을 보여 줍니다. 그것은 하나님과 그리스도와 교회와 성도를 배척하고 박해하고 죽인 죄에 대한 당연한 응보입니다.

재림하시는 예수님께서는 흰 말을 타고 예리한 검을 가지고 그 군대들과 함께 나타나셨습니다. 그때 적그리스도와 그를 따르는 땅의 임금들과 그 군대들이 재림하시는 예수님을 대적하여 전쟁을 일으킵니다.

2) 불 못에 던져지는 짐승과 거짓 선지자

이 전쟁에서 진 짐승과 거짓 선지자는 산채로 붙잡혀 유황불 못에 던져지게 됩니다. 짐승은 그리스도를 대적한 적그리스도이고 거짓 선지자는 이적으로 사람들을 미혹하여 짐승에게 절하게 하고 짐승의 표를 받게 한 자입니다.

결국, 악의 군대 지도자들인 짐승과 거짓 선지자가 붙잡혀 유황불이 타는 못에 던져졌다는 것은 악한 무리의 완전한 멸망을 의미합니다.

많은 이들이 이 전쟁은 여섯 번째 대접 재앙에서 나온 아마겟돈 전쟁과 같다고 생각합니다. 그러나 이 전쟁을 아마겟돈 전쟁이라고 할 수 없습니다.

아마겟돈 전쟁은 성도들이 들려 올림 받은 이후에 세상에서 불신자들 사이에서 일어나는 싸움입니다. 그들끼리 싸우다가 다 같이 패망하는 전쟁입니다. 그러나 이 전쟁은 재림하시는 그리스도의 군대와 짐승의 군대가 싸우는 전쟁입니다.

마지막 때에 선과 악의 전쟁은 하나님의 아들이신 예수님께서 만왕의 왕이시고 만 주의 주이심으로 반드시 승리하십니다. 그러므로 성도는 최후의 승리를 믿으며 오늘도 마귀를 대적하여 물리쳐야 합니다. 악한 영과의 싸움에서 반드시 이기는 자가 되어야 합니다.

진 자는 이긴 자의 종이 되기 때문에 우리는 어린 양의 혼인 잔치와 천년왕국과 새 하늘과 새 땅의 주인공이 되도록 기필코 이겨야 합니다! 이겨야 합니다.

⬆ 적용

- 주님이 베푸시는 큰 잔치의 의미는 무엇이며 공중을 나는 모든 새는 무엇을 상징합니까?

- 거짓 선지자가 한 일은 무엇이며 짐승과 거짓 선지자가 던져지는 불

못은 어디입니까?

_____

_____

• 마지막 때 주님이 재림하시면 천년왕국이 이루어지기 전에 짐승과
  거짓 선지자의 세력이 심판을 받고 지옥의 불 못에 던져집니다. 그러
  므로 진리를 왜곡해서 가르치는 이단에 넘어가지 마시기 바랍니다.
  짐승을 따라 우상을 섬기거나 거짓 선지자가 이끄는 이단에 넘어가
  예수 그리스도를 대적하거나 부인하면 지옥 갑니다. 깊이 마음에 새
  기고 신부 단장하고 다시 오실 주님을 맞이하시기 바랍니다.

_____

_____

묵상노트

_____

_____

_____

_____

_____

_____

_____

천년왕국과 마지막 심판

19장은 예수 그리스도의 재림을 통해 짐승(적그리스도와 거짓 선지자) 들이 심판받는 내용입니다.

20장에서는 사탄이 잡혀 무저갱에 갇히고 천년왕국이 이루어지는 것을 보여줍니다. 천년왕국 이후에 사탄은 붙잡혀 불 못에 던져지고 흰 보좌 심판을 통해 그를 따르던 악한 자들이 심판받는 모습이 나타납니다. 그들 은 모두 불 못 곧 둘째 사망인 지옥에 던져집니다.

1. 천년왕국

천년왕국에 대해서는 크게 세 가지의 견해가 있습니다.

첫째, 무無천년설은 천년왕국을 신약 교회 시대로 봅니다.

둘째, 후後천년설은 천년왕국 이후에 예수께서 재림하신다는 견해입니다. 천년왕국을 교회시대 후기에 있을 복음의 황금시대로 봅니다.

셋째, 전前천년설은 천년왕국 이전에 주께서 재림하신다는 견해입니다. 즉 주께서 재림하셔서 천년왕국을 세우신다는 견해입니다. 저자는 이 견해를 따르고 있습니다.

이 세 가지 주된 학설 가운데 전 천년설은 세대주의적 전 천년설과 역사적 전 천년설로 다시 나누어집니다.

이러한 세 가지 혹은 네 가지의 견해들 중에 무 천년설과 후 천년설의 성경적 근거는 복음서와 서신서입니다. 복음서와 서신서에 의하면 예수 그리스도의 재림으로 세상에 종말이 오고 모든 죽은 자들이 함께 부활하고 함께 심판을 받게 됩니다.

분명히 복음서나 서신서에는 어디에도 천년왕국에 대한 언급이 없고 또 의인과 악인의 부활이 오랜 기간의 간격을 두고 이루어진다는 내용이 없습니다. 그래서 그들은 무 천년설이나 후 천년설을 주장하지만 같은 성경인 계시록에는 분명히 천년왕국 시대가 있습니다.

전 천년설의 근거는 요한계시록입니다. 요한계시록 20장 1절부터 10절은 전 천년설의 가장 강력한 근거입니다. 무 천년설이나 후 천년설에서는 해석할 수 없는 가장 어려운 구절입니다.

2. 천년왕국에 대한 여러 학설들

1) 무 천년설 : 이 설은 계시록 20장 1절부터 6절을 그리스도의 초림 이후 재림 때까지의 교회 시대로 해석하는 종말론으로 먼저 20장 1절부터 3절은 지상의 사건으로 교회의 전 역사로 봅니다. 그다음 20장 4절부터 6절은 천상의 사건으로 천국에서 이루어진 천상 교회의 모습으로 봅니다.

무 천년설에 의하면 첫째 부활은 성도들이 죽어서 영으로 천국에 가는 영적 부활이며(혹은 예수를 믿을 때 이루어지는 거듭남의 사건으로 해석) 천년동안 왕 노릇 한다는 말은 천상 교회에서의 복된 생활을 그린 것입니다. 천년은 10을 세 번 곱한 것이기 때문에 문자적으로 풀 것이 아니라는 해석입니다.

따라서 무 천년설은 예수님의 초림 → 교회시대 → 환난 → 주님의 재림 → 부활 → 흰 보좌 심판 → 천국의 순서로 종말의 역사가 이루어진다고 보고 있습니다.

무 천년설은 마귀의 결박과 감금이 예수 그리스도의 속죄 사역의 효력을 가리킨다고 봅니다. 그들은 예수 그리스도의 속죄 사역으로 말미암아 마귀가 감금되었기 때문에 그는 복음의 힘 있는 전파를 방해하지 못한다고 해석합니다.

그러나 만일 그렇다면 사탄의 잠시 놓임은 무엇을 의미할까요? 그것은 예수 그리스도의 속죄 사역의 효력이 잠시라도 무효화된다는 것을 의미합니까? 그럴 수는 없을 것입니다.

그러므로 사탄의 일시적 감금을 신약시대 전체로 보는 것은 바른 해석이라고 할 수 없습니다. 그것은 그 이상의 어떤 뜻 곧 문자 그대로 사탄이 결박되고 감금되는 것을 의미합니다. 그것은 예수 그리스도의 재림으로 말미암아 이루어질 것입니다.

2) 후 천년설 : 이 설은 하나님의 나라가 복음 전파를 통하여 세계에 확장되어 가고 있으며 그 결과 이 세계는 점점 하나님의 나라가 되어 가고 있다고 보는 것입니다.

따라서 복음화 된 세상은 의와 평화가 넘치는 축복된 시대이며 이와 같은 시대가 지나간 후 예수님이 재림하신다는 종말론이 "후 천년설"입니다.

3) 전 천년설 : 전 천년설은 주의 재림 → 천년왕국 → 흰 보좌 심판 → 천국으로 이어지는데 20장에 나타난 천년왕국을 문자적으로 해석하여 주님 재림 직후에 이와 같은 시대가 올 것이라고 말합니다.

전 천년설은 "세대주의적 전 천년설"과 "역사적 전 천년설"로 나누어집니다.

3-1) 세대주의적 전 천년설 : 이 견해는 오순절 계통에 속한 교회들의 공통된 종말론 해석 방법입니다. 이 설의 특징은 다음과 같습니다.

(1) 4장 이후의 모든 사건은 유대인들에게만 적용된다.
(2) 교회는 7년 환난 전에 전부 휴거된다.
(3) 예수님의 재림을 공중 재림과 지상 재림으로 나눈다.

3-2) 역사적 전 천년설 : 이 설은 종말을 구속사적 관점에서 해석합니다. 이 설은 구약의 해석을 신약에 비추어 재조명하고 재해석하기 때문에 구약에서 상징적 의미를 주는 부문을 신약의 관점에서 해석합니다.

그러나 이 역사적 전 천년설 안에도

(1) 7년 환난을 배제하며 1,260일, 42달의 기간을 종말에 있을 어떤 기간으로 보지 않고 전 교회의 시기로 해석하는 설과

(2) 종말의 7년 환난을 인정하고 1,260일, 42달의 기간을 문자적으로 해석하는 설들이 있습니다.

그 여러 학설 가운데 가장 성경적인 바른 해석은 어떤 것일까요? 종말에 이루어질 사건을 전체적으로 전해주는 계시록의 말씀대로 해석하는 것입니다.

예수님의 공중 재림은 큰 환난 기간에 일곱 번째 나팔 소리가 울릴 바로 그때 그 순간에 이루어집니다. 하늘에 있는 성도들과 네 생물과 이십사 장로와 모든 천사의 찬양 가운데 어린 양의 혼인 잔치를 위한 공중 재림이 이루어집니다.(19:1-6)

그리고 신부 단장하고 휴거한 성도들과 어린 양의 혼인 잔치가 공중에서 이루어 진 그 이후, "만왕의 왕이요 만주의 주"이신 주님이 하늘의 군대와 신부들과 함께 이 땅에 내려오시는 지상 재림이 있게 됩니다.(19:7-16)

예수님의 지상 재림 후에 짐승과 거짓 선지자는 심판을 받아 불 못에 던져집니다. 그리고 사탄은 하늘에서 내려온 천사에 의해 천년동안 결박 당해 무저갱에 갇히고 그때 첫째 부활의 시대인 천년왕국이 이루어집니다.(19:17-20:6)

천년왕국 시대가 지나면 잠깐 마귀가 풀려나는데 그때 선과 악의 마지막 전쟁인 곡과 마곡과의 전쟁이 있고, 그 전쟁에서 진 마귀는 천년왕국 이전에 던져진 짐승과 거짓 선지자가 있는 불 못에 던져집니다. 그들은 그곳에서 조금도 쉼이 없이 세세토록 고통을 당하게 될 것입니다.(20:7-10)

그리고 그 이후 사탄이 역사하던 처음 하늘과 처음 땅이 사라지고 죽은 자들에 대한 흰 보좌 앞에서의 심판이 있습니다. 그 심판의 근거는 그들의 행위입니다. 마지막 흰 보좌 앞에서의 심판은 그들의 행위대로 입니다.(20:11-15)

흰 보좌 앞에서의 심판 그 이후 우리 모두가 소망하는 새 하늘과 새 땅의 시대 곧 영원한 생명과 빛으로 충만한 천국시대가 열리는 것입니다. (21장–22장)

이것이 계시록에서 말씀하는 종말의 전 과정입니다.

이렇게 믿는 믿음이 성경에 기록된 사건의 순서대로 믿는 성경적인 믿음입니다. 예수님의 재림은 이단들의 주장처럼 이미 이루어진 것이 아닙니다. 아직 이루어지지 않았습니다. 그러나 이제 곧 이루어 질 것이고 우리의 소망인 천년왕국의 시대가 열릴 것입니다.

오늘의 QT(20:1-6)
마귀의 결박과 천년왕국
찬송과 기도 : 찬송가 235장(보아라 즐거운 우리 집)

☐ 마음 열기 | 천국을 믿는 신앙은 죽음도 이긴다

토마스 모어는 신앙 때문에 투옥되었다가 죽임을 당하기 위해 단두대에 섰습니다. 그는 마지막 순간에도 시편을 외우고 있었습니다. "하나님이여 나를 긍휼히 여기시고 나의 죄악을 말갛게 씻기시며 내 죄를 깨끗이 씻으소서. 하나님이여 내 속에 정한 마음을 창조하시고 내 안에 정직한 영을 부으소서. 나를 주 앞에서 쫓아내지 마소서."

여러분, 나를 위하여 기도하여 주십시오. 그리고 내가 성스러운 신앙을 갖고 또 신앙을 위하여 여기서 사형을 당하였다는 사실의 증인이 되어 주세요. 결국, 단두대도 그의 신앙을 굽히지 못하고 죽음도 그의 양심을 꺾지 못했습니다. 어린 딸이 아버지에게 하나님을 버리고 왕의 뜻을 따르라고 눈물로 애원하며 같이 살자고 호소했습니다.

그러나 모어는 영혼을 영원한 지옥에 빠뜨릴 수 없다고 말하며 사형당하기 전날 딸에게 이런 편지를 썼습니다. "사랑하는 딸아, 우리 둘이 천국

에서 즐겁게 만날 수 있도록 나도 너를 위하여 기도할 터이니 너도 나를 위하여 기도하여 달라" 그는 끝내 믿음을 버리지 아니하였습니다.

↑ 본문 읽기

"또 내가 보매 천사가 무저갱의 열쇠와 큰 쇠사슬을 그의 손에 가지고 하늘로부터 내려와서 용을 잡으니 곧 옛 뱀이요 마귀요 사탄이라. 잡아서 천 년 동안 결박하여 무저갱에 던져 넣어 잠그고 그 위에 인봉하여 천 년이 차도록 다시는 만국을 미혹하지 못하게 하였는데 **그 후에는** 반드시 잠깐 놓이리라. 또 내가 보좌들을 보니 거기에 앉은 자들이 있어 심판하는 권세를 받았더라. 또 내가 보니 예수를 증언함과 하나님의 말씀 때문에 목 베임을 당한 자들의 영혼들과 또 짐승과 그의 우상에게 경배하지 아니하고 그들의 이마와 손에 그의 표를 받지 아니한 자들이 살아서 그리스도와 더불어 천 년 동안 왕 노릇 하니 (그 나머지 죽은 자들은 그 천 년이 차기까지 살지 못하더라) 이는 첫째 부활이라 이 첫째 부활에 참여하는 자들은 복이 있고 거룩하도다. 둘째 사망이 그들을 다스리는 권세가 없고 도리어 그들이 하나님과 그리스도의 제사장이 되어 천 년 동안 그리스도와 더불어 왕 노릇 하리라"

↑ 본문 이해를 위한 길잡이

1) 마귀의 결박
본문은 만국을 미혹하던 사탄이 붙잡혀 큰 쇠사슬에 결박되어 무저갱에 감금되고 이 땅에서 천년왕국이 이루어지는 내용입니다. 무저갱은 두 가지 의미가 있는데 하나는 9장에서 보는 것처럼 사탄의 처소인 무저갱이고 또 하나는 본문에서 말하는 것처럼 악령들을 가두는 옥으로서의 무저갱입니다.

무저갱은 상징적인 장소가 아닙니다. 끝이 없는 어둠이 실재하는 장소이며 사탄을 가둔 구체적이고 실체적인 장소입니다. 사탄은 무저갱의 사자입니다. 천년왕국 기간에 사탄은 무저갱에 갇혀 나라들이 하나님을 대적하도록 미혹하는 행위를 전혀 못 하게 됩니다. 그러므로 이 기간은 천년왕국에 참여하는 주의 종들과 성도들에게 주어지는 참으로 복된 평화의 기간입니다.

사탄은 천년왕국 기간에 무저갱에 갇혀 있게 됩니다. 그리고 천년왕국이 끝난 다음 잠깐 풀려나게 될 것입니다. 풀려난 사탄은 세상에 남아 있던 모든 사탄의 세력을 모아 다시 전쟁을 일으키다가 붙잡혀 짐승과 거짓 선지자가 있는 불 못에 던져지게 됩니다.

2) 첫째 부활(천년왕국)
첫째 부활인 천년왕국에는 심판하는 권세를 받은 두 부류의 사람들이 참여합니다. 그들은 다시는 다스림을 받지 않습니다. 다스리는 자들입니다.

첫째 부류는 예수님을 증언하는 것과 하나님의 말씀을 지키고 전한 것 때문에 목 베임을 당해 순교한 주의 종들과 성도들의 영혼입니다. 대표적인 분이 사도 바울입니다. 그는 목베임을 당하고 순교했습니다.

둘째 부류는 짐승과 그의 우상에게 경배하지 아니하고 그들의 이마와 손에 그 짐승의 표를 받지 아니하여 죽임을 당하거나 아니면 큰 환난의 시대를 광야에서 지낸 신실한 주의 종들과 성도들입니다.

이들이 7장에서 말하는 어린 양의 피로 그 옷을 씻은 흰 옷 입은 큰 무리이고 12장의 광야에서 1,260일을 보낸 여자의 후손들이며 15장의 불타는 유리 바닷가에서 찬양하던 무리입니다.

이들이 모두 부활의 첫 열매가 되어 첫째 부활에 참여하고 천년왕국의 주인공이 됩니다. 이들은 예수 그리스도와 함께 왕의 권세를 가지고 세상을 통치합니다. 그 나머지 죽은 자들은 그 천년이 차기까지 부활하지 못합니다.

그러면 왜 천년왕국이 반드시 있어야 할까요? 그것은 첫째 부활은 하나님께서 신실한 믿음을 가진 주의 종들과 성도들에게 주시는 상이기 때문입니다.

그들은 믿음을 지키다가 순교했습니다. 믿음을 지키다가 추방당하고 고문당하고 재산을 몰수당했습니다. 믿음을 지키기 위해 황량한 광야의 동굴과 지하에서 굶주림과 목마름과 추위와 더위를 이기며 살았습니다.

짐승 같은 적그리스도와 거짓 선지자의 박해를 피해 이곳저곳을 떠돌며 살아야 했습니다. 그러니 그들이 다른 사람들보다 그 믿음의 행위대로 더 상을 받아야 하지 않겠습니까? 그래서 그들에게 새 하늘과 새 땅에 들어가기 전에 천년왕국의 축복이 주어집니다. 천년왕국은 상으로 받는 첫째 부활입니다.

그래서 주님은 이 첫째 부활에 참여하는 자들이 복이 있고 거룩하다고 말씀하십니다. 이 복이 계시록에서 말씀하는 다섯 번째 복입니다.

천년왕국에 참여하는 사람들에게는 둘째 사망이 역사하지 않습니다. 둘째 사망이 무엇입니까? 20장 15절의 말씀대로 생명책에 그 이름이 없는 사람들이 들어가는 불 못입니다. 첫째 부활에 참여하는 사람들에게는 영원한 천국이 확실히 보장되어 있습니다.

그들은 하나님과 그리스도의 제사장이 되어 천년동안 그리스도와 더불어 왕 노릇하게 됩니다. 이 영광의 나라에 어린 양의 신부 되어 함께 들어갑시다.

📌 적용

• 심판하는 권세를 가진 두 부류의 사람들은 누구입니까?

_____

_____

• 이단들은 이 모습이 하늘에 있는 십사만 사천의 순교자들의 영혼과 이단에 속한 그들의 육체가 하나 되어 이 세상에서 그들의 육체가 영생하게 되는 사건이라고 성경을 왜곡하여 설명합니다. 이것은 무당들이 신 내림을 받는다고 말하는 무속 신앙의 접신 사상을 교묘하게 변형시킨 것입니다. 그들은 그들의 집단이 시작된 때부터 이미 천년왕국이 시작되었다고 말합니다. 당신은 이들의 거짓 주장에 대해 어떻게 생각하십니까?

• 하나님께서는 행한 대로 갚아주십니다. 당신의 믿음에는 어떤 보상이 따를지를 생각해보십시오. 손이나 이마에 짐승의 표를 받지 않고 천년왕국에 참여하도록 생활 속에서 순교를 실천합시다.

오늘의 QT(20:7-15)
마지막 전쟁과 흰 보좌 앞에서의 최후의 심판
찬송과 기도 : 찬송가 240장(주가 맡긴 모든 역사)

⬆ 마음 열기 | 심판하시는 주님

독일인들이 유대인을 학살할 때 독일 분만실에서 있었던 이야기입니다. 의사는 독실한 그리스도인이었습니다. 독일 여자가 아이를 낳기 위하여 병실에 입원했습니다. 벽에 예수님이 십자가 못 박혀 돌아가시는 그림이 걸려 있었습니다.

유대인을 미워하는 독일 여자가 간호사에게 말했습니다. "저 유대인 보기 싫어요. 떼어 주세요." 간호사가 말했습니다. "나는 저 그림을 뗄 자격이 없습니다." "그러면 더 높으신 분을 불러 주세요." 의사를 불렀습니다. 그에게 말했습니다. "저 유대인 보기 싫어요. 떼어 주세요." 의사도 말했습니다. "나도 저 그림을 뗄 자격이 없습니다. 병원 원장님 권한입니다." 그 여자가 말했습니다. "내 남편은 육군 장교입니다. 곧 올 것입니다. 그가 조치할 것입니다."

얼마 후 육군 장교 남편이 도착하였습니다. 그가 아내 말을 듣고 나더니 말했습니다. "나는 내 태어날 아이가 저 그림을 보지 않았으면 좋겠습니다." 그러는 사이에 아들이 태어났습니다. 장님이었습니다. 그 그림을 볼 수가 없었습니다.

예수님은 그 말과 행위대로 심판하시는 분이십니다.

⬆ 본문 읽기

"천 년이 차매 사탄이 그 옥에서 놓여나와서 땅의 사방 백성 곧 곡과 마곡을 미혹하고 모아 싸움을 붙이리니 그 수가 바다의 모래 같으리라 그들이 지면에 널리 퍼져 성도들의 진과 사랑하시는 성을 두르매 하늘에서 불이 내려와 그들을 태워버리고 또 그들을 미혹하는 마귀가 불과 유황 못에 던져지니 거기는 그 짐승과 거짓 선지자도 있어 세세토록 밤낮 괴로움을 받으리라 또 내가 크고 흰 보좌와 그 위에 앉으신 이를 보니 땅과 하늘이 그 앞에서 피하여 간 데 없더라 또 내가 보니 죽은 자들이 큰 자나 작은 자나 그 보좌 앞에 서 있는데 책들이 펴 있고 또 다른 책이 펴졌으니 곧 생명책이라 죽은 자들이 자기 행위를 따라 책들에 기록된 대로 심판을 받으니 바다가 그 가운데에서 죽은 자들을 내주고 또 사망과 음부도 그 가운데에서 죽은 자들을 내주매 각 사람이 자기의 행위대로 심판을 받고 사망과 음부도 불 못에 던져지니 이것은 둘째 사망 곧 불 못이라 누구든지 생명책에 기록되지 못한 자는 불 못에 던져지더라"

🚩 본문 이해를 위한 길잡이

1) 마귀에 미혹된 땅의 사방 백성(곡과 마곡)이 일으키는 전쟁

천년왕국이 끝난 다음에 사탄이 잠깐 풀려나와 그를 숭배하는 땅의 사방 백성들을 모읍니다. 하나님을 대적하는 사람들이 모여 전쟁을 하는 장소를 상징하는 곡과 마곡의 이름으로 모인 땅의 백성들 수가 마치 바다의 모래알 같습니다.

그들은 그 엄청난 숫자로 성도들의 진과 하나님이 사랑하시는 천년왕국이 있는 성을 둘러싸고 공격을 하지만, 그들에게는 소돔과 고무라가 멸망할 때 불벼락이 내린 것처럼 하늘에서 심판의 불이 내려와 다 태워집니다.

그들을 미혹하던 마귀는 붙잡혀 불 못에 던져집니다. 그곳에는 이미 19장에서 보는 것처럼 먼저 불 못에 던져진 짐승과 거짓 선지자가 있습니다. 그들은 그곳에서 영원히 괴로움을 당하게 됩니다.

2) 흰 보좌 앞에서의 심판(최후의 심판)

마지막 심판은 처음 하늘과 처음 땅이 그 앞에서 사라진 흰 보좌 앞에서 이루어집니다. 보좌에 앉으신 이는 하나님이십니다. 그 보좌가 흰 색인 것은 그 심판이 성결하고 의롭고 공정한 심판이기 때문입니다.

이 심판은 이 땅에서 육체를 가지고 살아 온 모든 자 곧 이 땅에서 권세와 부를 누리며 산 큰 자들이나 이름 없이 빛도 없이 산 작은 자들이나 모두에게 해당하는 심판입니다. 그 크고 흰 보좌와 그 보좌에 앉으신 하나님 앞에 책들이 펴져 있는데 하나는 성도들의 이름이 기록된 생명책이요 하나는 불신자들의 악행이 기록된 행위록입니다.

성경에는 여러 가지 책이 나와 있습니다.

하나는 하나님의 구원과 심판에 대한 내용이 담긴 책인데 이것은 계시록 5장에 나옵니다. 안팎으로 쓰고 일곱 인으로 봉한 책입니다.

두 번째 책은 생명책입니다.(계20:12,15) 이 책은 구원받은 성도들의 이름이 기록된 책입니다. 예수 그리스도를 믿고 구원받은 자는 다 그 이름이 이 책에 기록되어 있고 이 책에 그 이름이 기록된 자는 다 천국에서 영생하게 됩니다.

세 번째는 기념 책입니다.(말3:16, 고후5:10) 이 책은 성도들의 착한 행위가 기록된 책으로 성도가 주를 위해 헌신한 특별히 기념될 만한 일과 업적을 기록한 책입니다. 성도의 선한 행위는 이 책에 기록되고 이 책에 기록된 대로 상을 받게 됩니다.

네 번째는 행위를 기록한 책입니다.(계20:12하) 이 책은 모든 죽은 자의 행한 일이 기록된 책입니다. 이 책은 불신자를 심판하기 위한 책으로 생명책에 기록되지 못한 자들의 이름은 이 책에 다 기록되어 있습니다.

512

하나님의 심판은 엄격하고 분명합니다. 의와 불의, 선과 악에 대한 기준이 분명합니다. 그러므로 오늘 우리는 하나님의 생명책에서 그 이름이 지워지지 않도록 바르게 살고 열심히 신앙생활을 해야 합니다.

2) 둘째 사망(불 못)

마지막 심판이 시작되면서 바다가 그 가운데에서 죽은 자들을 내어주고, 사망과 음부도 그 가운데에서 죽은 자들을 내어줍니다. 바로 이것이 둘째 부활입니다. 그러므로 첫째 부활이 상급의 부활이라면 둘째 부활은 심판의 부활입니다.

첫째 부활에 참여하는 자들은 그 행위대로 상을 받아 천년왕국의 주인공이 되고 둘째 부활에 참여한 자들은 누구든지 그 행위대로 심판을 받습니다. 이 심판은 성도들에게는 축복의 시간이요 불신자들에게는 징벌의 시간입니다.

그리고 죽은 자들이 거하던 사망과 음부도 불 못에 던져지고 생명책에 그 이름이 없는 자들은 누구든지 둘째 사망 곧 불 못에 던져지게 됩니다.
사망과 음부가 불 못에 던져지는 것은 이제 다시는 영혼과 육체가 분리되는 사망이 없음을 말하는 것입니다. 그러므로 윤회輪回나 환생還生을 말하는 다른 종교의 가르침은 사탄의 속임수요 인간들의 상상력이 빚어낸 허구입니다.

지옥은 영원한 형벌을 받는 곳이므로 그곳에 가는 것이 둘째 사망입니다. 첫째 사망은 영혼과 육체가 분리되는 육체적 죽음을 말하고 둘째 사망은 부활 이후에 육체와 영혼이 영원토록 지옥의 형벌 가운데 놓이는 상태를 말합니다.

타락한 사람들의 영과 혼은 첫째 사망에서 육체를 가진 몸에서 분리되어 음부에서 고통을 당합니다. 그리고 둘째 부활에서 그들의 영과 혼은 부활한 육체와 재결합하여 그 몸과 함께 둘째 사망인 불 못에서 영원한 고통을 당합니다.

이것은 둘째 사망에서 믿지 않는 자들의 전 존재인 영과 혼과 몸이 불 못에서 영원한 고통 가운데 멸망하는 것이 얼마나 참혹한지를 보여주는 것입니다.

음부(눅16:23)나 옥(벧전3:19, 계20:7)이나 무저갱(계20:3)은 흰 보좌 심판 전의 임시 멸망의 처소이고, 지옥(약4:4, 마5:22)과 불 못(계19:20, 20:10, 14,15, 21:8)은 흰 보좌 심판 이후의 영원한 멸망의 처소입니다.

사망과 음부도 마지막에는 불 못에 던져집니다. 그러므로 네 번째 인을 뗄 때 역사하던 사망과 음부의 권세는 흰 보좌 심판 다음에 이루어질 하나님의 나라에서는 더 이상 역사하지 못합니다.

주님께서는 사망과 음부의 권세를 이길 힘을 교회에 주셨습니다.(마 16:18) 교회 시대를 넘어서 새 하늘과 새 땅에서 이루어지는 영원한 하나님 나라는 죽음도 고통도 없는 영원한 복락의 세계입니다.

우리는 천국의 주인공이 되도록 예수 그리스도 안에서 신앙인격이 자라는데 힘써야 합니다. 주께서 맡기신 사명을 감당하는 일에 최선을 다해 충성해야 합니다. 그리고 끝까지 믿음을 지켜 승리자가 되어야 합니다.

마지막 때에는 반드시 심판이 있습니다. 마지막 때에 최후 심판이 있고 그 심판에 따라 천국과 지옥의 영원한 세계가 나눠지며 받을 상과 벌이 결정됩니다.

그러므로 오늘 우리는 정함이 없는 이 세상만 바라보며 살지 말아야 합니다. 영원한 하나님 나라를 바라보며 그 나라에서의 삶을 준비하며 살아야 합니다. 육체가 죽은 다음에는 더 이상의 기회가 없습니다.

⬆ 적용

- 모든 사람은 한 사람도 예외 없이 전부 다 하나님의 심판을 받습니다. 그 이름과 행위가 책에 다 기록되어 있다고 하는 것은 하나님의 심판은 그만큼 엄격하고 그 근거가 분명하다는 뜻입니다. 당신은 그 심판을 어떻게 준비하고 있습니까?

• 마귀와 적그리스도인 짐승과 거짓 선지자와 악행을 저지른 불신자들이 가는 곳은 불 못입니다. 영원한 고통과 형벌의 장소인 지옥인 불 못에 가지 않기 위해 어떻게 해야 합니까?

_____

_____

• 회개와 믿음의 기회는 육체가 살아있을 때만 주어집니다. 우리 주변의 많은 분이 이 사실을 모르고 지옥의 길로 가고 있습니다. 전도해야 합니다. 구원해야 합니다. 당신은 오늘 천하보다 귀한 영혼을 구하기 위 누구에게 복음을 전하시겠습니까?

_____

_____

묵상노트

_____

_____

_____

_____

_____

_____

_____

새 하늘과 새 땅과 새 예루살렘

19장과 20장에서 우리는 예수 그리스도의 재림, 천년왕국의 도래 그리고 최후 심판의 모습을 보았습니다. 21장에서는 새 하늘과 새 땅 그리고 새 예루살렘 성에 대해 보여주고 있습니다. 새 하늘과 새 땅은 구약 시대로부터 우리 모든 성도가 가지고 있는 천국 곧 하나님 나라에 대한 가장 큰 소망입니다.

성경은 처음 출발점에서 처음 책인 창세기를 통해 이 모든 자연 만물과 인류 역사의 시작에 대해 말씀했는데 이제 마지막 책인 계시록을 통해 이 모든 역사의 완성과 새로운 세상이 시작되는 것을 보여주고 있습니다.

하나님의 위대한 구원의 역사는 성경 안에 다 담겨 있습니다. 하나님의 감동으로 쓰인 모든 성경은 모든 계시의 원천이며 완성입니다.

지금 진행되고 있는 인류의 문화와 역사는 완전한 것이나 영원한 것이 아닙니다. 언젠가는 끝을 맺고 하나님께서 새로운 세상을 열어 가십니다.

새 하늘과 새 땅 그리고 그 안에 있는 새 예루살렘 성은 질적으로 과거에 있었던 옛 하늘과 옛 땅 그리고 옛 바벨론이나 옛 로마나 옛 예루살렘과는 전혀 다른 모습입니다.

새롭게 창조되어 새롭게 시작될 새 하늘과 새 땅에는 성도들의 영원한 행복의 나라인 천국이 있고, 그 천국 밖에는 하나님을 대적하고 타락한 마귀와 그 추종자들이 들어갈 영원한 형벌의 장소인 지옥이 있습니다.

그럼에도 21장과 22장에서는 21장 8절과 21장 27절 그리고 22장 15절 외에는 지옥에 대해 전혀 언급하지 않고 천국에 대한 말씀이 주를 이루고 있습니다. 그것은 하나님의 주된 관심이 성도들의 구원과 영원한 행복에 있음을 보여주는 것입니다.

우리 인생의 마지막 목적지는 천국입니다. 그러므로 오늘도 우리는 믿음으로 살면서 마귀의 유혹을 물리치고 세상을 이기는 성도가 되어야 합니다. 눈을 들어 하늘을 보고 우리의 아버지가 계시는 천국을 바라보아야 합니다.

오늘의 QT(21:1-8)
새 하늘과 새 땅
찬송과 기도 : 찬송가 242장(황무지가 장미꽃같이)

✝ 마음 열기 | 어어, 삼 팔 광 땡이네!

서울에 있는 어느 병원에서 실제로 일어난 일입니다. 새벽에 어느 신사한 사람이 심장마비로 병원에 실려 왔습니다. 친구들에 의해 업혀 온 이 신사를 급히 응급실로 옮겼지만 이미 심장마비로 죽어 있었습니다.

그런데 의사는 죽어있는 이 사람을 보면서 의아한 느낌을 받았습니다. 죽을 때는 일반적으로 손을 펴고 죽는데 이 시신은 오른손을 펴고 왼손은 꼭 쥔 상태였습니다. 시신의 마지막 손가락이 의사에 의해서 펼쳐질 때 그의 손에서 화투 두 장이 떨어졌습니다. 그 두 장을 보는 순간 의사는 자신도 모르게 이렇게 말했습니다. "어어, 삼 팔 광 땡이네."

사연은 이러했습니다. 이미 고인이 된 이 남자는 초상집에 가서 친구들과 어울려 밤새도록 화투를 쳤습니다. 새벽녘 가지고 간 돈을 모두 잃어갈 즈음 판돈이 잔뜩 쌓였는데 화투 두 장을 받아들고 살며시 펼쳐보니 삼 팔 광땡이었습니다. 그는 너무나 감격하고 놀란 나머지 화투 두 장을 미처

펼치지도 못한 채 "삼, 삼……." 하다가 쇼크로 죽고만 것입니다.

많은 사람이 이런 삶을 일상적으로 살아가고 있습니다. 화투 두 장을 들고 말을 더듬다가 심장마비로 죽는 것입니다. 화투보다 좀 더 큰 땅문서 서너 장을 들고 아등바등하다가 유언도 못하고 죽는 것이나 다를 게 무엇입니까?

🔢 본문 읽기

"또 내가 새 하늘과 새 땅을 보니 처음 하늘과 처음 땅이 없어졌고 바다도 다시 있지 않더라. 또 내가 보매 거룩한 성 새 예루살렘이 하나님께로부터 하늘에서 내려오니 그 준비한 것이 신부가 남편을 위하여 단장한 것 같더라 내가 들으니 보좌에서 큰 음성이 나서 이르되 보라 하나님의 장막이 사람들과 함께 있으매 하나님이 그들과 함께 계시리니 그들은 하나님의 백성이 되고 하나님은 친히 그들과 함께 계셔서 모든 눈물을 그 눈에서 닦아 주시니 다시는 사망이 없고 애통하는 것이나 곡하는 것이나 아픈 것이 다시 있지 아니하리니 처음 것들이 다 지나갔음 이러라 보좌에 앉으신 이가 이르시되 보라 내가 만물을 새롭게 하노라 하시고 또 이르시되 이 말은 신실하고 참되니 기록하라 하시고 또 내게 말씀하시되 이루었도다. 나는 알파와 오메가요 처음과 마지막이라 내가 생명수 샘물을 목마른 자에게 값없이 주리니 이기는 자는 이것들을 상속으로 받으리라 나는 그의 하나님이 되고 그는 내 아들이 되리라 그러나 두려워하는 자들과 믿지 아니하는 자들과 흉악한 자들과 살인자들과 음행하는 자들과 점술가들과 우상 숭배자들과 거짓말하는 모든 자들은 불과 유황으로 타는 못에 던져지리니 이것이 둘째 사망이라"

🔼 본문 이해를 위한 길잡이

1) 새 하늘과 새 땅

처음 하늘과 처음 땅과 처음 바다가 없어지고 새 하늘과 새 땅이 펼쳐졌습니다. 새에 해당하는 헬라어 카이논καινον은 네오스νεος와 구별됩니다. 네오스는 시간이 흘러 새로워진 것을 의미하지만, 카이논은 시간과는 상관없이 질적으로 새로워진 것을 말하기 때문입니다.

새 하늘과 새 땅은 전에 있었던 것들을 고치고 바꾸는 것이 아니라 전혀 새롭게 창조된 것입니다. 전에 있던 것과는 비교할 수 없는 완전히 새롭게 창조된 하늘과 땅입니다.

요한 사도가 본 새 하늘과 새 땅은 단순히 환상으로만 본 것이 아닙니다. 처음 창조와 완전히 질적으로 다른 새로운 창조 속에서 이루어지는 새로운 세계를 본 것입니다.

새 예루살렘 성은 마치 신부가 남편을 위해 단장한 것같이 곱고 아름답게 마련한 성입니다. 주님은 이 땅에 계실 때 우리가 있을 곳을 예비하러 가신다고 미리 말씀하셨고 준비되면 다시 오신다고 하셨습니다.(요14:1-3)

여기 준비하고 단장한 것의 원문의 시재는 현재 완료 형입니다. 이것은 이미 신랑이신 예수께서 영적 신부인 성도들과 영원히 살 새로운 보금자리로 인도하실 준비가 완료되었음을 뜻하는 것입니다.

새 예루살렘 성에서 하나님은 하나님의 백성들과 영원히 함께 하십니다. 하나님께서는 천국에서는 고통 중에 눈물 흘리는 일이 없도록 모든 눈물을 닦아 주십니다. 다시는 죽는 일이 없습니다. 애통해 하는 것도 없습니다. 곡하는 것이나 아픈 것이 없습니다.

이 모든 것은 죄의 저주를 벗어나지 못한 처음 하늘과 처음 땅에 속한 것입니다. 그러나 이제 주님이 모든 만물을 새롭게 창조하셨기 때문에 처음 것들이 다 지나갑니다. 아픔과 고통과 절망과 눈물과 죽음이 사라집니다.

2) 구원의 완성

하나님께서는 이 일들을 친히 선포하시고 기록하라고 하십니다. 천국은 반드시 이루어집니다. 전능하신 하나님께서 이루시기 때문입니다. "이루었도다" 이 말씀은 이제 모든 구원의 사역을 다 하셨다는 뜻입니다. 이 일을 이루신 분은 처음과 마지막이요 시작하시고 완성하여 끝을 맺으시는 하나님이십니다.

주님은 세상과 마귀를 믿음으로 이긴 자녀들에게 이 모든 것들을 주시겠다고 약속하십니다. "이기는 자는 이것들을 상속으로 받으리라 나는 그

의 하나님이 되고 그는 내 아들이 되리라"(7절)

그러므로 우리는 이기는 자들이 되어야 합니다. 계시록 2장과 3장에는 이기는 자들에게 주시는 열두 가지 축복이 있습니다. 그 모든 것들을 모아 하나로 정리한 말씀이 이 말씀입니다. 이기는 자는 하나님의 자녀가 되어 천국의 주인공이 되리라. 그러므로 우리는 이기는 자가 되어야 합니다.

3) 천국에 들어가지 못하는 자들

그러나 반면에 천국에 들어가지 못할 자들이 있습니다. 그들은 두려워 하는 자들과 믿지 아니하는 자들과 흉악한 자들과 살인자들과 음행하는 자들과 점술가들과 우상 숭배자들과 거짓말하는 자들입니다.

두려워하는 자들은 핍박과 환난을 두려워하는 자들입니다. 믿지 않는 자들은 주님을 부인하는 자들이고 흉악한 자들은 황제 숭배와 같은 우상 숭배에 참여하여 도덕적으로 부정하게 된 자들입니다. 살인자들은 짐승의 영에 사로잡혀 하나님을 대적하고 신실한 그리스도인을 핍박하고 죽인 자들입니다.

음행하는 자들은 성적으로 타락하여 간음한 자들인데 이것도 우상숭배 와 관련된 죄입니다. 술객들은 마술이나 점치는 일 등에 빠진 자들로 우상 을 만들고 섬기도록 조종하는 자들입니다.

우상 숭배자들은 음행하는 자들과 술객들과 같은 죄를 지으면서 우상

숭배에 좀 더 적극적으로 앞장선 자들입니다. 거짓말하는 자들은 진리를 떠나 불의에 동참하여 거짓을 조장하는 거짓 선지자들입니다. 이들은 둘째 사망 불 못에 던져집니다. 그러므로 우리는 시대를 잘 분별하고 사람들을 잘 분별해야 합니다.

▣ 적용

- 새 하늘과 새 땅은 어떤 곳이고 그곳에 있는 새 예루살렘 성은 어떤 모습으로 단장하고 있습니까? 역사적으로 존재하던 바벨론이나 로마나 옛 예루살렘 성과 비교해 보십시오.

- 천국에 들어가지 못하는 자들은 어떤 자들입니까?

• 우리 믿음의 온전한 결과는 하나님의 자녀로서 천국에서 누리는 특권과 영생입니다. 우리는 영원한 천국 백성이 되기 위해 오늘도 승리하는 믿음의 삶을 살아야 합니다. 오늘을 어떻게 사시겠습니까?

묵상노트

오늘의 QT(21:9-21)
새 예루살렘 성의 모양과 특성
찬송과 기도 : 찬송가 246장(나 가나안 땅 귀한 성에)

✝ 마음 열기 | 천국의 비밀 번호

시골의 작은 은행에서 있었던 실화입니다. 어느 분이 급히 송금할 일이 있어 시골 은행에 들렀다가 목격한 일입니다. 할머니 한 분이 은행 여직원과 실랑이를 벌이고 있었습니다. 창구 여직원이 물었습니다. "할매, 비밀번호 뭐라요?"

그러자 할머니는 아주 아주 가는 목소리로 "비.둘.기"라고 말했습니다. 매우 황당해하면서 여직원이 다시 한번 더 말했습니다. "할매요, 비밀번호 말 안 하면 돈 못 찾는다 아잉교… 비밀번호 말 하이소!"

그러자 살짝 입을 가리신 할머니는 한 번 더 "비.둘.기"라고 했습니다. 인내에 한계를 보인 여직원은 "할매요, 바쁜데 지금 장난하는 것도 아니고 와 이라능교? 퍼뜩 비밀번호 대이소!"라고 나무라듯 말했습니다. 그제야 할머니가 비밀번호를 말하는 데 온 은행 직원들은 배꼽을 잡고 웃고 말았습니다. 할머니의 비밀번호는 바로 "9999"였습니다.

하늘에 속한 복을 여는 비밀번호는 "할렐루야"입니다. 헬라어로는 "유로 겐토스" "하나님이 주시는 복을 받으십시오" "송축합니다"라고 되어있습 니다.

🗹 본문 읽기

일곱 대접을 가지고 마지막 일곱 재앙을 담은 일곱 천사 중 하나가 나아 와서 내게 말하여 이르되 이리 오라 내가 신부 곧 어린 양의 아내를 네게 보이리라 하고 성령으로 나를 데리고 크고 높은 산으로 올라가 하나님께 로부터 하늘에서 내려오는 거룩한 성 예루살렘을 보이니 하나님의 영광이 있어 그 성의 빛이 지극히 귀한 보석 같고 벽옥과 수정 같이 맑더라. 크고 높은 성곽이 있고 열두 문이 있는데 문에 열두 천사가 있고 그 문들 위에 이름을 썼으니 이스라엘 자손 열두 지파의 이름들이라 동쪽에 세 문, 북쪽 에 세 문, 남쪽에 세 문, 서쪽에 세문이니 그 성의 성곽에는 열두 기초석이 있고 그 위에는 어린 양의 열두 사도의 열두 이름이 있더라. 내게 말하는 자가 그 성과 그 문들과 성곽을 측량하려고 금 갈대 자를 가졌더라. 그 성은 네모가 반듯하여 길이와 너비가 같은지라 그 갈대 자로 그 성을 측량 하니 만 이천 스다디온이요 길이와 너비와 높이가 같더라. 그 성곽을 측량 하매 백사십사 규빗이니 사람의 측량 곧 천사의 측량이라 그 성곽은 벽옥 으로 쌓였고 그 성은 정금인데 맑은 유리 같더라. 그 성의 성곽의 기초석 은 각색 보석으로 꾸몄는데 첫째 기초석은 벽옥이요 둘째는 남보석이요 셋째는 옥수요 넷째는 녹보석이요 다섯째는 홍마노요 여섯째는 홍보석이 요 일곱째는 황옥이요 여덟째는 녹옥이요 아홉째는 담황옥이요 열째는 비취옥이요 열한째는 청옥이요 열두째는 자수정이라 그 열두 문은 열두 진주니 각 문마다 한 개의 진주로 되어 있고 성의 길은 맑은 유리 같은 정금이더라.

■ 본문 이해를 위한 길잡이

요한에게 말한 천사는 마지막 재앙을 담은 일곱 대접을 가졌던 일곱 천사 가운데 하나입니다. 어린 양의 아내인 신부는 음녀와 대조를 이루고 있습니다.

신부는 결혼식 날 사용하는 칭호이고 아내는 결혼 생활 내내 사용하는 칭호입니다. 그러므로 새 하늘과 새 땅에서는 구원받은 성도들은 언제나 그리스도의 아내입니다.

1) 거룩한 성 새 예루살렘

성령의 감동 가운데 요한 사도는 천사에게 이끌려 따로 높은 산에 올라 갔습니다. 그곳에서 그는 하나님께로부터 하늘에서 내려오는 새 예루살렘 성을 보았습니다.

그 성에는 하나님의 영광이 있습니다. 그 성은 귀한 보석과 같이 아름다운 빛이 나며 벽옥과 수정 같이 맑은 모습이었습니다.

그 성문에는 이스라엘 열두 지파의 이름이 있고 천사들이 지키고 있었으며 열두 개의 기초석에는 어린 양의 열두 사도의 이름이 있었습니다. 이것은 그 성이 신구약 시대의 구원받은 모든 성도가 들어가는 곳이라는 의미입니다.

그 성의 크기는 길이가 12,000 스타디온인데 환산해보면 그 면적은 222만 제곱km입니다. 과학자들은 지금까지 죽었던 모든 이류가 2017년에 살아난다면 1,082억 명 정도라고 합니다.

유럽에 있는 오스트리아 정도의 면적이면 다 살 수 있다고 합니다. 그 나라의 면적이 8.6만 제곱km입니다. 그러므로 새 예루살렘 성은 구원받은 모든 하나님의 백성이 충분히 살고도 남을 면적입니다. 정말 놀라우신 하나님의 계획과 준비입니다.

그 성 성벽의 높이는 144규빗으로 72m 정도입니다. 그 성벽의 높이가 이만한 것은 어떤 악한 세력도 침범하지 못한다는 것을 상징으로 보여주는 것입니다. 이 길이는 사람들이 재는 방법으로 천사가 측량한 것입니다.

그 성곽은 벽옥으로 쌓였는데 벽옥은 홍보석과 함께 4장에서 보좌에 앉으신 하나님의 모양을 상징적으로 드러내던 보석입니다. 영원한 생명으로 충만함을 뜻합니다. 그리고 그 성은 정금으로 되어 있습니다.

2) 하나님의 언약이 이루어지는 천국
그 성에는 동서남북으로 각각 하나의 진주로 된 세 개의 문들이 있어

합하면 열두 개의 문이 있고, 어린 양의 열두 사도의 이름이 새겨진 열두 개의 기초석이 있는데 모두가 다 귀한 보석들입니다.

진주는 아픔과 고통을 겪으면서 생산되는 보석입니다. 그 보석이 천국 문이 된 것은 그만큼 천국으로 들어가는 것이 쉽지 않다는 것을 말해 줍니다.

벽옥은 투명한 수정으로 변함없는 영적인 믿음을 상징하며 밝은 빛이 납니다. 남보석은 곧은 마음과 절개가 있는 진실한 마음입니다. 사파이어 라고도 합니다. 맑은 하늘색으로서 극히 존귀한 보석입니다.

옥수는 결백과 희생적인 사랑을 뜻합니다. 칼케돈에서 처음 생산된 보석으로 다른 빛깔이 섞인 옥입니다. 공작의 꼬리나 비둘기목의 청색처럼 움직이면 색이 변하는 특성을 가지고 있습니다. 녹보석은 정의롭고 깨끗함을 뜻합니다. 에메랄드입니다. 녹색 보석 중 가장 진하고 순수한 초록빛입니다.

홍마노는 충성을 상징합니다. 마노 중에서 가장 희귀하고 아름다운 붉은 색을 띠는 마노입니다. 마노는 손톱이라는 말에서 온 단어입니다. 홍보석은 열심과 정성을 상징합니다. 홍옥이라고 하는 루비를 가리키며 황옥은 자비를 뜻합니다. 빛이 금같이 생긴 돌로서 금빛 돌이라고도 합니다.

녹옥은 오래 참는 마음을 뜻합니다. 에메랄드 계통으로 해청색이나 녹색의 보석을 가리킵니다. 담황옥은 양선良善을 뜻합니다. 투명한 황금색 보석이고 비취옥은 절제를 의미합니다. 녹옥수라고도 하는데 황록색의 반투명체 보석입니다.

청옥은 청결함을 의미합니다. 사파이어 계통으로 백, 적, 자, 청색 등 여러 빛을 띠는 보석이며 자수정은 온유를 나타냅니다. 자색 보석으로서 청옥과 비슷한데 광택이 더 많이 납니다.

이 보석들의 색을 조합하면 무지개색인데 이것은 새 예루살렘 성이 하나님의 신실하신 언약에 기초해서 이루어져 있음을 보여주는 것입니다.

이 보석들은 사치스러움의 표시가 아니라 하나님의 영광스러움과 정결함과 아름다움을 상징합니다. 이 보석의 이미지는 에덴동산에 대한 묘사(겔28:13)와 대제사장의 가슴에 붙어 있던 이스라엘 열두 지파를 상징하는 열두 보석의 이미지(출28:15-21)와 비슷합니다.

이것은 곧 잃어버렸던 에덴동산이 구약 시대 성전과 신약시대 교회를 통해 일부 회복되었는데 그 모든 것들이 새 예루살렘을 통하여 온전히 새롭게 창조 되었음을 상징으로 보여주는 것입니다.

이렇게 천국에서 하나님의 영광을 드러내는 보석들처럼 우리의 신앙과 인격도 아름답고 정결하며 환한 빛이 나면 얼마나 좋을까요?

⬆ 적용

- 열두 개의 문과 열두 개의 기초석에는 누구의 이름이 있습니까? 그 이름은 무엇을 상징합니까?

- 열두 기초석을 이루는 보석의 이름을 써보십시오. 그리고 그 보석들의 의미를 생각해 보십시오.

- 성도는 하늘의 별과 같고 보석과 같은 존재입니다. 그러므로 보석과 같은 자신의 삶을 귀중하게 여길 줄 알아야 바른 믿음의 삶을 살게 됩니다. 늘 주님 안에서 하늘의 별과 같이 그리고 보석과 같이 빛나는 인생을 사시기 바랍니다. 천국에서도 별과 보석이 되어 만나게 되기를 소망합니다.

묵상노트

오늘의 QT(21:22-27)
새 예루살렘 성에서의 생활
찬송과 기도 : 찬송가 563장(예수 사랑하심을)

↑ 마음 열기 | 할머니와 터널

깊은 산골에서 평생을 살아오신 할머니 한 분이 있었습니다. 그 할머니는 평생 소원이 서울 구경을 꼭 한번 하는 것이었습니다. 그러나 기차를 타고 가면 깜깜한 굴을 지나가야 한다는 말을 듣고 그것이 늘 두려웠습니다.

어느 날 드디어 서울에 가야할 일이 생겼습니다. 그러나 서울 구경을 소원으로 간직했던 할머니는 집에서 출발할 때부터 걱정이었습니다. 기차의 속도가 빨라질수록 할머니의 불안은 더욱더 커졌습니다.

급행열차가 긴 굴에 다다르기 전에 할머니는 너무 걱정한 나머지 지쳐서 그만 깊은 잠에 빠져버리고 말았습니다. 한참 푹 주무신 할머니가 눈을 떴을 때 기차는 서울에 도착하고 있었습니다.

우리가 세상을 떠날 때도 마찬가지입니다. 이 땅에서 눈을 감고 긴 굴처

럼 느껴지는 죽음의 터널을 지나서 눈을 뜨면 거기가 바로 하늘나라입
니다.

인생에서의 걱정과 근심은 하나님 앞에 가는 날에는 아무 의미가 없습
니다.

"그러므로 우리가 항상 담대하여 몸으로 있을 때는 주와 따로 있는 줄을
아노니 이는 우리가 믿음으로 행하고 보는 것으로 행하지 아니함이로라
우리가 담대하여 원하는 바는 차라리 몸을 떠나 주와 함께 있는 그것이
라."(고후 5:6-8)

1 본문 읽기

"성 안에서 내가 성전을 보지 못하였으니 이는 주 하나님 곧 전능하신
이와 및 어린 양이 그 성전이심이라 그 성은 해나 달의 비침이 쓸 데 없으
니 이는 하나님의 영광이 비치고 어린 양이 그 등불이 되심이라 만국이
그 빛 가운데로 다니고 땅의 왕들이 자기 영광을 가지고 그리로 들어가리
라 .낮에 성문들을 도무지 닫지 아니하리니 거기에는 밤이 없음이라 사람
들이 만국의 영광과 존귀를 가지고 그리로 들어가겠고 무엇이든지 속된
것이나 가증한 일 또는 거짓말하는 자는 결코 그리로 들어가지 못하되
오직 어린 양의 생명책에 기록된 자들만 들어가리라"

🔼 본문 이해를 위한 길잡이

1) 예배처소로서의 성전이 없는 천국(임마누엘)
새 예루살렘 성에는 하나님께서 언제나 함께 계시고 그리스도가 함께 계시기 때문에 따로 예배를 드릴 성전이 필요 없습니다. 예루살렘 성전 재건의 꿈을 가지고 있는 유대인들에게 성전이 없다는 선언은 충격적인 것입니다. 그러나 천국의 새 예루살렘 성에는 전통적인 의미에서의 성전이 없습니다.

새 예루살렘 성 전체가 높이와 너비와 길이가 같은 지성소이기 때문에 새 예루살렘 성 전체가 다 성전입니다. 예배 대상자인 하나님이 어디나 계시고 예수님이 항상 함께 계시고 우리는 신령한 제사장들이 됩니다. 이 세계는 하나님 안에서 사는 세계요 성령 안에서 그리고 그리스도 안에서 사는 세계입니다.

영적으로 보면 성령께서 거하시는 우리의 몸이 성전입니다. 오늘의 현실에서도 우리가 깊이 찾고 찾아 하나님을 만나는 그 장소가 바로 성전이 됩니다. 하나님은 어떤 형편과 처지에서도 하나님을 찾고 찾는 사람들을 만나 주십니다.

2) 생명의 빛으로 가득한 천국
새 하늘과 새 땅에서 이루어지는 천국은 하나님의 영광과 빛으로 충만한 나라입니다. 하나님과 그리스도의 영적인 밝은 빛이 환하게 비추기 때문에 지금 우리가 사는 세상과 같이 해나 달의 빛은 필요 없습니다.

만국이 그 빛 가운데 다니게 됩니다. 어느 민족 어느 나라 사람이든 유대인과 이방인이 차별 없이 모든 백성이 같이 들어가 그 빛 가운데 다니게 됩니다. 영원한 구원이 이루어진 천국에서 구원받은 백성들은 영원한 생명과 구원의 빛 속에서 살게 됩니다.

천국은 밤과 어두움이 없으므로 성문을 닫을 필요가 없습니다. 그곳은 하나님과 어린 양 되시는 예수님의 영광과 빛이 충만한 곳입니다. 밤이 없습니다. 사탄이 지옥에 던져진 때이므로 악의 세력이 전혀 없고 선만 가득한 곳입니다.

3) 악이 없고 두려움이 없는 천국

천국은 악의 세력에 대한 두려움이 전혀 없는 곳입니다. 따라서 성문을 닫을 필요가 없습니다. 그리고 그 문으로 땅의 왕들이 각각 자기 영광을 가지고 들어가게 됩니다.

땅의 왕들은 대부분 성경에서 하나님을 대적하고 사탄을 경배하며 따르던 권력을 가리켰으나 여기에서는 짐승(적그리스도)과 그 짐승의 나라에 대항하여 하나님과 그리스도께 충성한 자들 곧 구원받은 성도들이 땅의 왕들입니다.

그들은 세속적인 왕들이 아니라 천년왕국 이후에 영원히 왕 노릇하는 왕 같은 제사장입니다. 새 예루살렘 성은 하나님께 구원받아 시간과 공간과 물질을 완전히 초월한 신령한 몸으로 변화된 성도만 들어가는 곳입니다. 그곳으로 들어가는 자들은 모두 왕의 권세를 가진 자들입니다.

4) 천국에 들어가는 자와 들어가지 못하는 자

속된 것은 그리스도의 대속代贖의 은혜를 받지 못한 것 곧 거듭나지 못한 것을 가리키고 가증한 일은 우상숭배 행위를 말합니다. 거짓말하는 자는 믿지 않는 자요 예수 그리스도가 주님이심을 부인하는 자입니다.

어린 양의 생명책에 그 이름이 기록된 자는 하나님의 선택을 받아 그리스도의 피로 구원 받은 주의 종과 성도입니다.

새 예루살렘 성에는 거룩하지 못한 자는 들어가지 못합니다. 거룩한 자만 들어갑니다. 깨끗하지 못한 자는 들어가지 못하고 깨끗한 자만 들어갑니다. 진실하지 못한 자는 들어가지 못하고 진실한 자만 들어갑니다. 경건하지 못한 자는 들어가지 못하고 경건한 자만 들어갑니다. 영원한 생명과 빛으로 충만한 천국에는 속되고 가증하고 거짓된 것이 함께 할 수 없습니다.

이기는 자는 생명나무의 과실을 먹게 되고 영원한 생명의 면류관을 받아 쓰게 됩니다. 사도 바울은 이 믿음으로 순교하는 그 순간까지 끝까지 승리했습니다.

그러므로 우리들도 사도 바울이나 베드로 사도처럼 언제나 천국을 바라보며 살아야 합니다. 이 세상에서 다가오는 모든 시련과 역경과 환난을 믿음으로 잘 이겨야 합니다. 기필코 이기는 자가 되어야 합니다. 그래서 우리 모두 승리자로서 영원한 하나님의 나라인 천국에서 만나야 합니다.

☩ 적용

• 왜, 새 예루살렘에는 성전이 없으며 해나 달의 비침이 필요 없고 성문을 닫지 않습니까?

• 새 예루살렘 성에 들어가는 자들은 누구이며 들어가지 못하는 자들은 누구입니까?

• 천국의 삶은 하나님 아버지의 빛과 생명과 영광이 가득한 것입니다.

당신은 그 나라를 진정 사모하십니까? 그렇다면 27절의 말씀을 기억하시고 오늘도 실천하시기 바랍니다.

• 21장에 나타난 천국의 모양을 묵상노트에 그림으로 그려봅시다.

묵상노트

구원의 완성과 천국으로의 초대 그리고 축복과 소망

20장은 천년왕국과 마지막 전쟁과 마지막 심판에 대한 계시 그리고 21장은 새 하늘과 새 땅에서 이루어지는 새 예루살렘 성에 대한 계시가 나와 있습니다.

22장은 전반부에 천국에서의 생활이 계시되어 있습니다. 그리고 후반부는 주님의 권면과 예수님의 재림에 대한 소망과 축복으로 마감합니다.

창세기 1장이 하나님의 모든 계시의 시작이라면 계시록 22장은 모든 성경과 계시의 결론입니다.

계시의 끝 결론에서 주님은 성도들을 향한 한없는 위로와 권면과 축복과 소망의 말씀으로 그 모든 계시를 마감하십니다.

계시록 전체의 말씀은 예수님께서 직접 주신 계시의 말씀이므로 이 말씀에 대한 순종 여부가 마지막 때에 심판의 기준이 된다는 사실을 우리는 항상 명심해야 합니다.

계시록의 말씀은 영원한 축복과 저주를 가름하는 절대 유일의 기준입니다.

오늘의 QT(22:1-7)
저주와 어둠이 없는 생명수가 흐르는 천국
찬송과 기도 : 찬송가 249장(주 사랑하는 자 다 찬송할 때에)

➊ 마음 열기 | 물 한바가지

내가 자란 마을 한가운데는 공동 우물이 있었습니다. 손잡이가 달린 펌프식 우물이라서 우물가에는 언제나 물 한 바가지가 놓여 있었습니다. 누구든 물을 길으려면 먼저 바가지의 물을 펌프에 쏟아 붓고 펌프질을 해야 했습니다.

그래야만 지하 깊은 곳에 있는 시원한 물을 마음껏 끌어올릴 수 있었기 때문이지요. 그런데 어느 날, 철없는 한 아이가 우물가에 놓인 바가지의 물로 손을 씻은 뒤 물을 쏟아 버리고 말았습니다. 그날 오후, 물을 길으러 나온 동네 사람들은 낭패를 당했습니다.

얼마 안 되는 사랑이라도 우리의 마음 샘에 부어 펌프질을 하면 끊임없이 솟아오르지만, 나를 위해 모두 써버리면 영영 사랑을 퍼 올릴 수 없을지도 모릅니다. 이웃을 위해 사랑을 퍼 올리는 그런 날이 오늘이면 좋겠습니다.

■ 본문 읽기

"또 그가 수정 같이 맑은 생명수의 강을 내게 보이니 하나님과 및 어린 양의 보좌로부터 나와서 길 가운데로 흐르더라. 강 좌우에 생명나무가 있어 열두 가지 열매를 맺되 달마다 그 열매를 맺고 그 나무 잎사귀들은 만국을 치료하기 위하여 있더라. 다시 저주가 없으며 하나님과 그 어린 양의 보좌가 그 가운데에 있으리니 그의 종들이 그를 섬기며 그의 얼굴을 볼 터이요 그의 이름도 그들의 이마에 있으리라 다시 밤이 없겠고 등불과 햇빛이 쓸 데 없으니 이는 주 하나님이 그들에게 비치심이라 그들이 세세토록 왕 노릇 하리로다 또 그가 내게 말하기를 이 말은 신실하고 참된지라 주 곧 선지자들의 영의 하나님이 그의 종들에게 반드시 속히 될 일을 보이시려고 그의 천사를 보내셨도다"

■ 본문 이해를 위한 길잡이

1) 생명수가 흐르는 강

천국에는 세속화된 세상을 상징하는 바다나 사탄에 의해 거짓되고 악한 것이 섞여 사람들의 생명을 해치는 것으로 변해버린 강은 없지만, 사람들의 생명을 영원히 살리는 강이 있습니다. 그 강의 이름이 생명수 강입니다. 생명이란 이름이 붙어 있는 것은 주님이 주시는 영원한 생명을 상징하는 것입니다.

생명수는 하나님께서 예수 그리스도 안에서 생명의 영이 되셔서 그분께서 구원하신 사람들 속으로 생명의 능력을 생기로 흘려보내시는 것을 상징합니다.

천사가 보여준 수정같이 맑은 생명수는 한 점의 티나 얼룩도 없이 깨끗하고 정결한 상태를 나타냅니다. 이 물은 하나님과 어린 양 되시는 예수 그리스도의 보좌로부터 흘러나와 그 도시의 길 가운데로 강이 되어 흐르고 있습니다.

그 길은 맑은 유리 같은 정금으로 되어 있습니다.(21:21) 천국은 정금 같은 믿음을 가진 사람들 한 가운데에 생명수가 흐르는 곳입니다.

2) 생명나무

생명나무는 천지 창조 때에 하나님의 낙원에 있던 나무입니다. 아담의 범죄 이후에 죄 때문에 생명나무로 가는 길이 막혀 있었습니다. 그런데 하나님께서 새 하늘과 새 땅을 지으시고 그곳에 있는 새 예루살렘 성의 생명수 강가에 다시 그 나무들이 있게 하시고 생명나무로 가는 길을 활짝 열어 주셨습니다.

생명나무는 영적인 의미에서 보면 우리에게 영원한 생명을 주시는 예수 그리스도입니다. 창세기에서 무화과나무 잎은 인간들이 죄를 짓고 자신을 감추는 행위를 상징합니다. 그러나 생명나무의 잎들은 인류를 구원하시는 그리스도의 행위를 상징합니다. 그러므로 생명나무 잎들은 치유의 능력이 있습니다.

생명나무의 열매는 하나님이 성도에게 주시는 구원의 완성인 영생을 의미합니다.(2:7) 달마다 열매를 맺되 열두 가지 열매를 맺는 것은 천국은 다시는 어떤 저주나 어둠이나 아픔이나 죽음이 없는 곳이라는 의미입니다.

열둘은 완전수입니다. 그러므로 천국에서는 어떤 시간이나 어떤 장소에서도 저주가 없고 생명이 충만한 하나님의 은혜만 넘치는 것입니다. 생명나무에서 달마다 열두 가지 열매를 맺는 곳 바로 그곳이 천국입니다.

생명나무이신 예수님을 통해 이 세상에는 각 나라와 족속과 백성과 방언에서 새 이스라엘 열두 지파가 생겨났습니다. 그래서 그들 모두에게 영생을 주는 열매, 생명나무에서 달마다 맺는 열두 가지 열매가 필요합니다.

흐르는 시간을 헤아리는 달이 있다는 것은 천국에서도 여전히 시간이 존재하고 있음을 보여줍니다. 그러나 천국은 하나님께서 고치시고 치료하여 주심으로 그 시간의 흐름과 함께 찾아오는 인간의 생로병사가 완전히 극복된 곳입니다.

새 하늘과 새 땅은 창세기 3장에서 일어난 범죄의 사건으로 이 땅에 찾아온 모든 부패와 저주와 죽음이 사라진 곳입니다. 새롭게 창조된 천국입니다.

3) 저주와 어둠이 없는 천국

천국은 저주가 없는 곳입니다. 천국은 하나님의 보좌가 그 중심에 있고 하나님의 종들이 주님을 섬기며 주님의 얼굴을 바라볼 것입니다. 하나님의 이름이 그들의 이마에 있을 것입니다. 이름이 이마에 있는 것은 하나님이 그들을 인치셨고 그들은 하나님의 종이요 하나님의 자녀라는 표시입니다.

등불은 사람이 만든 것이고 햇빛은 처음 하늘을 만드실 때 하나님께서 창조하신 것입니다. 처음 창조를 하시던 첫 날에 하나님께서 빛을 만드시고 빛을 낮이라 하시고 어두움을 밤이라 하셨습니다. 그때부터 나누어진 빛과 어둠의 역사는 역사 속에서 선과 악으로 나누어져 끝없는 투쟁의 역사를 이뤄왔습니다.

그러나 이제 천국에는 어둠이 없습니다. 선과 악, 낮과 밤의 구별이 필요하지 않습니다. 왜냐하면 처음 창조에 속해 있던 모든 것이 사라지고 새로운 창조의 역사 속에 있기 때문입니다. 저주가 사라진 것처럼 어둠도 사라졌습니다.

그러므로 이제 하나님의 자녀인 주의 종들이 세세토록 왕 노릇 할 것입니다. 이 말씀도 19장의 어린 양의 혼인 잔치에 대한 말씀이나 21장의 새 하늘과 새 땅에 대한 약속처럼 하나님께서 친히 약속하신 것입니다.

틀림이 없습니다. 이 일은 반드시 신속하게 이루어질 일입니다. 계시록 1장 1절에서 주신 말씀과 똑같이 주님이 다시 말씀하십니다. 확실하기 때문입니다. 하나님은 신실하신 분입니다. 약속하신 말씀을 이루시는 분입니다.

생명수가 강이 되어 흐르고 생명나무가 달마다 열두 가지 열매를 맺는 곳, 저주와 어둠이 없는 곳 바로 그곳이 우리가 사모하는 새 하늘과 새 땅입니다.

⬆ 적용

• 하나님의 보좌는 벽옥과 수정과 같이 밝고 찬란한 빛으로 충만한 곳입니다. 그 보좌로부터 흘러나오는 생명수는 무엇을 의미합니까?

• 창세기 3장에서 죄를 지은 인간들에게 찾아온 저주는 무엇이었으며 그저 주는 언제 어디에서 누구를 통해 완전히 해결됩니까? 초림하신 예수님은 무엇을 해결하셨으며 재림하실 예수님은 무엇을 완성합니까?

• 아직도 이 세상은 슬픔과 고통과 저주로 가득합니다. 그러나 천국은

죽음이나 고통이나 저주나 어둠이 없는 곳입니다. 그러므로 우리는 영혼의 때를 생각하며 살아야 합니다. 당신은 지금 어디를 바라보며 무엇을 위해 어떻게 살고 있습니까?

묵상노트

오늘의 QT(22:7-12)
행한 대로 갚아주시는 하나님

찬송과 기도 : 찬송가 606장(해보다 더 밝은 저 천국)

✝ 마음 열기 | 얼굴이 그 사람이다

맥스 비어봄의 소설 "행복한 위선자"는 비양심적인 악인 로드 조지 헬의 이야기입니다. 야비한 마음을 가진 그의 얼굴만 보아도 사람들이 두려워하였습니다. 그는 아름답고 청순한 미어라는 소녀를 사랑하게 되었습니다.

그 소녀는 "얼굴이 저렇게 무서운 사람의 아내가 될 수 없어."하며 거절하였습니다. 헬은 그녀와 꼭 결혼하고 싶었기 때문에 세상에서 가장 거룩하게 보이는 가면을 쓰고 구애에 성공하여 결혼하였습니다.

그는 위선을 감추고 참을성 있고 너그럽게 보이려고 주의하였습니다. 좋은 사람으로 보이려고 끊임없이 나쁜 성질을 감추었습니다. 어느 날 옛 친구가 찾아와서 아내가 보는 앞에서 헬의 가면을 무자비하게 벗겨 버렸습니다. 그런데 가면을 벗겼을 때 거룩한 얼굴 모습이 나타났습니다. 매일 그렇게 실천하며 살았더니 모습이 완전히 바뀌게 된 것입니다.

🔳 본문 읽기

"보라 내가 속히 오리니 이 두루마리의 예언의 말씀을 지키는 자는 복이 있으리라 하더라. 이것들을 보고 들은 자는 나 요한이니 내가 듣고 볼 때에 이 일을 내게 보이던 천사의 발 앞에 경배하려고 엎드렸더니 그가 내게 말하기를 나는 너와 네 형제 선지자들과 또 이 두루마리의 말을 지키는 자들과 함께 된 종이니 그리하지 말고 하나님께 경배하라 하더라. 또 내게 말하되 이 두루마리의 예언의 말씀을 인봉하지 말라 때가 가까우니라. 불의를 행하는 자는 그대로 불의를 행하고 더러운 자는 그대로 더럽고 의로운 자는 그대로 의를 행하고 거룩한 자는 그대로 거룩하게 하라 보라 내가 속히 오리니 내가 줄 상이 내게 있어 각 사람에게 그가 행한 대로 갚아 주리라"

1) 계시록의 여섯 번째 복

계시록의 여섯 번째 복은 말씀을 지키는 자의 복입니다. "내가 속히 오리니"라는 표현은 먼 미래가 아닌 현실에서 바로 이루어질 사건에 대한 표현입니다.

속히 "오리니"라는 표현은 예수님의 재림은 먼 미래의 사건이 아니라 이미 진행되고 있는 사건이라는 뜻입니다. 주님이 지금 오고 계십니다. 그러므로 내가 속히 오리라고 경고하시는 주님의 말씀을 듣고 그 말씀을 지키는 자는 복이 있습니다.

554

요한은 어부 세베대의 아들로 태어났으나 청년의 때에 예수님을 만나 일평생 주님을 위해 살았습니다. 그 요한을 사랑하시고 충성스럽게 보신 주님께서 마지막 때에 이루어질 일들에 대해 천사를 보내 보게 하시고 듣게 하셨습니다.

요한 사도는 그 일들을 자기에게 보게 하고 듣게 한 그 천사에게 경배하기 위해 그 천사의 발아래 엎드렸습니다. 그때 그 계시를 전한 천사는 자기도 선지자와 종들과 같은 위치에 있으니 자기에게 경배하지 말고 오직 하나님께만 경배하라고 했습니다. 거듭 말하거니와 천사는 경배의 대상이 아닙니다.

천사는 경배의 대상이 아니라 우리처럼 하나님께 쓰임 받는 하나님의 종입니다. 그러므로 우리는 하나님 외에 어떤 사물이나 대상을 예배하는 일이 없도록 주의해야 합니다. 오직 경배를 받으실 분은 하나님 한 분입니다. 절대로 어떤 경우에도 하나님 외에 다른 인간을 신처럼 섬기거나 우상을 만들어 섬기면 안 됩니다. 그것은 영원히 망하고 영원히 저주받을 일입니다.

2) 계시록(영원한 복음)을 전해야 하는 시대

지금 우리 시대에는 계시록의 말씀을 덮어두면 안 됩니다. 왜냐하면, 예수님의 재림과 악한 마귀와 세상에 대한 심판과 하나님의 자녀인 성도들의 구원을 완성할 때가 가까이 왔기 때문입니다. 우리는 종말에 대해 가르쳐 주고 있는 계시록의 내용을 덮어두지 말고 바르게 알고 부지런히 전해야 합니다.

예수님이 부활 승천하신 그때로부터 현대로 가까이 오면 올수록 종말에 대한 계시는 더 명확해지고 더 보편적인 계시가 되었습니다.

말세의 가장 큰 특징 가운데 하나는 회개가 없는 시대라는 것입니다. 마지막 때에 불의한 자는 더 불의해지고 의로운 자는 더 의로워지려고 합니다. 하나님의 심판과 구원의 말씀이 선포될 때에도 더러운 자는 더 더러워지고 거룩한 자는 더 거룩해지려 합니다.

악인은 더 악해지고 의인은 더 선해집니다. 의롭다고 하는 것은 외적으로 하나님이 보시기에 의로운 길을 따라 행하는 것이고, 거룩하다고 하는 것은 내적으로 하나님의 거룩한 본성에 따라 사는 것입니다.

그러나 이 말씀은 역설적으로 더욱 더 강력하게 죄인들의 회개를 촉구하는 말씀입니다. 이제 종말에 대한 계시가 확실해졌으니 빨리 깨닫고 주님께 돌아오라는 하나님의 음성입니다.

마지막 때 주님의 재림이 가까이 올수록 믿음으로 의롭게 된 성도들이 의롭게 살면서 더 깨끗해지고 더 정결해지고 더 온전해지면서 주님의 재림을 사모하며 준비합니다.

3) 행한 대로 갚아주시는 하나님

하나님께서는 우리의 행한 대로 갚아주십니다. 그러므로 성도들은 말세에 마귀에게 미혹되지 말고 하나님의 자녀답게 더 거룩한 백성들이 되어야 합니다. 기필코 하나님의 영광이 빛이 되어 넘치는 나라, 영생 복락을 누리는 천국의 주인공이 되어야 합니다.

죽음 이후에 하나님 앞에서 받는 영원한 심판이 있습니다. 이 심판은 두 가지인데 하나는 신실한 믿음의 백성들에게 상을 주시는 심판이고 또 하나는 악한 자들에게 흰 보좌 심판을 통해 주시는 정죄의 심판입니다.

하나님은 반드시 심판하십니다. 누구든지 한명도 예외 없이 행한 대로 갚아주십니다. 우리의 구원은 믿음을 통하여 이루어지지만 그 믿음은 행위를 통하여 온전해집니다. 행한 대로 갚아주시겠다는 주님의 말씀을 늘 기억하면서 바른 믿음으로 의롭게 살도록 최선을 다해야 할 것입니다.

✝ 적용

• 계시록에서 말씀하는 여섯 번째 복은 무엇이며 계시록의 말씀을 인봉하지 말아야 하는 이유는 무엇입니까?

_____

_____

• 주님이 속히 오셔서 우리의 무엇을 보고 갚아주실까요?

_____

_____

• 행함이 없는 믿음은 죽은 것입니다. 생활 속에서 믿음이 행위로 드러나야 합니다. 그 믿음과 행함이 없으면 받을 상이 없음을 명심해야 합니다. 당신은 오늘 하나님께 상을 받기 위해 무엇을 하시겠습니까?

_____

_____

_____

묵상노트

_____

_____

_____

_____

_____

_____

_____

_____

_____

_____

오늘의 QT(22:13-21)
아멘! 주 예수여! 오시옵소서!
찬송과 기도 : 찬송가 635장(하늘에 계신-주기도문)

⬆ 마음 열기 | 영원한 소망

엘리자 에드먼즈 히윗은 미국의 저명한 여류작가였습니다. 그런데 그녀가 37세 되던 겨울, 불의의 사고로 척추를 다쳐 수개월 동안 꼼짝하지 못하고 소망 없이 병상에 누워있게 되었습니다. 그러던 어느 날 태양 아래에서 만물이 소생하고 있는 것을 목격한 후 그녀에게 소망이 생겼습니다.

그녀는 자신에게 소망이 생겼다는 것에 감격하며 시를 쓰기 시작했습니다. 그 시가 바로 찬송가 428장입니다.

1절입니다. "내 영혼에 햇빛 비치니 주 영광 찬란해. 이 세상 어떤 빛보다 이 빛 더 빛나네. 주의 영광 빛난 그 빛, 내게 비춰 주시옵소서. 그 밝은 얼굴 뵈올 때 나의 영혼 기쁘다."

4절에서 그녀는 더 감격에 겨운 고백을 하고 있습니다. "내 영혼에 희락이 있고 큰 소망 넘치네. 주 예수 복을 주시고 또 내려 주시네. 주의 영광

빛난 그 빛, 내게 비춰 주시옵소서. 그 밝은 얼굴 뵈올 때 나의 영혼 기쁘다."

✝ 본문 읽기

"나는 알파와 오메가요 처음과 마지막이요 시작과 마침이라 자기 두루마기를 빠는 자들은 복이 있으니 이는 그들이 생명나무에 나아가며 문들을 통하여 성에 들어갈 권세를 받으려 함이로다. 개들과 점술가들과 음행하는 자들과 살인자들과 우상 숭배자들과 및 거짓말을 좋아하며 지어내는 자는 다 성 밖에 있으리라 나 예수는 교회들을 위하여 내 사자를 보내어 이것들을 너희에게 증언하게 하였노라 나는 다윗의 뿌리요 자손이니 곧 광명한 새벽 별이라 하시더라.

성령과 신부가 말씀하시기를 오라 하시는 도다 듣는 자도 오라 할 것이요 목마른 자도 올 것이요 또 원하는 자는 값없이 생명수를 받으라 하시더라. 내가 이 두루마리의 예언의 말씀을 듣는 모든 사람에게 증언하노니 만일 누구든지 이것들 외에 더하면 하나님이 이 두루마리에 기록된 재앙들을 그에게 더하실 것이요 만일 누구든지 이 두루마리의 예언의 말씀에서 제하여 버리면 하나님이 이 두루마리에 기록된 생명나무와 및 거룩한 성에 참여함을 제하여 버리시리라 이것들을 증언하신 이가 이르시되 내가 진실로 속히 오리라 하시거늘 아멘 주 예수여 오시옵소서. 주 예수의 은혜가 모든 자들에게 있을지어다. 아멘"

🔼 본문 이해를 위한 길잡이

1) 시작과 마침이 되시는 하나님

주님은 창세전부터 모든 일을 시작하시고 창세 이후의 모든 일을 당신의 뜻대로 진행 시키시고 그 모든 일을 마무리하여 새로운 세상 곧 새 하늘과 새 땅을 여시는 하나님이십니다.

주님께서 어린 양의 피로 죄를 씻어 죄 사함을 받고 그 옷을 빨아 희게 만든 사람들이 복이 있다고 말씀하셨습니다. 이 복은 계시록이 말씀하는 일곱 번째 복입니다.

예수님의 보혈의 능력만이 그동안 막혀 있던 생명나무로 가는 길을 열어주고 예수님의 보혈만이 하늘에서 내려온 새 예루살렘 성에 들어갈 권세를 얻게 합니다. 예수님 외에 구원으로 인도하는 다른 길은 없습니다.

개들과 술객들과 음행하는 자들과 살인자들과 우상 숭배자들과 및 거짓말을 좋아하며 지어내는 자는 그 성에 들어가지 못하게 됩니다. 이들은 모두 예수 그리스도가 주님이심을 부인하는 자들입니다.

여기에서 말하는 개는 신앙을 갖지 않은 무정하고 포악하고 음란한 자와 아주 악한 인격을 가진 자입니다. 도덕적으로 부패하고 사악한 종교적 위선자입니다. 그들은 천국이 아닌 지옥 곧 둘째 사망인 불 못에 던져지게 됩니다.

2) 계시록은 교회들을 위해 주신 말씀

예수님께서는 교회들을 위하여 이 계시록의 말씀을 주셨습니다. 그러므로 성도들은 이 계시록의 말씀을 볼 때마다 예수님의 피 값으로 세워진 교회들을 생각해야 합니다. 교회는 하나님의 뜻을 이루기 위해 주님이 친히 세우신 그리스도의 몸이고 성령께서 역사하시는 하나님의 집입니다. 천국의 문입니다.

오늘날의 많은 교회는 연약해 보이기도 하고 힘이 없어 보이기도 했던 소아시아 지역의 일곱 교회와 비슷합니다. 그러나 교회의 주인이신 주님께서는 그 모든 교회의 크고 작음을 떠나, 오늘도 여전히 하나님의 말씀을 전하는 주의 종들과 믿음으로 교회를 세워가는 성도들이 속해 있는 모든 교회를 붙들고 계십니다.

그러므로 하나님의 교회를 섬기는 주의 종들과 성도들의 가슴속에는 언제나 내가 섬기는 교회를 향한 사랑으로 가득해야 합니다. 내가 섬기는 교회를 향한 뜨거운 눈물과 간절한 기도와 땀 흘리는 헌신이 있어야 합니다.

신성의 측면에서 예수님은 다윗의 뿌리요 근원이시며 인성의 측면에서 주님은 다윗의 자손이십니다. 주님은 다윗의 뿌리로서 주님이시며, 구원자로서 다윗의 자손이십니다.

샛별은 동트기 전의 어두움 가운데에서 가장 빛나는 별입니다. 주님은 가장 어두울 때 큰 환난의 끝에서 성도들을 구원하시기 위해 샛별처럼 빛나는 모습으로 우리를 찾아오실 것입니다.

성령님과 주님의 신부인 교회는 듣는 자와 원하는 자 그리고 목마른 자들을 오라 하십니다. 돈 없는 자도 와서 값없이 생명수 샘물을 마시라고 하십니다.

이단에 속한 자들은 예수 그리스도의 보혈에 의한 완전 속죄와 예수님을 통한 구원을 부인합니다. 하나님의 계시의 말씀인 성경의 가르침을 부인하고 직통 계시를 통한 자기들만의 영적인 지식을 주장합니다.

그러나 그들은 초대 교회 시대부터 존재한 영지주의자들의 계보를 잇는 사탄에 속한 자들입니다. 오늘 이 시대의 발람이요 니골라 당이요 이세벨입니다. 그들은 거짓 선지자가 불 못에 던져진 것처럼 반드시 멸망하게 됩니다.

주의 종은 하나님이 주신 성경의 모든 말씀을 그대로 전해야 합니다. 사도들의 전통을 이어받은 정통 교회의 가르침을 넘어서서 성경을 억지로 풀려고 하지 말아야 합니다.

더더욱 마지막 때 마지막 구원을 이루시는 하나님의 구원 계획이 담긴 계시록의 말씀을 자기 마음대로 더하거나 빼면 안 됩니다. 있는 그대로 바르고 정확하게 전해야 합니다.

3) 아멘 주 예수여 속히 오시옵소서!

예수님께서는 22장에서도 세 번씩 주님의 재림에 대해 "속히 오겠다"고 하셨습니다.(7, 12, 20) 그 말씀 그대로 주님은 속히 오실 것입니다. 주님의 재림은 반드시 있습니다. 예수님의 재림과 세상 종말에 관한 말씀은 성경에 1,518번(구약 1,218번, 신약 300번)이나 예언되어 있습니다.

이제 마지막 종말이 우리 눈앞에 아주 가까이 다가오고 있습니다. 지금 이 시대는 주님의 재림을 준비하면서 깨어 기도해야 할 때입니다. 믿음을 지키다가 순교의 자리까지 가더라도 끝까지 주의 종과 성도로서의 순결과 성결함을 지켜야 할 때입니다. 주님이 오고 계십니다. 주님이 오십니다.

"보라 내가 속히 오리라 하시거늘 아멘! 주 예수여, 오시옵소서. 주 예수의 은혜가 너희 모든 사람에게 있을지어다. 아멘!"(22:20-21)

⬆ 적용

• 계시록의 말씀은 누구를 위해 주신 말씀이며 우리를 천국으로 초청하시는 분들은 누구입니까?

_____

_____

_____

- 항상 성령께서 주시는 음성에 민감하게 반응합시다. 주의 음성을 듣고 깨어 기도하며 성결한 모습으로 주님의 재림을 준비합시다.

묵상노트

오늘의 QT(1:1, 22:16, 22:20-21)
계시록은 교회에 주신 말씀

찬송과 기도 : 찬송가 222장(우리 다시 만날 때까지)

🕆 본문 읽기

"예수 그리스도의 계시라 이는 하나님이 그에게 주사 반드시 속히 일어날 일들을 그 종들에게 보이시려고 그의 천사를 그 종 요한에게 보내어 알게 하신 것이라"(1:1)

"나 예수는 교회들을 위하여 내 사자를 보내어 이것들을 너희에게 증언하게 하였노라 나는 다윗의 뿌리요 자손이니 곧 광명한 새벽 별이라 하시더라"(22:16)

"이것들을 증언하신 이가 이르시되 내가 진실로 속히 오리라 하시거늘 아멘 주 예수여 오시옵소서. 주 예수의 은혜가 모든 자들에게 있을지어다. 아멘"(22:20-21)

🔟 적용

• 그동안 계시록의 말씀을 QT하면서 느끼고 다짐하고 실천했던 내용을 다시 정리하면서 하나님께서 내게 주신 은혜를 묵상 노트에 기록해 봅시다. 그리고 일평생 주님이 주시는 계시의 말씀을 따라 교회를 세우며 믿음으로 승리할 것을 다짐하며 기도합시다. 또한, 주님의 재림을 사모하는 마음을 가지고 성결한 신부로 단장 할 것을 다짐하고 기도하며 실천합시다.

묵상노트

3 부
———

계시록 이해를 위한
참고 자료

계시록 이해를 위한 참고자료

[부록 1] 신구약 중간시대부터 요한 사도까지의 역사

1. 신구약 중간시대(B.C 450년-B.C 4년)

1) 페르시아 시대 : 450년 - 330년

2) 그리스(헬라) 시대 : 330년 - 166년

  (1) 알렉산더의 통치 : 336년 - 323년

  (2) 알렉산더 사후 과도기 : 322년 - 302년

  (3) 헬라 왕국이 4개의 왕조로 분열 : 301년

  (4) 프톨레미 왕조의 팔레스틴 통치 : 301년 - 199년

  (5) 셀루커스 왕조의 팔레스틴 통치 : 199년 - 163년

   : 유다에 대한 헬라화 정책(169년)

   : 에피파네스 4세의 유대인 핍박과 성전에 우상 설치(167년)

3) 마카비 독립전쟁 : 166년 - 160년

 : 마카비 혁명기 - 164년 성전 숙정까지 3년 반의 환난의 시기(1차)

4) 마카비 가문의 통치 : 160년 - 143년

5) 하스몬 독립 왕조 : 143년 - 63년

6) 로마 시대 : 63년 이후

7) 헤롯이 유다의 왕이 됨 : 37년

8) 세례 요한의 탄생 : B.C 4년

2. 예수님의 탄생과 십자가와 부활(복음서와 교회시대의 시작)

1) 예수님의 탄생(마 2:11), 헤롯의 유아 학살(마 2:16-18) : B.C 4년

2) 헤롯 대왕의 죽음

3) 복음서 시대 : 26년 - 29년

4) 예수님의 죽음과 부활 승천 : 29년

5) 성령강림과 예루살렘 교회의 시작 : 29년

3. 사도 바울의 회심과 선교

32   **사울의 다메섹 회심** (행 9:1-9)

35   바울의 예루살렘 1차 방문 (행 9:26, 갈 1:18)

44   요한의 형제 야고보의 순교 (행 12:12), 베드로의 투옥 (행 12:4)

45   대 기근 〈글라우디오 치하〉

47-48 **바울의 1차 선교여행** (행 13:1-14:28)

49   예루살렘 공의회 (갈 2:1), 로마로부터 유대인 축출

50-52 **바울의 2차 선교여행** (행 15:36-18:23, 살전 1:56, 3:1-6)

51   데살로니가 전. 후서 기록

53-58   **바울의 3차 선교여행** (행 18:23-21:16)

       로마서 기록, 고린도전 · 후서 기록

54   네로의 로마황제 즉위

56   갈라디아서 기록

58   바울 체포 (행 21:27-39)

59   베스도의 유다총독 부임, 바울의 로마여행 (행 27:1-28:15)

61   바울의 로마 투옥 (행 28:16, 엡 3:16, 엡 1:12)

62   야고보서 기록, 주의 형제 야고보의 순교,

       에베소서 기록, 빌립보서 기록, 골로새서 기록, 빌레몬서 기록

63   바울 석방, 디모데를 권고하여 에베소 교회에 머물게 함(딤전 1:3)

       디모데전서 기록

64-70   히브리서 기록

4. 로마정부의 교회에 대한 본격적인 박해의 시작

64   **로마 대화재**, **네로의 본격적인 박해의 시작**, 베드로전서 기록

66   유대인의 반란, 디모데후서 기록, 디도서 기록, 베드로후서 기록

67   바울의 순교

68   베드로의 순교

       로마 화재부터 네로의 죽음까지 3년 반의 환난의 시기(2차)

69   베스파시아누스의 아들 디도의 예루살렘 침입

70   **예루살렘 함락, 산헤드린 공회 폐지**

70-80   유다서 기록

81-96 **도미티아누스의 박해의 시대**

90 요한복음, 요한서신(1, 2, 3서) 기록

95 요한의 밧모 섬 유배 (계 1:6)

96 **요한 계시록 기록**

도미티아누스의 죽음까지 3년 반의 환난의 시기(3차)

100 **얌니아 회의, 요한 사도의 죽음**

[부록 2] 3대 7중 재앙의 구조(6장, 8-9장, 16장)

순서	재앙의 순서와 내용						
	1	2	3	4	5	6	7
일곱인 6장	첫째인 (2) 흰말 복음의 전파 **심판의 시작**	둘째인 (3) 붉은말 전쟁	셋째인 (5,6) 검은말 기근	넷째인 (7,8) 청황색말 질병 1/4 죽음 사탄의 역사	다섯째인 (9-11) 순교자와 그들의 탄원	여섯째인 (12-17) 우주적 재앙 (해,달,별, 하늘,땅)	일곱번째인 8장 1절 일곱나팔 재앙의 시작
일곱나팔 8-9장	첫째 (7) 땅1/3 피 섞인 우박과 불	둘째 (8-9) 바다1/3 불붙은 큰 산	셋째 (10,11) 강1/3 횃불같이 타는 큰 별	넷째 (12) 해달별 1/3 타격 낮과 밤의 어두움	**큰환난의 시대** 다섯 째 (9:1-11) 첫째 화 사탄에 의한 황충재앙	여섯째 (9:13-21) 둘째 화 불, 연기, 유황의 전쟁재앙	일곱째 11:15 · 16:2 그리스도의 나라, 일곱대접 (셋째화)
일곱대접 16장	첫째 (2) 우상 경배한 자들 종기	둘째 (3) 바다 피	셋째 (4-7) 강 물 근원 피	넷째 (8-9) 해 크게 태움	다섯째 (10-11) 짐승의 보좌 어둠과 종기	여섯째 (12-16) 유브라데 아마겟돈 전쟁	일곱째 (17-21) 바벨론 심판 (17-18장) **재앙의 마침**

비고: 일곱 인은 일곱 나팔로 이어지고 일곱 나팔은 일곱 대접으로 이어지는데
　　　각각 그 심판의 대상과 목적과 내용이 다르다.
1. 처음1/4 - 그 다음1/3 - 그 다음 전체, 마지막 음녀와 바벨론 심판)
2. 첫 번째 인부터 네 번째 나팔까지 : 보편적인 환난의 시대
　　다섯 번째 나팔부터 일곱 대접까지 : 큰 환난의 시대(세 가지 화)
3. 일곱 대접 마지막 재앙의 완성은 17장-18장의 음녀와 바벨론 심판까지

[부록 3] 관련된 성경 본문들과 함께 보는 계시록 이해

1장

1. 계시의 근원(하나님), 계시의 주체(예수 그리스도) : 1:1

2. 계시록의 일곱 가지 축복(1:3. 14:13, 16:15, 19:9, 20:6, 22:7, 22:14)

3. 성 삼위 하나님과 축복 기도(1:4) : 고후13:13, 마28:19-20

4. 속죄(1:5) : 히9:12, 히10:11-18

5. 구름(1:7) : 출16:10, 단7:13, 마24:30, 26:64(하늘 구름) 출24:15-18

6. 네 번의 성령의 감동 : 1:10(서론), 4:2(본론), 17:3(결론1), 21:10(결론2)

7. 음부(계1:18)와 무저갱(계9:1)과 불 못(계20:14-15)

8. 일곱 별과 일곱 금 촛대(주의 종들과 교회, 엡2:20)

9. 계시록의 세 가지 비밀

   1) 교회의 비밀(1:20), 구원과 심판의 비밀(10:7), 사탄의 비밀(17:7)

2장 · 3장

1. 성령께서 모든 교회에 주시는 말씀(2:7)

2. 일곱 교회의 문제

   1) 에베소 교회(잃어버린 첫사랑 : 성령 안에서 행하던 사랑(행19:5-6)
      : 2:4

   2) 서머나 교회(고난 가운데 교회 안에서 역사하는 마귀) : 2:10

   3) 버가모 교회(거짓 교리로 교회를 혼란시키는 니골라당) : 2:15

   4) 두아디라 교회(주의 종들을 가르쳐 꾀어 타락시킨 이세벨) : 2:20

   5) 사데 교회(이름만 살아 있는 교회) : 3:1-2

6) 빌라델비아 교회(적은 능력, 유대인들의 핍박) : 3:2,9

7) 라오디게아 교회(열심이 없는 교만한 교회) : 3:16-17

3. 이긴 자와 이기는 자

  1) 이긴 자 : 예수님(3:21, 요16:33)

  2) 이기는 자 : 성도들(17:14)

  3) 이기는 자에게 주어지는 일두 가지 축복(2장~3장)

    (1) 에베소 교회(2:7) : 하나님의 낙원에 있는 생명나무 열매(영생)

    (2) 서머나 교회(2:11) : 둘째 사망(지옥의 형벌, 불 못)의 해를 받지 않음.

    (3) 버가모 교회(2:17) : 감추어진 만나(영생의 양식)와 새 이름이 새겨진 흰 돌(진리 안에서 자유를 누림)을 줌.

    (4) 두아디라 교회(2:26-28) : 만국을 다스리는 권세(왕권)와 새벽별(빛나는 명예, 예수님 자신)을 줌.

    (5) 사데 교회(3:5) : 흰 옷(구원)과 하나님의 생명책에서 이름을 지우지 않는 것과 하나님과 그의 거룩한 천사들 앞에서 그 이름을 시인함.

    (6) 빌라벨비아 교회(3:12) : 하나님의 성전 기둥이 되게 하고, 그 사람 위에 하나님의 이름과 새 예루살렘의 이름과 주님의 새 이름을 기록함.

    (7) 라오디게아 교회(3:21) : 예수님의 보좌에 함께 앉게 함.

  4) 이기는 자에게 주어지는 축복의 완성(21:7)

    : 천국을 상속받는 하나님의 자녀가 됨

4. 낙원(2:7)과 천년왕국(20:4-6)과 새 하늘과 새 땅(21:1-6)

4장

1. 하늘의 열린 문(4:1) : 창28:16-17, 겔1:1, 마3:16

    1) 하늘들(창1:1 : heaven, universe, sky, 왕상8:27)

2. 하늘 보좌와 네 생물과 이십사 장로와 일곱 영

    1) 하늘 보좌 : 단7:13-14(대관식), 슥3:1-7(심판)

    2) 모든 성도들을 대표하는 이십사 장로(4:4, 5:5) : 요일1:1

    3) 일곱 영(4:5) : 사11:2, 슥4:10(일곱 영은 여호와의 일곱 눈)

    4) 네 생물은 천사장들(4:6) : 겔1:10, 여섯 날개(사6:2-3)

5장

1. 일곱 인으로 인봉한 두루마리(5:1)와 펴놓인 작은 두루마리(10:2)

2. 세 번 등장하는 힘 있는 천사(5:2, 10:1, 18:21)

3. 두루마리를 취하시는 어린 양(5:7. 요1:36)

3. 네 생물과 이십사 장로가 부르는 새 노래(5:9)

    1) 십 사만 사천이 부르는 새 노래(14:3)

6장

1. 흰 말(복음 전파, 6:2) : 19:11, 19:14

2. 붉은 말(전쟁, 6:4) : 겔5:12

3. 검은 말(기근, 6:5) : 암8:11(말씀 기근)

4. 감람유와 포도주(6:6) : 감람유는 성령, 포도주는 예수 보혈과 순전한
   말씀

5. 청황색 말(사망, 6:8)

1) 천황색은 죽음의 색, 종교적 혼합주의(요일2:21-23)

2) 사망(6:8)은 악성질병

6. 순교자들(6:9)

7. 천재지변과 영적인 타락의 시대에 부르짖는 마지막 외침(6:17) - 7장
이 답

7장

1. 주의 종들과 성도의 인침과 짐승의 표

1) 말씀 전파의 사명자로 인침 받는 주의 종들(7: 3, 19:10, 22:9)

2) 구원받은 자로 인침 받는 성도들(7:14, 8:3, 엡1:13-14, 4:30)

3) 짐승의 표는 악한 자에게 속한 표시(13:16-18, 악령을 받음-딤전4:1)

2. 십사만 사천(계7:1-8, 14:1-5, 약1:1)과 흰 옷 입은 큰 무리(7:9)

1) 십사만 사천은 새롭게 형성된 영적 이스라엘의 대표(7:4) : 약1:1

3. 흰 옷(성결, 구원, 7:9, 16:15, 19:8)

4. 환난의 구분(7:14)

1) 환난의 시기 구분

: 재난의 시작(마24:8), 큰 환난(마24:21-22), 마지막 재앙(진노, 계
15:1)

2) 성도들이 포함된 환난의 시기(6장-13장)

: 예수 재림 전에 있는 여섯 번째 나팔까지의 모든 환란

3) 성도들이 포함되지 않은 환난의 시기

: 일곱 대접의 재앙(16장-18장)

8장

1. 일곱 번째 인을 뗌과 함께 일곱 나팔이 울리는 시대(8:1)

2. 환난의 시대를 준비하는 모든 성도의 기도(8:3-4)와 향(출30:34-38)

3 네 나팔(8:7-12)

   1) 땅 : 토양과 공기의 오염(하나님을 떠난 세상에 대한 심판)

   2) 바다 : 해양 오염(분노한 악한 권력자(큰산)에 의한 교회의 수난)

   3) 강 : 수질 오명 (사탄에 의한 진리의 왜곡, 쑥 : 렘9:13-16),

   4) 해 달 별(천재지변) : 해(하나님의 영광, 진리) 달(성도), 별(목회자들)

4. 큰 독수리(8:13) : 심판의 선언, 보호와 인도(신32:10-12)

9장

1. 하늘에서 떨어진 별(9:1, 12:9,13)

2. 무저갱(9:1)

   : 무저갱(유1:6), 음부(계1:18), 지옥(벧후2:4, 막9:43, 47-48)

3. 황충(9:3, 귀신의 영, 탐욕) : 요엘1:3-7, 고전6:10, 딤후3:1-7

4. 입과 꼬리(9:19) : 꼬리(사9:14-16)는 거짓 선지자(살후 2:8-12)

10장

1. 작은 두루마리(10:2)와 요한이 받은 두 번째 사명(10:11)

2. 인봉하고(10:4) : 벧후3:15-18(억지로 풀지 말라)

3. 먹으라(10:9) : 신6:4-9, 시19:7-10, 시107:8-9

11장

1. 42달, 1,260일(11:2-3) : 단7:25, 9:25-27

2. 두 감람나무(11:4) : 슥4:2-3, 11-14, 두 증인 – 신17:6-7

3. 짐승의 정체(11:7) : 단7:3, 16-20

4. 교회가 당하는 가장 큰 환난(11:9-10) : 히11:35-38

5. 두 증인의 부활과 휴거(11:11-12) : 고전15:51-58, 살전4:14-17

6. 그 때(11:13) : 마24:36, 암3:7, 살전5:1-6

12장

1. 해(진리)를 옷으로 입은 여자 : 교회(엡1:23)

2. 붉은 용(사탄)의 정체(12:9) : 사14:12-15, 겔28:13-17

3. 사탄이 하는 일

   1) 악한 사상을 통해 교회를 무너뜨리는 일(12:15)

   2) 신실한 성도들을 핍박하고 죽이는 일(12:17)

13장

1. 바다(13:1, 큰 물) : 17:1, 17:15(백성, 무리, 열국, 방언), 시69:13-15

2. 책(13:8)

   : 생명책과 행위책(계20:12), 기념책(말3:16), 구원계획서(계5:1)

3. 두 짐승의 정체

   1) 첫째 짐승 : 권력을 가진 적그리스도(13:1)

   2) 둘째 짐승 : 거짓 선지자(13:11)

   3) 두 짐승의 마지막 최후 : 불 못(19:19-20)

4. 짐승의 표 666(13:17-18)

  1) 짐승은 사람(13:18)

  2) 믿음을 버린 사람들에게 주어짐(13:16-18)

  3) 짐승의 표를 받은 결과는 불 못(14:9-11)

14장

1. 시온산(14:1) : 미가4:1-2, 시84:5-7, 히12:22-24

2. 속량(14:3) : 엡1:7(죄 사함), 속죄의 완성(요19:30)

3. 흠(14:5) : 벧후2:12-14

15장

1. 심판의 완성(15:1) : 되었다(16:17)

2. 모세의 노래(15:3) : 출15:1-18

3. 증거 장막 성전 : 출26:1

16장

1. 일곱 대접 재앙의 대상 : 하나님을 대적하는 자들(16:1-2)

2. 마귀와 악한 자들에 대한 심판이 완성되었음을 선언(16:17)

  1) 일곱 번째 대접 : 공중의 권세 잡은 자 마귀 심판(엡2:2)

17장

1. 음녀(17:1) : 나훔3:4-7(니느웨), 17:15, 17:18,

  1) 정체 : 로마의 타락한 정신과 문화와 종교의 전 영역

584

2) 오늘날의 NEW AGE 운동와 종교다원주의

2. 자주 빛과 가증한 것과 잔(17:4)

　　1) 자주 빛은 파랑과 빨강의 혼합 색(종교 혼합주의)

　　2) 가증한 것은 우상(신7:25-26)

　　3) 잔은 인생의 그릇(시23:5)

3. 음녀의 이마에 있는 이름(17:5)

　　1) 계시록에 있는 큰 글자로 쓰인 두 본문 가운데 하나

　　2) 또 하나의 대문자로 쓰인 본문(19:16)

　　3) 큰 바벨론(구약의 바벨론과 신약의 로마를 넘어서는 사악한 존재)

4. 일곱 머리와 열 뿔의 비밀(17:7)

　　1) 일곱 머리는 일곱 황제(17:9-10)

　　2) 열 뿔은 열 왕(17:12, 열 발가락 : 단2:41-42)

18장

1. 바벨론(18:2)

　　1) 정체(벧전5:13) : 로마의 타락한 물질문명의 영역, 정치와 경제 영역

2. 성도들에 대한 성별의 요구(18:4) : 렘51:45, 고후6:17

3. 바벨론은 사람들의 영혼까지 사고파는 세상(18:13)

4. 거문고(18:22) : 렘25:10

5. 바벨론은 살인이 보편화된 세상(18:24)

19장

1. 찬양 가운데 재림하시는 주님 : 네 번의 할렐루야(19:1-6)

2. 어린 양의 혼인잔치(19:7-9) : 마태22:1-14

3. 밝고 빛나는 세마포 옷

    1) 신부가 입는 옷(성도의 옳은 행실, 19:8)

    2) 천사들이 입는 옷(15:6)

    3) 하늘의 군대가 입는 옷(19:14)

    4) 신부는 그릇에 기름을 사서 준비(마25:9, 계3:18)

4. 철장(19:15) : 시2:9

5. 큰 잔치와 새들(19:17) : 겔39:17-20

20장

1. 천년왕국(20:4-6)

    1) 무천년설 - 신약교회시대

    2) 후천년설 - 천년왕국 후에 예수 재림(교회의 황금시대)

    3) 세대주의 전 천년설 : 환난 전 휴거(4장)

    4) 역사적 전 천년설 - 환난 후 휴거(19장)

    5) 큰 환난 중 교회에 대한 핍박과 부활과 휴거(11장, 살전4:13-17)

2. 살아서(20:3, came to life) : 첫째 부활

3. 그 천년(20:5, The thousand) : 무한한 시간이 아닌 정해진 시기

4. 첫째 부활(20:5)

    1) 부활의 순서(고전15:22-26)

5. 둘째 사망(20:14, 21:8)

1) 죽은 자의 사후상태(눅16:19-31)

2) 천년왕국에서 왕 노릇 하는 자들(20:4-6)

6. 곡과 마곡(20:7)

1) 노아의 손자(창10:2), 두발 왕 곡(겔38:1-3, 39장)

21장

1. 새 하늘과 새 땅(21:1) : 재창조가 아닌 완전히 새로운 창조, 사 65:17-23

2. 새 예루살렘성은 망해버린 바벨론 성과 비교되지 않는 곳(21:2, 9-11)

3. 천국은 구원이 완성된 곳(21:3-6, 눈물과 죽음과 질병과 고통이 사라진 곳)

4. 천국은 눈에 보이는 형상과 모양으로 만들어진 성전이 없는 곳(21:22)

5. 햇빛이나 달빛이 아닌 하나님의 영광으로 충만한 곳(21:23)

6. 만국의 왕들이 그 영광을 가지고 들어가는 곳(21:14)

7. 어린 양의 생명책에 기록된 자들만 들어가는 곳(21:27)

22장

1. 천국은 영원한 생명을 주는 생명수가 흐르는 곳(22:1) : 겔47:1-5

2. 천국은 인간 스스로 죄를 가리는 무화과 나무 잎이 있는 곳이 아닌, 영생을 주는 생명나무와 모든 상처를 치료하는 생명나무 잎이 있는 곳

1) 만국을 치료

2) 달마다 맺는 열두 가지 열매

3. 천국은 저주가 없는 곳(22:3)

4. 천국은 어둠이 없는 곳(22:5)

5. 천국은 성도들이 왕 노릇 하는 곳(22:5)

6. 천사는 경배의 대상이 아님(22:9)

7. 개의 의미(22:15) : 사56:10-12, 빌3:1-2

8. 주님의 재림은 상과 벌을 주시는 심판의 재림(22:12)

9. 계시록의 말씀은 예수님께서 교회들을 위해 주신 말씀(22:16)

10. 천국으로 초대하시는 분은 성령님과 신부(22:17)

11. 계시록의 말씀은 자기 마음대로 왜곡하여 해석하면 안 됨(22:18-19)

12. 재림에 대한 소망 : 아멘 주 예수여 오시옵소서!(22:20-21)

[부록 4] 12개의 숫자로 풀어보는 요한 계시록

Ⅰ. 예수그리스도의 계시(1:1)

1. 예수
1) 여자의 후손(창3:15) : 원시 복음, 임마누엘(사7:14, 마1:23)
2) 복음서의 예수
　(1) 동정녀 탄생(마1:18)
　(2) 천국복음을 가르치시고 천파하시며 모든 병과 연약한 것을
　　　고치신 분(마4:23-24)
　(3) 바른 믿음의 고백 위에 주님의 교회를 세우신 분(마16:16-18)
　(4) 속죄를 완성하신 분(요19:30)
　(5) 성육신하여 영이신 하나님을 우리에게 육으로 보여주신 분(요14:9)
　(6) 세상이 주지 않는 평안을 우리에게 주시는 분(요14:27)
　(7) 부활 승천하시면서 선교의 사명을 주신 주님(마28:18-20)
3) 사도행전과 서신서의 예수
　(1) 성령을 보내셔서 교회를 세우신 분(행2:1-4)
　(2) 믿음의 주요 온전하게 하시는 예수(히12:2)
4) 계시록의 예수
　(1) 영광 가운데 재림하셔서 세상의 모든 악을 완전히 심판하시고 신
　　　실한 주의 종들과 성도들을 구원하여 천국으로 인도하시는 주님

2. 그리스도

1) 이생과 내생에 있는 인생의 모든 문제를 해결해 주시는 주님

 (1) 행복(요10:10)

 (2) 영생(요 5:24)

3. 계시啓示

1) 인류 역사와 모든 시대를 관통하는 영원한 계시(1:1, 14:6)

2) 환상계시(1:2)와 세상을 심판하시는 예언의 성격을 가진 말씀계시(1:3)

3) 예수 재림에 관한 완전한 계시(19장)

4) 마지막 심판과 천국과 지옥에 관한 계시(20장-22장)

Ⅱ. 두 세력 간의 전쟁

1. 재림주로 오시는 예수 그리스도(19:16)

1) 그 옷과 그 다리에 이름을 쓴 것이 있으니 만왕의 왕이요 만주의 주라 하였더라.(On his robe and on his thigh he has this name written: KING OF KINGS AND LORD OF LORDS.)

2. 음녀(17:5)

1) 그의 이마에 이름이 기록되었으니 비밀이라, 큰 바벨론이라, 땅의 음녀들과 가증한 것들의 어미라 하였더라.(This title was written on her forehead: MYSTERY BABYLON THE GREAT THE MOTHER OF PROSTITUTES AND OF THE ABOMINATIONS OF THE EARTH.)

3. 일곱 번의 전쟁

1) 붉은 말(6:3-4)

2) 유브라데 전쟁(9:12-21)

3) 짐승과 두 증인의 전쟁(11:7-9)과 휴거(11:11-12)

4) 미가엘과 그 사자들과 용과 그 사자들과의 전쟁(12:7-9)

5) 아마겟돈 전쟁(16:12-16)

6) 재림 예수와 짐승의 무리들과의 전쟁(19:19-21)

7) 곡과 마곡과의 전쟁(20:7-10)

4. 전쟁의 결과 : 예수님과 성도들의 승리(17:14, 19:20-21, 20:10)

Ⅲ. 계시록의 세 가지 비밀

1. 교회의 비밀(1:19)

1) 일곱 교회의 특성(2장-3장)

  (1) 주의 종들을 붙잡고 계시는 주님(1:16. 2:1)

  (2) 일곱 금 촛대 사이를 거니시는 주님이 교회의 주인(1:12-13, 2:1)

  (3) 성령을 통하여 주시는 칭찬과 책망과 권면의 말씀

  (4) 이기는 자가 되라는 일곱 번의 권면의 말씀과 열두 가지 상

2. 종 선지자들에게 주신 하나님의 비밀(10:7)

1) 구원과 심판의 비밀

2) 일곱 번째 천사가 나팔을 부는 날의 역사(11:15-18)

3. 사탄의 비밀(17:7)

1) 음녀와 일곱 머리 열뿔 가진 짐승의 비밀

　(1) 음녀의 정체(17:5, 17:18)

　(2) 일곱 머리 열뿔 가진 짐승의 정체와 사역(17:7-17)

　(3) 사탄과 짐승과 거짓 선지자에게 역사하는 영은 귀신의 영(16:13-14)

Ⅳ. 네 번의 성령의 감동

1. 첫 번째 감동(1:10)

1) 주일에 받은 성령의 감동 속에 들린 주님의 음성(1:10)

2) 영광 가운데 계신 주님을 만나 문서 선교의 첫 번째 사명을 받음
　(1:11-20)

3) 일곱 교회에 편지를 보냄(2장-3장)

2. 두 번째 감동(4:2)

1) 천국의 보좌 환상과 예수님이 심판주가 되시는 모습을 봄(4장-5장)
　(1) 일곱 나팔과 일곱 대접으로 이루어질 심판의 모습을 봄(6장-16장)

3. 세 번째 감동(17:3)

1) 일곱 머리 열 뿔을 가진 짐승을 타고 있는 음녀가 심판받는 모습을
　봄(17장)

2) 바벨론이 심판받는 모습을 봄(18장)

3) 예수님의 재림과 천년왕국과 최후의 심판의 모습을 봄(18장~20장)

4. 네 번째 감동(21:10)
1) 천국의 환상과 새 하늘에서 내려오는 거룩한 성 새 예루살렘을 봄(21
   장~22장)

5. 계시의 여러 가지 차원
1) 자연 계시
2) 말씀 계시
3) 환상 계시

6. 성령의 역사
1) 성령의 인침(엡1:13) : 구원의 확신을 갖게 함(고전12:3)
2) 성령의 내주(롬8:9) : 평안(요14:27)과 강건함의 축복(롬8:9)
3) 성령 충만(엡5:18) : 외적인 은사(고전12:4-11)와 내적인 열매(갈
   5:22-23)
4) 성령의 감동(계1:10) : 환상 계시(하나님의 음성을 듣고 영적인 세계
   를 봄)

V. 계시록에 나타나는 예수님의 다섯 가지 특성

1. 계시의 주체(1:1)
1) 계시의 원천은 하나님
2) 계시의 주체는 예수그리스도

2. 속죄의 완성자(1:5)

1) 죄에서 해방시켜 주는 예수 보혈의 능력(엡1:7, 히9:12, 히10:18)

3. 심판의 주관자(6:1)

1) 인을 떼시는 주님(6:1), 대접을 부으라고 말씀하시는 주님(16:1)

2) 재림이후 두 짐승에 대한 최후의 심판(19:19-20)

3) 모든 죽은 자들에 대한 백보좌 심판(20:11-15)

4. 재림하실 주님(19:11-16)

1) 만왕의 왕, 만주의 주(19:16)

5. 구원의 완성자(21:6)

1) 창조의 완성(창2:1)

2) 속죄의 완성(요19:30)

3) 심판의 완성(계16:17)

4) 구원의 완성(계21:6)

VI. 마귀의 여섯 가지 특성

1. 마귀의 정체

1) 하늘에서 떨어진 별(9:1, 12:9, 사14:12-17, 겔28:12-14, 유1:6-7)

2. 마귀의 이름

1) 무저갱의 사자, 아바돈, 아블루온(9:11)

2) 마귀, 사탄, 옛 용, 옛 뱀(12:9)

3. 마귀의 사역

1) 하나님 앞에서 믿음의 형제들을 밤낮으로 계속 참소함(12:10)

2) 하나님의 계명을 지키고 예수의 증거를 가진 자들과 싸움(12:18)

3) 두 짐승을 통한 사역(13장)

 (1) 바다에서 올라온 짐승(13:1) : 권력을 가진 적그리스도(살후2:3-4),

　　성도들을 핍박(히11:35-38)

 (2) 땅에서 올라온 짐승(13:10) : 거짓 선지자들(요한1서4:1) : 니골라,

　　발람, 이세벨, 이단들(요2서1:10)

4. 666으로 상징되는 마귀의 표(13:16-18)

1) 그 표는 짐승의 이름이나 그 이름의 수이며 그것은 사람의 이름을

　풀 수

2) 짐승은 사람

5. 천년왕국 기간 동안 결박되어 무저갱에 갇힘(20:2-3)

6. 천년왕국 이후에 불 못에 던져짐(20:10)

VII. 계시록에 나타난 일곱으로 연결된 내용들

1. 신실한 주의 종들과 성도들이 받는 일곱 가지 복

1) 말씀을 읽고 듣고 지키는 자가 받는 가장 큰 복(1:3)

2) 주안에서 죽는 자가 받는 영원한 안식의 복(14:13)

3) 자기 옷을 지켜 부끄러움을 보이지 않는 자가 누릴 구원의 복(16:15)

4) 신부로 어린 양의 혼인 잔치에 청함을 받은 자의 들려 올림 받는 복(19:9, 살전4:15-17)

5) 천년왕국에 참여하는 자가 받는 둘째 사망의 해를 받지 않는 복(20:6)

6) 마지막 때에 말씀을 지키는 자에게 행한 대로 갚아 주시는 상을 받는 복(22:7, 22:12)

7) 어린 양의 피에 그 옷을 빠는 자들이 천국에서 누리는 영생의 복(22:14)

2. 일곱 교회(1:4, 2장-3장)

3. 일곱 영(1:4, 4:5)

4. 일곱 인으로 봉한 두루마리(5:1)

5. 일곱 뿔과 일곱 눈(일곱 등불)을 가진 어린 양(5:6)

6. 일곱 천사와 일곱 나팔 재앙(8:2)

7. 일곱 천사와 일곱 대접 재앙(15:1, 15:6-8)

8. 바벨론(벧전5:13)이 망하는 일곱 가지 이유
1) 영적인 타락과 음행(18:2-3)
2) 사람들의 영혼까지 사고팔 정도로 죄가 하늘에 사무침(18:5, 18:13)
3) 스스로를 영화롭게 하는 교만(18:7)
4) 도를 넘는 지나친 사치(18:12-14)
5) 정경유착을 통한 권격을 가진 자들의 부의 독점(18:23)
6) 귀신들에게 빌어 자신들의 운명을 점치는 복술(18:23)
7) 선지자들과 성도들과 억울한 자들이 죽임을 당하며 흘린 피가 흐름
   (18:24)

Ⅷ. 14만 4천의 주의 종들의 여덟 가지 특성

1. 해 돋는 곳에서 올라온 천사를 통해 하나님의 인침을 받음(7:2-4)

2. 어린 양과 함께 시온 산에 있음(14:1)

3. 보좌와 네 생물과 어린 양 앞에서 새 노래를 부름(14:3)

4. 여자(음녀)와 더불어 더럽히지 아니함(14:4)

5. 어린양이 어디로 가든지 따라감(14:4)

6. 죄사함 받고 구원받은 첫 열매로 하나님과 어린 양에게 속한 자들
(14:4)

7. 그 입에 거짓이 없음(14:5)

8. 흠이 없는 자들(14:5, 벤후2:12-14)

IX. '이일 후에'를 기준으로 나누어 본 계시록의 아홉 가지 사건

1. 구름을 타고 재림하시는 예수와 요한이 받은 첫 번째 사명과 교회
(1장-3장)

2. 하늘의 예배와 예수님의 심판주 등극 예식과 복음 전파와 다양한
재앙과 심판을 준비하지 못한 자들의 외침(4장-6장)

3. 천사를 통해 하나님의 인침을 받은 십사만 사천의 주의 종들(7:1-8)

4. 어린 양의 피로 구원받은 성도들과 첫 번째 화인 황충 재앙의 시대
(7:9-9:11)

5. 유브라데 전쟁에서부터 두 짐승의 핍박의 시대를 거친 후에 있게
될 알곡과 포도송이의 두 가지 추수와 일곱 대접 재앙의 준비
(9:12-15:4)

6. 일곱 대접 재앙의 시대와 음녀(거짓 종교와 타락한 문화)에 대한 심판(15:5-17:18)

7. 타락한 바벨론(세속화된 로마를 상징)의 정치와 경제에 대한 심판(18장)

8. 예수의 재림과 어린 양의 혼인잔치와
   두 짐승에 대한 심판이후 마귀가 무저갱에 갇힘(19:1-20:3a)

9. 천년왕국과 흰 보좌 앞에서의 최후의 심판과
   영원한 천국인 새 하늘과 새 땅(20:3b-22:21)

Ⅹ. 천국의 열 가지 특성

1. 완전히 새롭게 창조된 새 하늘과 새 땅으로 이루어지는 천국(21:1)

2. 하나님께로부터 창조되어 새 하늘에서 내려오는 거룩한 성 새 예루
   살렘(21:2, 21:11-21)

3. 하나님이 친히 함께 하시는 하나님의 백성들이 영원히 사는 천국
   (21:3, 21:24)

4. 죽음과 육체의 고통과 마음의 고통이 없는 천국(21:4)

5. 하나님이 약속하신 구원이 완전히 완성된 천국(21:6)

6. 물질적인 형체와 모양을 가진 성전이 없는 천국(21:22)

7. 영생을 주는 생명수가 흐르는 강과 생명나무가 있는 천국(22:1-2)

8. 저주가 없는 천국(22:3)

9. 하나님의 영광의 빛이 가득하여 어둠이 전혀 없는 천국(21:23-26, 22:5)

10. 예수님과 함께 있는 성도들이 왕의 권세를 누리는 천국(22:5)

XI. 계시록에 나타난 천사들의 열한 가지 특성

1. 예수님이 주신 계시의 전달자(1:1)

2. 교회를 섬기는 주의 종들과 함께 하는 영적 존재(2:1)

3. 하나님께 속해 있으면서 사역에 따라 다양한 모습으로 나타나는 천사들
1) 천사장인 네 생물(4:6)
2) 세 명의 힘센 천사들

(1) 예수님이 심판주가 되는 예식을 준비하는 외침(5:2)

(2) 마지막 시대를 사는 주의 종들에게 두 가지 사명(말씀 전파와 성
전 측량)을 전해줌(10:1, 10:11-11:2)

(3) 바벨론의 완전한 멸망 선언(18:21)

3) 하나님 앞에 기도가 상달하게 하는 천사(8:3)

4) 나팔을 부는 천사들(8장~9장)과 대접을 쏟는 천사들(16장)

5) 예리한 낫을 가지고 추수하는 천사(14:17)와
성전의 불을 다스리는 천사(14:18)

4. 하나님의 보좌 앞에서 하나님께 찬양하는 자

1) 네 생물의 찬양(4:8),

2) 허다한 천사들의 찬양(5:11-12)

3) 모든 천사들의 찬양(7:11)

5. 세 가지 심판 : 삼대三大 칠중七重 재앙의 시행자

1) 일곱 인(6장)

2) 일곱 나팔(8장-9장)

3) 일곱 대접(16장)

6. 주의 종에게 특별한 사명을 주기 위해
하늘에서 내려오는 영적인 존재(10:1)

7. 하늘에서 일어난 마귀와의 싸움에서의 승리자(12:7-9)

8. 하나님을 향한 경배와 세상에 대한 심판을 선포하는 역할(14:7-11)

9. 마지막 때에 있는 두 가지 추수의 대행자(14:14-20)

10. 예수님의 재림 때 예수님과 함께 오는 하늘의 군대(19:14)

11. 마귀를 붙잡아 무저갱에 가두는 일을 함(20:1)

XII. 이기는 자들에게 주어지는 열두 가지 복

1. 하나님의 낙원에 있는 생명나무 열매(영생)가 주어짐(2:7)

2. 둘째 사망(지옥 형벌)의 해를 받지 아니함(2:11)

3. 주님이 감추어 두었던 하늘의 신령한 만나를 주심(2:17)

4. 새 이름이 새겨진 흰 돌이 주어짐(2:17)

5. 만국을 다스리는 권세가 주어짐(2:26-27)

6. 새벽별이 주어짐(2:28)

7. 흰 옷을 입음(3:5)

8. 생명책에서 이름이 결코 지워지지 않음(3:5)

9. 하나님과 거룩한 천사들 앞에서 주님이 그 이름을 시인함(3:5)

10. 하나님 성전의 기둥이 되게 함(3:12)

11. 하나님의 이름과 새 하늘에서 하나님께로부터 내려오는 거룩한 성 새 예루살렘의 이름과 예수님의 새 이름을 그 사람 위에 기록함 (3:12)

12. 이긴 자이신 예수님의 보좌에 함께 앉음(3:21)

■ 계시록 전체의 내용을 요약해 보면 이렇습니다.

재림하실 예수님이 교회와 우리 믿음의 성도들을 위해 성령님을 통해 말씀하셨습니다. 그리고 하늘나라에서는 하나님께 찬양 가운데 예배를 드리고 예수님이 심판주가 되셨습니다. 복음 전파와 함께 이 세상 끝날 때까지 있을 전쟁과 기근과 악성 질병과 거짓 선지자가 날뛰는 시대가 되었습니다. 순교자들의 영혼은 기도하고, 재앙 가운데 심판을 당하는 모든 이들은 마지막 구원을 향해 처절하게 부르짖습니다.(1장~6장)

말세의 복음 전파를 위해 십사만 사천의 주의 종들이 인침을 받고 구별되어 세워지고, 그들이 복음을 전파하는 곳에서 셀 수 없는 많은 성도들이 큰 환난의 때를 잘 이기고 구원을 받습니다. 그들이 들어갈 천국의 모습이 보여지고 큰 환난이 다가오기 전에 성도들은 기도합니다. 일곱 나팔 재앙이 거듭되면서 온 세상에 겹겹이 재난이 찾아오고 황폐해지면서, 하나님을 떠난 인간들은 자기 욕망에 사로잡혀 황충 같은 악령들에 의해 고난을 당하고, 무수한 주의 종들과 성도들은 귀신과 우상을 섬기는 자들에 의해 죽임을 당합니다.(7장-9장)

말세에 복음 전파의 사명을 감당해야 하는 주의 종은 말씀을 받아먹고 다시 증언해야 되고, 목숨을 걸고 복음을 증언한 주의 종들과 성도들은 악한 짐승 같은 이들에 의해 죽임을 당합니다. 그러나, 그들은 부활하여 들려 올림 받고 일곱 번째 나팔 소리와 함께 이 땅에서는 하나님의 나라가 이루어지면서 악한 자들은 멸망을 당합니다.(10장-11장)

구약의 교회는 예수님을 낳았습니다. 또, 신약의 교회는 하나님의 계명을 지키며 예수의 증거를 가진 성도들을 낳는데 사탄은 이 교회를 핍박하려고 적그리스도인 짐승과 거짓 선지자인 짐승들을 동원하여 교회를 핍박합니다.(12장-13장)

그러나 의롭고 공정하게 추수하시는 주님에 의해 교회는 승리하게 되고 십사만 사천의 주의 종들은 시온 산에 어린 양과 함께 있게 됩니다. 또한, 순결하게 믿음을 지키고 짐승을 경배하지 않고 따르지 않은 성도들은 하나님의 보좌 앞에 서서 주님`께 찬양합니다. 하나님의 진노가 가득 담긴 일곱 대접이 땅에 쏟아지면서 교회를 핍박하고 주의 종들과 성도들을 죽이던 음녀와 바벨론은 완전히 멸망합니다.(14장-18장)

찬양 가운데 주님은 재림하셔서 어린 양의 혼인 잔치를 통해 구원받은 성도들과 영원히 함께 하시고, 짐승과 거짓 선지자를 붙잡아 불 못에 던지신 다음 신혼집과 같은 천년왕국의 시대를 열어 가십니다. 천년왕국이 지나면 옥에 갇혀 있던 마귀가 다시 나와 마지막 발악을 하지만 다시 붙잡혀 불못에 던져집니다. 그리고 크고 흰 보좌 앞에서 모든 죽은 자들에 대한 최후의 심판이 이루어지고, 생명책에 이름이 없는 자들은 불 못에 던져지게 됩니다.(16장-20장)

우리가 소망하는 천국인 새 하늘과 새 땅이 이루어집니다. 눈물이나 죽음이나 애통하는 것이나 곡하는 것이나 아픈 것이 없는 천국입니다. 저주도 없고 어둠이 없는 천국입니다. 행한 대로 갚아주시는 주님은 우리를 이 좋은 천국으로 초대하고 계십니다. 그래서 지금 조금 힘들다고 예수님을 떠나면 안 됩니다. 아무리 어려워도 예수님은 믿어야 합니다. 끝까지 믿음으로 마귀와 세상을 이겨야 합니다. 이기면 하나님의 아들에 되고 천국의 주인공이 됩니다. 우리는 모두 천국에서 만나야 합니다. 아멘, 주 예수여 오시옵소서!(21장-22장)

천국은 하나님의 사랑과 정의가 완전히 이루어지는 새롭게 창조된 영원한 하나님의 나라입니다. 계시록의 가장 큰 주제는 신정론神正論과 신정론神政論입니다.

요한계시록 큐티

초판인쇄 2017년 09월 28일
초판발행 2017년 10월 12일

저   자 손법상
발 행 인 윤석현
책임편집 안지윤
발 행 처 도서출판 박문사
주   소 서울시 도봉구 우이천로 353 성주빌딩 3F
전   화 (02) 992-3253(대)
전   송 (02) 991-1285
전자우편 bakmunsa@hanmail.net
홈페이지 http://jnc.jncbms.co.kr
등록번호 제2009-11호

ISBN 979-11-87425-50-2 03230   정가 34,000원